普通高等教育"十一五"国家级规划教材

21世纪经济管理新形态教材 · 会计学系列

U0655768

会计电算化系统应用操作
（第六版）

何日胜　何丹丹 ◎ 编 著

清华大学出版社
北　京

内 容 简 介

本书第三版为教育部普通高等教育"十一五"国家级规划教材,第五版为广东省本科高校教学质量与教学改革工程省级精品教材。

第六版是在第五版的基础上升级改版而成的,吸收了我国会计信息化建设的最新成果,在讲述会计电算化知识的基础上,系统、全面地阐述了总账系统和报表系统的整体结构,介绍了会计电算化系统的基本操作流程,重点讲述了各个系统功能的应用性操作。采用用友 U8 V10.1 设计了一家中型工业企业 2023 年12 月份 86 笔经济业务 179 张原始凭证作为操作资料,并根据财政部发布的《企业会计准则》和最新税法进行账务和报表处理,同时将该企业的全部经济业务贯穿于财务软件功能操作的始终,实现了功能描述与实务操作的统一,此外,还采用了 Windows SQL Server 2008 数据库,使财务软件运行平稳。

全书主要内容包括会计电算化基础知识、财务软件的系统管理、总账系统的初始化设置、凭证的填制和审核、记账、账簿查询、期末账务处理、报表系统等,重点突出了财务软件的应用性操作。

本书可作为各类高等院校会计学、财务管理等财经类专业会计电算化、会计信息化等课程的教材,也可作为各类相关专业培训班的教材,同时也可作为会计核算软件应用操作人员、会计电算化系统管理和开发人员等的参考书。

图书在版编目(CIP)数据

会计电算化系统应用操作 / 何日胜,何丹丹编著. --6 版. -- 北京 :清华大学出版社,2025.7
(21 世纪经济管理新形态教材). -- ISBN 978-7-302-70034-0

Ⅰ.F232

中国国家版本馆 CIP 数据核字第 2025B834X2 号

责任编辑:付潭蛟
封面设计:汉风唐韵
责任校对:宋玉莲
责任印制:沈 露
出版发行:清华大学出版社
　　　　　网　　　址:https://www.tup.com.cn,https://www.wqxuetang.com
　　　　　地　　　址:北京清华大学学研大厦 A 座　　　　　邮　　编:100084
　　　　　社 总 机:010-83470000　　　　　　　　　　　　邮　　购:010-62786544
　　　　　投稿与读者服务:010-62776969,c-service@tup.tsinghua.edu.cn
　　　　　质 量 反 馈:010-62772015,zhiliang@tup.tsinghua.edu.cn
　　　　　课 件 下 载:https://www.tup.com.cn,010-83470332
印 装 者:三河市人民印务有限公司
经　　销:全国新华书店
开　　本:185mm×260mm　　　　印　张:17.25　　　字　　数:396 千字
版　　次:2002 年 9 月第 1 版　　2025 年 9 月第 6 版　　印　　次:2025 年 9 月第 1 次印刷
定　　价:55.00 元

产品编号:104416-01

第六版前言

《会计电算化系统应用操作》（第三版）于 2008 年 2 月被教育部公布为普通高等教育"十一五"国家级规划教材，为教育部规划和推荐使用的教材；于 2011 年、2016 年又先后出版了第四版、第五版。第五版为广东省本科高校省级精品教材立项建设项目，2018 年被广东省教育厅公布为广东省省级精品教材。

本书在 20 多年来能不断地被再版和重印，说明本书拥有一大批读者，在此对读者长达 20 多年的支持表示衷心的感谢！同时也极大地鼓舞了我继续修订并出版第六版的信心和决心。

随着财务软件升级、企业会计准则及税法税率的调整，本书第五版中的有些内容已经不能完全满足读者的需要。为此，经与清华大学出版社研究，我决定对第五版进行修订，出版第六版，以体现我国会计信息化最新的发展成果，满足读者的需要。

本书第六版在第五版的基础上，做了以下几方面的调整和升级。

（1）根据财政部最新发布的《企业会计准则》和最新税法进行业务处理。

（2）采用用友财务软件 U8 V10.1 版本。

（3）账套年月设置从 2015 年 12 月改为 2023 年 12 月。

（4）增补了会计信息化和云会计在我国的最新发展成果。

（5）根据《企业会计准则》修订内容和最新税法税率的变化，重新运算和修改了相关凭证和数据，并对变动的后续数据作了相应的调整。

（6）对原书中的一些文字和插图等作了增删改补。

本书在编著过程中，得到清华大学出版社经管分社编辑部主任刘志彬编辑、付潭蛟编辑和许多专家的帮助，在此对他们的支持表示深深的谢意！虽然编著者在编著此书过程中付出了极大的努力，但因学识和水平有限，书中难免存在不足之处，敬请广大读者批评指正。邮箱：1450691104@qq.com。

本书的账套数据、报表数据及 PPT 课件作为教辅材料，读者可在清华大学出版社网站上按编著者的姓名搜索，在本书第六版的网络资源和课件栏目中获取。

何日胜

2024 年 12 月

第 一 版 前 言

会计电算化是一门融合会计学科、计算机学科、管理学科和信息学科的综合性学科，是通过计算机会计信息系统的研制、推广、应用来实现的，它一出现就迅速渗透到社会生活的各个领域，并成为不可阻挡的大潮，带来了会计领域的一场革命。

随着计算机在企业管理活动过程中的应用，越来越多的企事业单位在使用会计电算化管理软件进行账务、购销存、财务分析、决策支持等处理。会计电算化比传统手工会计具有如下优点：在手工会计中需要会计人员花费大量时间进行数据汇总，会计电算化能快速和精确无误地完成；手工会计中简单重复、枯燥乏味且耗时耗力的登账、算账、结账工作，会计电算化在瞬间就能处理完毕；能随时提供或总括、或明细、或全部、或局部、或任意时间段的多功能和全方位的账务信息查询；报表结构和取数函数公式可在各月重复使用，大大克服了手工会计编制报表的耗时和艰难性问题；会计报表分析能用直方图、圆形图（饼图）和曲线图直观地显示，且数据准确并快捷，等等。会计电算化的先进性已得到社会的公认，企事业单位实现会计电算化是国民经济发展的必然趋势。

本书详细介绍了会计电算化系统中的总账系统和报表系统模块，并对这两个系统模块的功能进行具体描述和应用操作，还结合一家工业企业的经济业务内容，将会计电算化系统的应用操作与实际的账务和报表处理结合起来，使企业的经济业务贯穿于系统模块的功能操作之中。本书具有如下几个特点。

（1）采用财政部最新颁布的《企业会计制度》（2001 年）。根据新企业会计制度的规定，对企业的经济业务进行总账和报表处理，体现了本书采用会计制度的"新"。

（2）采用企业实际发生的经济业务。设计了一家中型工业企业 2001 年 12 月发生的全部经济业务的原始凭证作为业务内容，并将其业务内容贯穿于阐述总账系统和报表系统应用操作的每一个过程，体现了本书内容的"实"。

（3）采用我国目前最优秀的用友财务及企业管理软件 UFERP-M 8.11（Windows 版）作为操作软件。用友财务软件是用友软件股份公司研发的软件，拥有全国 40%的财务软件市场份额，用户广泛，体现了本书选用的软件具有代表性。

（4）会计电算化课程实验的结晶。编著者多年从事于会计电算化课程教学，建立了会计电算化操作室，在项目设计和应用操作过程中，积累了较为丰富的理论知识和实践经验，经过规划整理，在理论教学和应用操作环节上已经自成体系，体现了本书的系统性。

（5）财务软件社会应用的总结。编著者近年来为 20 多家各类企业建立了会计电算化系统，注意将理论应用于实践，又从实践中得以提升理论，积累了较为丰富的社会应用经验，体现了本书的应用性。

由编著者主持完成的教学成果《会计理论教学与实务操作》于 1997 年 5 月被评为

广东省普通高等学校第三届省级教学成果二等奖；教学成果《计算机会计课程教学、科研与应用三结合的成功尝试》于 2001 年 9 月被评为广东省普通高等学校第四届省级教学成果二等奖。本书是以上两项省级教学成果的主要组成项目之一，并根据其中会计电算化方面的内容，经过加工整理编著而成的，因而具有一定的先进性、实用性和可推广性。

　　本书是广东嘉应学院科学研究著作出版基金资助项目，此外，还得到了许多同志的大力支持，在此表示真诚的谢意。

　　虽然编著者在编著此书过程中付出了极大的努力，但因才疏学浅，又仓促付梓，书中难免存在错误及疏漏之处，敬请广大读者来函批评指正，邮箱：1450691104@qq.com。

何日胜

2002 年 6 月

目 录

第一章

会计电算化基础知识

第一节 会计电算化

我国的会计电算化起步于1978年，至今已走过近50个春秋，会计电算化从当时的试点到今天的普及应用，发展十分迅速，这期间，财政部对会计电算化的有序引导和规划起了重要的作用。

一、会计电算化的含义

会计电算化是以计算机为载体，将当代电子信息技术应用到会计工作中，并以计算机为工具，替代手工记账、算账、报账，完成对会计信息的分析、预测、决策的过程，是现代社会化大生产和新技术革命的必然产物。

会计信息的"数据性""及时性""精确性"特点，迫切要求会计工作应迅速实现现代化，同时随着电子技术和数据处理技术的迅猛发展、微型计算机的日益普及，为会计工作实现现代化提供了良好的契机。

会计电算化的含义，可以理解为会计人员运用以会计核算软件为核心的电子计算机系统，按照一定的程序和方法对会计数据进行加工处理，以获取会计信息的一种管理活动。

二、我国会计电算化的发展历程

我国由于受到各方面条件的制约，会计电算化工作的起步较晚。迄今为止，经历了开始起步阶段（1978—1983年），缓慢发展阶段（1983—1987年）和有计划、有组织发展阶段（1987年至今）三个阶段。

1. 开始起步阶段（1978—1983年）

在这一阶段，我国的会计电算化主要还是进行理论研究和实验准备工作。当时我国已有少数企业在某项业务中开始使用电子计算机了。1979年，财政部以长春第一汽车制造厂为重点试点单位，拨款500万元，从民主德国进口了电子计算机，尝试将电子计算机技术应用于会计工作中。1981年8月，在财政部、第一机械工业部、中国会计学会的支持下，中国人民大学和第一汽车制造厂在长春市召开了"财务、会计、成本应用电子计算机问题讨论会"，正式把"电子计算机在会计工作中的应用"定名为"会计电算化"。这次会议是我国会计电算化理论研究的一个里程碑，标志着我国在会计电算化方面开始起步了。

2. 缓慢发展阶段（1983—1987 年）

随着电子计算机技术的飞速发展，我国掀起了计算机应用的热潮，在会计工作中应用电子计算机的单位也逐渐多了起来。为了迎接新技术革命的挑战，1983 年，国务院成立了电子振兴领导小组，从此，我国电子技术的发展进入了一个崭新的阶段。但由于经验不足，理论准备与人才培训不够，电子技术的发展跟不上客观形势发展的需要，在会计电算化推进过程中，因组织工作的滞后，造成了许多盲目的低水平重复开发，且大多数财务软件功能比较单一，仅局限于如工资核算、财务单项核算等比较简单的单项核算功能上，浪费了许多人力、物力和财力。在这一阶段，会计电算化工作的推进非常缓慢。

3. 有计划、有组织发展阶段（1987 年至今）

在这一阶段，我国会计电算化进入了一个大发展时期。随着经济体制改革的不断深化，计算机在会计工作中的应用也逐步走上了正轨，我国的会计电算化事业进入了有计划、有组织的发展阶段。财政部于 1989 年 12 月颁布了我国第一部关于会计电算化管理的规章《会计核算软件管理的几项规定（试行）》，于 1990 年 7 月颁布了《关于会计核算软件评审问题的补充规定（试行）》，对会计核算软件的开发、使用等问题作出了具体规定。1994 年 5 月，财政部颁布了《关于大力发展我国会计电算化事业的意见》，明确了会计电算化工作的总体目标。此后陆续颁布了一系列的规章制度：1994 年颁布了《会计电算化管理办法》《商品化会计核算软件评审规则》《会计核算软件基本功能规范》，1996 年 6 月颁布了《会计电算化工作规范》等。这一系列规章制度的颁布，保证了会计电算化工作有规范地开展，加快了会计电算化发展的进程，这标志着我国的会计电算化事业将进入一个新的发展高潮。

在这一阶段，我国会计核算软件向着通用化、专业化、商品化方向发展，许多商品化会计核算软件专业开发单位或部门相继成立，同时各级财政部门也规范了对会计软件的评审条例。到目前为止，通过财政部评审的财务软件有 38 家，通过省级财政厅评审的财务软件有 164 家，形成了中国财务软件的商品化市场。计算机技术、信息处理技术的迅速发展促成了我国财务软件以惊人的速度发展，版本从 DOS 版发展到 Windows 版，从单用户版发展到局域网、广域网，再到今天的网络财务软件；采用的数据库从 DBASE、FoxBase、FoxPro、Visual FoxPro、Access 到 SQL Server 等，满足了集团公司、跨国公司等大型企业海量数据库核算的需要。在我国企业使用的财务软件用户中，国产的财务软件占据着绝对的主导地位，为我国软件产业的发展树立了一个成功的典范。

三、会计电算化与手工会计的关系

会计系统是一个信息系统，它可以是手工会计信息系统（Hand Accounting Information System，HAIS），也可以是以计算机为工具的计算机会计信息系统（Computer Accounting Information System，CAIS）。CAIS 是一个信息管理系统（Management Information

System，MIS），是采用计算机对会计数据进行采集、加工、存储、传输并输出大量有用信息的系统。用 CAIS 取代 HAIS，不仅是会计工作手段的提高，而且是会计管理工作的改进和现代化。

1. CAIS 与 HAIS 的共同点

（1）系统目标一致。两者都对企业的经济业务进行记录和核算，最终目标都是为了加强经营管理、提供会计信息、参与经营决策、提高企业经济效益。

（2）采用的基本会计理论与方法一致。两种系统都要遵循基本的会计理论和方法，都采用复式记账原理。

（3）都要遵守会计和财务制度，以及国家的各项财经法纪，严格贯彻执行会计法规，从措施、技术、制度上堵塞各种可能的漏洞，消除弊端，防止作弊。

（4）系统的基本功能相同。任何一个信息系统要达到系统目标，都应具备信息的采集输入、存储、加工处理、传输和输出这五项基本功能。

（5）都要保存会计信息档案。作为会计信息系统的输出，会计信息档案必须妥善保存，以便查询。

（6）编制会计报表的要求相同。两种系统都要编制会计报表，并且都必须按国家要求编制企业外部报表。

2. CAIS 与 HAIS 的差异

（1）系统初始化设置工作存在差异。HAIS 的初始化设置工作包括建立会计科目、开设总账、登录余额等；CAIS 的初始化设置工作则较为复杂，且具有一定的难度，其内容主要有会计系统软件的安装，账套的设置，网络用户的权限设置，操作员及权限的设置，软件运行环境的设置，科目级数与位长的设置，会计科目及其代码的建立，最明细科目初始余额的输入，凭证类型设置，自动转账分录定义，会计报表名称、格式、数据来源公式的定义等。

（2）平行登账存在差异。在 HAIS 登账时，总账由一名会计人员根据审核无误的记账凭证，或科目汇总表，或汇总记账凭证进行登记，明细账由另一名会计也根据原始凭证或记账凭证进行平行登记，月末校验两者是否相等。由于两名会计在登账时有可能发生错误，因此平行登账可以检查错误。但是在 CAIS 中，总账与明细账的数据均来源于原始凭证或记账凭证，计算机按照登记总账和明细账的程序命令，将数据从记账凭证数据库中转移到总账数据库和明细账数据库，而计算机是不可能发生数据运算错误的，所以在 CAIS 中总账金额恒等于明细账金额。因此，平行登账的校验功能在 CAIS 中已失去了其原先的作用。

（3）科目的设置和使用上存在差异。在 HAIS 中，由于手工核算的限制，将账户分设为总账和明细账，明细账大多仅设到三级账户，此外，再开设辅助账户以满足管理核算上的需要；科目的设置和使用一般都仅为中文科目。而在 CAIS 中，计算机可以处理各种复杂的工作，科目的级数和位长设置因不同的软件而异，有的财务软件可将科目的级数设置到 6 级以上，完全满足了会计明细核算方面的需要；科目的设置上除设置中文科目外，还应设置与中文科目一一对应的科目代码，使用某一科目时，计算机只要求用户输入对应的科目代码，而不要求输入该中文科目，但在显示打印时，一般都将中文科目和与之对应的科目代码同时显示。

（4）账务处理程序上存在差异。HAIS 根据企业的生产规模、经营方式和管理形式的不同，采用不同的会计核算形式，常用的账务处理程序有记账凭证核算形式、科目汇总表核算形式、汇总记账凭证核算形式、日记账核算形式等，对业务数据采用了分散收集、分散处理、重复登记的操作方法，通过多人员、多环节进行内部牵制和相互核对，目的是简化会计核算的手续，以减少舞弊和差错。而在 CAIS 中，财务处理程序一般要根据文件的设置来确定，常用的是日记账核算形式和记账凭证核算形式，在一个计算机会计系统中，通常只采用其中一种核算形式，对数据进行集中收集、统一处理和共享。

（5）日记账和明细账在功用上存在差异。在 HAIS 中，通常仅对现金和银行存款设置日记账，是为了序时记录货币资金的发生情况，做到货币资金日清月结、钱账两清。凭证信息是分散的，不便于查询，明细账仅是为了方便查询凭证而设置的，根据凭证信息按科目重新登记在明细账上，耗时且易错。而在 CAIS 中，虽然任何科目都可有日记账和明细账，但所有日记账和明细账上的数据均来源于记账凭证，由于采用了计算机这一高效能的工具，在账务软件中对记账凭证提供了多种查询条件，如日期、凭证号、科目代码、摘要、单位名称、单据号、录入员、审核员、借方金额、贷方金额、收入数量、余额等，查询的方法可分为确定查询、自由查询、组合查询和模糊查询四种，可查询到企业的所有业务信息，由此看来，明细账在 CAIS 中意义已不再重要，可以取消，根据财政部文件规定，明细账可以一年输出一次，仅是为了存档的需要。

（6）账簿格式上存在差异。在 HAIS 中，账簿的格式分为订本式、活页式和卡片式三种，并且对现金日记账、银行存款日记账和总账必须采用订本式账簿。而在 CAIS 中，由于受到打印机的条件限制，不太可能打印出订本式账簿，因此根据《会计电算化工作规范》规定，所有的账页打印后均可按活页式装订成册；总账账页的格式有传统三栏借贷式总账和科目汇总式总账，后者可代替前者；明细账的格式可有三栏式、多栏式和数量金额式等。

（7）簿记规则上存在差异。在 HAIS 中，账簿记录的错误要用划线更正法或红字更正法进行更正；账页中的空行、空页要用红线划销等。而在 CAIS 中，可以不存在纸质账簿，一切数据均以文件形式存储在机器内部，登账只是一个沿用的旧名词，而且文件也并不一定按日记账、总账、明细账分别设置，有些系统甚至只设置一个凭证文件，根本就不存在机内日记账、总账和明细账，各种财务信息可直接从凭证文件中导出，划线更正法或红字更正法根本就不存在，取而代之的是负号更正法。实际上只要凭证输入正确，机器处理就是准确无误的，即使由于凭证数据有错或变更导致机内账的结果有错，也不能直接进行修改而只能通过记账凭证去更正。

（8）会计报表的编制形式上存在明显差异。会计报表是企业会计核算中一项重要的事项，在 HAIS 中，报表的编制是最复杂的一项工作，报表编制人应了解各种报表的结构，以及报表中各个数据的来源渠道，若数据是来自账上的，还应弄清是发生额还是余额、通过何种运算关系取得，若数据是来自本报表或外报表中某项目的，应懂得其各种运算关系；同时还应明确各种报表之间的勾稽关系及数据的对应关系，这样才能开始编制报表。而在 CAIS 中，各种报表的注册、结构描述、格式定义、数据的取数公式定义、报表的审核公式定义、报表的打印参数设置等工作，则作为报表子系统初始化设置的内容，在正式编制报表前可预先设置好，尔后在月末编制报表时，操作员只需在键盘上轻按报表子系统提供的报表生成命令键，系统即自动根据数据的取数公式取得数据，在短则几秒，长则几分钟的时间内快速生成报表，并且能自动校验报表数据的各种内在关系，此外，还能使不同账套或上下级公司之间的同名报表即时合并。

（9）在能否使会计发展为管理型方面存在根本性的区别。在 HAIS 中，由于手工会计核算的复杂性，使会计人员耗时耗力，穷于应付手工的记账、算账、结账、报账，使企业会计停留在会计核算上，使会计向管理型发展受到了很大的约束。而实行 CAIS 后，手工会计中纷繁复杂的会计核算工作已由计算机高效且精确地完成，使企业会计向管理型发展。目前，我国已出现面向市场、中国模式、价值化、系统化、电脑化、基于现代企业制度、国际化以及普遍化管理的新管理时代的财务及企业管理软件体系 UFERP。会计电算化可以发展为以会计为核心的信息管理系统，可以形成会计分析预测系统、会计决策支持系统和会计专家系统，使会计的职能得以转变和发展。

（10）人员、组织体系、内部控制、运算工具和信息存储介质上存在差异。在 HAIS 中，人员均为会计专业人员；组织体系按会计事务的需要，分为不同的专业组，通过账证相符、账账相符和账实相符等内部控制来保证数据的正确；运算工具主要采用算盘和计算器；信息存储介质以纸质材料为载体，占用空间大，查询烦琐。而在 CAIS 中，人员除会计专业人员外，还有计算机软硬件技术人员和操作人员；组织体系按系统的需要可划分为电算主管、软件操作、审核记账、系统维护、电算审查和数据分析等专业组；内部控制扩大到人员、计算机设备、数据和程序等各个方面，而且其要求更为严密；运算工具采用计算机；信息存储介质采用磁性介质材料（一般为磁盘），占用空间小，查询检索方便。

3. CAIS 与 HAIS 比较的现实意义

通过上述比较可以看出，CAIS 与 HAIS 之间有着许多共同之处，也存在许多明显的差异。这些差异使我们在建立 CAIS 过程中，应注意做好以下几方面工作。

（1）注重系统的初始化设置工作。当评价一个 CAIS 的优劣时，可根据系统处理的最终结果，即账簿数据和会计报表数据是否精确无误、过程控制是否有效来判断。当财务软件本身的程序及控制正常可靠的情况下，数据输出结果的正确与否则直接与系统的初始化设置有关。为此，在系统初始化设置时，应根据本企业会计核算的需要，正确设置会计科目的级数和位长，建立标准的会计科目代码体系；认真整理和录入最明细科目的年初余额和本年累计发生额；慎重设置操作员的姓名、用户代码和口令；根据会计工作的分工和内部控制的要求，合理开放每位操作员的权限；正确设置企业的凭证类型、记账方法、核销方法、外汇汇率的记账方法、自动转账分录、非法对应科目和各种外部设备类型等参数。

（2）科目代码设置应力求精确和完整。实行会计电算化后，科目代码是 CAIS 中最重要的一种代码，处于核心地位，系统内部涉及会计科目的处理几乎都以科目代码为依据，系统的运行都是根据科目代码进行的，为此，合理设置科目及其代码是至关重要的。由于计算机处理的高速度和准确性，我们可以将会计科目划分到足够精细，特别应根据报表数据取数的需要，将科目的级数和位长设置得恰如其分，以获得更加详细的会计核算资料。但应避免将科目代码的级数和位长设置得过多过长，这既不利于记忆和使用，又浪费存储空间，应根据整个科目体系来确定。例如，如果只是个别科目需要划分的级数较多，可对这些个别科目采用别的方法来解决，而不必因为要照顾个别科目而将整个科目体系的级数增加，但是，如果同级科目的明细较多，则也可通过适当增加级数来解决。系统运行后，科目的修改或删除是一项非常困难的工作，因此，应该在初始化时周密考虑，把科目代码设置完整，一般不要在年度中间进行修改。

（3）要正确地修改凭证存在的错误。在 CAIS 中，因为经审核过的记账凭证是总账、明细账、日记账、各种辅助账和报表数据的数据源，如果发现账簿或报表数据有差错，则可判断必定是记账凭证存在错误。错误凭证的修改可有如下三种情况：一是凭证未审核时发现有误，则可由凭证编制员直接修改；二是凭证已审核后发现有误，则应先由审核员取消审核标记，由编制员修改后，再经由审核员进行审核；三是登账后发现凭证有误，则不能修改该凭证，应由编制员先编制一张红字凭证冲销错误凭证，再编制一张正确的凭证，将红字凭证和正确的凭证经由审核员审核后，进行登账，即可达到更正错误凭证和账簿数据的目的。

（4）正确进行报表系统的初始设置。报表系统的初始设置是 CAIS 中最复杂的工作。在目前商品化的 CAIS 中，大都采用通用报表程序，即系统提供一种接口，由用户自己定义报表的名称、表线的类型、空表格式、数据来源公式等。这样，当报表格式或数据来源改变时，只需修改原先的定义，而不必修改系统内部的程序，从而满足了各种不同用户的要求。报表系统初始设置时，要求设置人员充分理解报表的编制原理及公式表达式的设置规则，特别应推敲每一项数据的取数公式，因为在众多公式中某一个符号的差错都将导致报表数据的错误。若发现报表数据有误，应首先查出导致报表最终结果错误的出错数据项，并检查其数据取数公式是否有误。若有误，则予以改正；若无误，则可判断是账簿或凭证数据有误。根据该项错误的数据项取数公式可推断账簿或凭证的错误之处，比照上述更改错误凭证的方法给予改正，然后重新生成报表。

（5）注重 CAIS 的维护与安全。基于 CAIS 的特点，应对其进行经常性的维护，且维护工作应伴随整个运行阶段的始终，直至系统过时或报废。维护的内容有硬件设备、财务软件、数据文件和各种编码的维护。除了硬件维护外，其他的维护都有可能涉及软件的维护，可见软件维护是系统维护中最重要也是最艰难的工作。软件维护可分为修正运行中发现程序错误的正确性维护、当软件的外界运行环境发生变化时的适应性维护，以及因系统扩充功能或改善性能而对软件进行修改的完善性维护三种类型。同时，应保护系统的安全，可通过建立会计组织体系的内部控制制度、系统和操作员口令的定期修改与保密、数据的定期备份与保存、增强程序自身的自我保护能力等措施来实现。

四、会计电算化对传统会计的影响

会计电算化使会计的核算方法和工作程序发生了重大变化,对传统会计信息系统产生了一系列影响。主要表现在以下方面。

1. 改变了会计工作的组织机构

会计电算化改变了会计人员的工作分工,从而引起企业有关组织机构的变化。这种变化主要表现在两个方面:一是企业将大量的会计数据处理工作集中在计算机部门;二是会计人员的原有职能岗位应按会计电算化信息系统的组织控制要求重新安排。

2. 改变了手工会计的数据处理方法

计算机的应用改变了手工会计处理数据的方法。在手工条件下,核算工作要由许多人共同完成,而使用计算机后,会计人员根据原始凭证的内容,在财务软件中录入记账凭证,经审核,计算机就可以按预置的功能自动进行汇总、记账、转账、编制报表等一系列工作。在手工条件下,由于成本核算的复杂性和时间的限制,一些报表只能定期产生,而在应用计算机之后,则可以随时输出报表。

3. 改变了会计信息的质量

会计信息的质量特征主要在于可靠性、相关性、可比性等。应用计算机后大大提高了会计信息在上述几方面的质量,而且使会计信息向多种度量单位发展。计算机可以同时存储实物量和与之相依存的货币量,并在需要时能迅速检索、汇总输出。

4. 改变了建立会计信息系统的方法

建立会计电算化信息系统的方法与手工会计的方法有所不同,两者的物质基础不同,环境不同。因此,在记账方法的选用、会计科目的设置、凭证账簿格式的设计、财务报表的周期选择等方面,都应从人工和计算机两方面加以考虑。

5. 改变了会计档案的保管形式

在手工条件下,会计档案主要是以纸介质形式存放。而使用计算机后,会计档案将以磁性介质形式存放为主,纸介质形式存放为辅。磁性介质如磁盘、磁带等,对环境、温度等方面有一些特殊的要求,而且存放在磁性介质上的数据是肉眼直接看不到的,需要借助计算机才能查看和存取数据。

6. 改变了会计内部控制的方法和技术

在会计电算化信息系统中,为保证数据和数据处理的正确、安全和可靠,需要相应的方法和技术,其中许多方法是在计算机上实现或通过人工与机器相结合来完成的。

五、会计电算化的特点

会计电算化与传统会计相比,主要特点体现在以下几个方面。

(1)能使会计工作高效地完成。计算机能够代替大部分手工劳动,以手工所达不到的速度,高效地完成信息处理,把会计人员从繁重的数据抄写和计算中解脱出来,让会计人员有更多的时间利用会计电算化提供的会计信息分析企业的财务状况。

（2）提高了会计信息的质量。计算机的高精度和准确性，保证了会计信息在计算机处理中的准确性，减少了由人为因素造成的错误，提高了会计信息的质量。记账凭证是各类账簿的数据源，而会计报表的大多数数据均直接来源于各类账簿。在会计软件中，记账凭证通过记账功能，可以将记账凭证的信息登记到日记账、明细账、总账及各类辅助账中；在每月末，通过结账功能，可以将日记账、明细账、总账及各类辅助账进行汇算结清，汇总和计算出本月借方、贷方累计发生额及月末余额，并将月末余额结转至下月初，作为下月的月初余额；可以根据预先定义好的报表格式和取数公式，自动在各类账簿中取数并生成各种会计报表。因为记账、结账和生成报表等功能都是按照测试好的程序进行的，因此只要保证记账凭证这一数据源的正确性，就可保证其下游的各类账簿和会计报表数据的正确性。

（3）为财务决策提供辅助。利用会计软件提供的各类会计信息，在财务分析模块中，可以采用比率分析、因果分析、因素分析、对比分析等方法，对企业的财务信息进行分析。同时，利用计算机的智能，不但使会计信息的收集和传输速度大大提高，而且还可以完成人脑难以完成的信息分析工作，辅助企业管理人员进行财务决策。

（4）实现财务信息共享。目前的网络财务软件可以通过网络的形式以电子数据和电子信号迅速传递信息，满足不同用户的需要，还可以使用卫星通信技术以数字化形式传递各种经济信息，信息共享的能力大大提高。

（5）采用磁性介质存储会计信息。采用磁盘、光盘等磁性介质，以人们肉眼看不见的方式保存数据和信息。它可以把一个企业的全年会计数据压缩存储在一片薄薄的磁盘上。这不仅大大节省了存储空间，而且还可以保障信息的安全传递。

（6）业务处理程序化。系统按照预先设计好的程序和步骤来完成会计处理。对于日常业务中可能遇到的情况，以及应如何处理这些情况等都要事先确定。手工系统则没有这样严格，许多情况可以凭会计人员的经验，临时决定处理方法。

（7）系统设计的专业化和专门化。系统的开发和实施要有专门的系统分析设计人员，对会计信息系统进行周密的分析和设计，然后交由程序员完成编码和调试；同时还要对会计人员进行专门培训，在使用过程中还需配备专业人员对其进行维护，以保证系统的正常运行。因此，开发成本高，一旦达不到预期目的，往往造成较大的经济损失。

第二节　会计信息化

随着计算机硬件和软件技术的发展、电子商务的应用以及信息使用者对信息质量的高要求，会计电算化向会计信息化方向发展，使我国进入会计信息化发展时代。

一、我国会计信息化的三次发展浪潮

会计信息化源于会计电算化的发展，我国会计信息化的发展可以追溯到会计电算化阶段，业界将我国会计信息化的发展归纳为三次浪潮。

第一次浪潮（1979—1996 年）：我国会计信息化应用事业始于 1978 年，起步于 1979 年财政部委托长春第一汽车制造厂进行计算机辅助会计核算的试点。从 20 世纪 80 年代开始，市场经济环境促使会计工作不断变革，特别是计算机和局域网技术的问世，为企业开创会计信息化事业提供了必要的硬件环境，掀起了我国会计信息化发展的第一次浪潮，企业会计信息化事业进入了由单任务会计数据处理阶段到部门级会计信息系统的发展阶段。

第二次浪潮（1997—2007 年）：随着我国改革的纵深发展，部门级会计信息系统所产生的会计信息出现"滞后性""孤立性"，互联网的出现和应用提供了企业信息应用的 IT 环境，ERP 系统的应用、比部门级会计信息系统更加完备和优化的企业级会计信息系统的出现，掀起了我国会计信息化发展的第二次浪潮。

第三次浪潮（2008 年至今）：互联网、物联网、移动通信、智慧地球、大数据、云计算等技术的应用推动了网络时代的发展和知识经济时代的到来，会计信息化步入了以规范化、标准化、知识化、智能化、互联化、云化、社会化、产业化为主要标志的第三次浪潮的变革时代。财政部、工业和信息化部、国资委等监管部门引领我国会计信息化步入第三次发展浪潮。2008 年 11 月 12 日，财政部联合工业和信息化部、中国人民银行、国家税务总局、国资委、审计署、银监会、证监会和保监会成立了全国会计信息化委员会暨 XBRL 中国地区组织，发布了一系列会计信息化的指导意见、发展纲要、系列标准及其实施通知等，为发展和规范我国会计信息化事业起到了核心作用。2013 年 12 月 6 日，财政部制定了《企业会计信息化工作规范》，2014 年 1 月 6 日起施行，推动了企业会计信息化建设步伐，规范了信息化环境下的会计工作。

会计信息化产业的发展为会计信息化应用事业的发展提供了必要的物质基础。我国会计信息化产业体系目前主要由会计软件研发制造、会计信息化咨询服务、会计信息公共平台等相关产业组成。据不完全统计，目前我国从事会计软件研发制造及咨询服务的企业已达上千家，其中国内市场占有率大于 1% 的企业有用友、金蝶、浪潮、新中大、金算盘、神州数码和东软等，这些企业都是拥有自主知识产权的本土化企业。

二、会计信息化产生的背景

1. 电子商务的迅速发展

2005 年初公布的一项研究结果显示，我国电子商务产业发展迅速，其时网上商店总数已经超过 10 万家，网上展示的商品总数约为 2000 万件。2005 年是中国电子商务发展的重要一年。2005 年 8 月，国务院发布了《关于加快电子商务发展的若干意见》，运用电子商务带动整体经济增长模式的改变，把电子商务的发展提高到推动国家整体经济发展的战略高度，要求将电子商务作为新的经济增长点来培育。时任国务院总理温家宝提出，用面向全球的宽广眼界，为电子商务发展创造良好的外部环境。电子商务的迅速发展，要求经济业务处理中的会计处理系统能及时甚至能即时地予以反映，传统的手工会计已不能适应形势的发展，会计电算化系统也只是对经济业务的事后处理，因此，电子商务的发展要求能将业务与财务一体化的会计信息化系统得以建立和应用。

2．信息使用者对会计信息的要求

会计的作用主要是为企业的外部和内部的信息使用者提供企业的经营情况和财务状况。企业外部的会计信息使用者主要有投资者、债权人、政府机构、客户、供应商、银行、税务等部门，企业内部的会计信息使用者主要有企业管理者、职工等。各种会计信息的使用者都通过企业会计部门提供的会计信息来了解企业的经营情况和财务状况，以便做出相应的决策。在现代信息社会，各行各业的人员都在利用计算机技术和信息技术迅速发展的成果进行高效、快速的生产和经营，他们对社会信息的反应非常敏感，试图掌握信息社会中的任何有用的信息为己所用。因此，他们对反映企业经营情况和财务状况的会计信息也提出了更高的要求，要求企业的会计处理与业务一体化，能即时地反映企业的经营情况。传统的会计处理和基本上处于信息孤岛上的会计电算化都不能满足他们的要求，因此，会计信息化就势在必行了。

3．技术平台的发展

计算机、网络技术、信息技术的发展，为会计信息化的建设提供了强大的技术支持平台。特别是数据库技术，大型数据库使网上实时交易和结算的电子商务成为可能并已得到广泛应用，同时也为建立会计信息化提供了有力的技术保证。大型数据库数据存储容量大，数据的容错性和一致性较好，能够较好地支持网络化的运行环境，主要有 SQL Server、Sybase、Oracle、DB2 等。大型数据库的发展和应用极大地推动了会计信息化的建设。基于 Internet/Intranet 的 Web 技术、网络数据库技术和三层结构组件技术的成功应用，为建立会计信息化提供了坚实的技术保障。另外，防火墙技术日益成熟，为建立会计信息化提供了必不可少的安全保障。

4．《电子签名法》的实施

2005 年 4 月 1 日，我国正式实施《中华人民共和国电子签名法》（以下简称《电子签名法》），这对我国信息化建设来说意味着一个新时代的开始：从这一天起我国信息化领域终于有法可依。作为我国信息化领域的第一部法律，《电子签名法》的标志性意义大于实际意义。虽然它只是我国电子商务历程中一部从局部入手的法律，但是它的诞生却是我国在信息化领域探索法治管理的一个良好开端。《电子签名法》规定，民事活动中的合同或者其他文件、单证等文书，当事人可以约定使用或者不使用电子签名、数据电文。当事人约定使用电子签名、数据电文的文书，不得仅因为其采用电子签名、数据电文的形式而否定其法律效力。《电子签名法》重点解决五个方面的问题：一是确立了电子签名的法律效力；二是规范了电子签名的行为；三是明确了认证机构的法律地位及认证程序；四是规定了电子签名的安全保障措施；五是明确了电子认证服务行政许可的实施机关。我国实施《电子签名法》以后，极大地推动了电子商务的发展。电子商务的迅速发展，对电子商务流程中产生的大量业务将如何进行快速处理？模拟手工会计流程的会计电算化将不能很好地满足电子商务的发展要求，从而推动了业务、财务一体化的会计信息化。因此，《电子签名法》的实施，推动了电子商务的发展，推动了会计信息化的进程。

三、会计信息化的含义

会计信息化的含义目前仍未有定论，存在着各家之言。"会计信息化"是一个新名词，其含义中应体现以下几方面内容：一是现代信息技术的革命，会计信息化使会计核算工作更多地利用现代信息技术高速发展的成果，此外，它同样深刻地影响和改变着会计的基本理论体系和方法、会计基础教育和高等教育、会计和财经法规、政府对会计工作的组织、会计人员的管理和培训等诸多方面；二是现代社会以信息化作为进步的标志，会计信息化是为了更新术语、顺应现代社会信息化发展趋势而产生的；三是会计信息化要求人们以放眼世界的新视野，站在整个企业的高度来认识信息化工作，构架新一代的现代企业管理信息系统，促使企业推进全面信息化建设，最终促使整个社会经济信息化的快速发展；四是实现会计信息化的重要目标和根本任务，在于建设能够迅速提高企业的现代管理水平、满足现代企业管理需要的新一代会计信息系统，也是将会计电算化发展为会计信息化的现实意义所在。

因此，会计信息化的概念可定义为：会计信息化是采用现代信息技术，对传统的会计模型进行重整，并在重整的现代会计基础上，建立信息技术与会计学科高度融合的、充分开放的现代会计信息系统。这种会计信息系统将全面运用现代信息技术，通过网络系统，使业务处理高度自动化，信息高度共享，能够进行主动和实时报告会计信息。

四、会计信息化与会计电算化的区别

会计电算化实质上并未突破传统手工会计核算的思想框架，而会计信息化与会计电算化相比，在技术手段和构成内容上有质的飞跃，两者有显著的区别。

1. 理论基础

会计电算化以传统会计理论和计算机技术为基础。会计信息化除此之外还包含信息技术系统论和信息论等现代思想。

2. 实现目标

会计电算化是实现会计业务核算的计算机处理，代替手工会计。会计信息化是实现会计业务全面信息化，实现财务会计系统与企业管理系统全面对接，体现会计管理的核心作用。

3. 系统地位

会计电算化只是财务部门工作事务的电算化，属于部门级的信息化。会计信息化可以实现与企业业务处理及管理系统无缝结合，属于企业级的信息化，同时与互联网连接，可加入国家层面的信息化。

4. 功能范围

会计电算化以经济业务核算、提供会计报告为主。会计信息化除此之外还包含会计信息管理、预测分析、决策分析等。

5. 技术手段

会计电算化主要以计算机为主体，停留在企业财务部门的局域网络。会计信息化采用计算机、互联网和国家通信工程等现代技术，属于广域网络，每个单位的会计信息都可以纳入国家会计信息化系统之中。

6. 信息处理

会计电算化的数据一般由会计人员手工录入，结果以财会部门打印输出和报送为主。会计信息化的数据除手工录入外，大量数据还可以从企业内部的业务管理系统和企业外部的其他系统直接获取，结果输出以企业内外的各个部门、机构根据相关授权，通过互联网从会计信息系统中直接获取。

五、会计信息化的内容

我们将沿着会计信息系统的内容和会计信息化的发展过程两条主线对会计信息化的内容进行讨论。首先，从会计信息系统的内容来看，会计信息系统包括财务会计和管理会计两个方面的内容。将财务会计和管理会计统一起来考虑，就是以事前为主的"决策"、以事中为主的"管理"和以事后为主的"核算"。其次，从我国会计信息化的发展过程来看，主要分为会计核算信息化、会计管理信息化和会计决策支持信息化三个基本阶段。因此，无论从会计信息系统的内容上讲，还是从会计信息化的发展过程上讲，会计信息化都不外乎是会计核算信息化、会计管理信息化和会计决策支持信息化三个方面的内容，以及会计基本理论信息化和会计教育信息化。

1. 会计核算信息化

这是会计信息化的第一个阶段，在这一阶段完成的主要任务包括设置会计科目、填制会计凭证、登记会计账簿、进行成本计算、编制会计报表等。会计核算信息化主要是通过网络财务软件，实现会计数据处理的信息化。会计业务流程的建立是会计工作的基础，企业会计组织机构、会计工作岗位、会计人员职责、会计的内部控制制度等方面都是根据会计的业务流程来确定的。会计理论体系的变革与信息技术手段在会计领域中的广泛运用，对手工会计模式下的会计业务流程将产生深刻的影响和变革。会计业务流程的改变又将使会计核算方法也随之改变，同时建立在手工会计模式基础上的传统会计组织也将进行适应性变革，会计岗位将根据新的会计业务流程和新的内部控制制度的要求进行重新设计，还可建立跨会计主体的社会集团内部的集中的公共会计部门来开展会计工作，对信息社会中出现的新的企业形式，如虚拟企业，将采用新的会计理论体系来处理。由此可看出，会计实务工作的信息化实际是社会信息环境导致企业财务管理组织的创新和会计实务工作手段与方法的创新。

2. 会计管理信息化

会计管理信息化是在会计核算信息化的基础上，利用会计核算提供的数据和其他有关数据，借助计算机会计管理软件提供的功能和信息，帮助会计人员筹集和运用资金，节约生产成本和经费开支，提高经济效益。会计管理信息化的内容主要有进行会计预测、编制财务计划、进行会计控制。会计管理信息系统可由资金管理子系统、成本管理子系统和利润管理子系统组成。会计管理是指财政管理部门对会计的管理工作，包括会计人员管理与会计信息管理两方面。利用现代信息技术建立会计人员信息系统和会计证管理系统，还可通过发达的教育培训网络，对在职会计人员进行会计知识的继续教育，使新制定的业务处理规则通过现代化的网络培训及时地传达到广大的会计人员中。会计信息管理主要是通过会计法、会计准则、财务通则、财务法规、会计制度、财会规定等方面，对会计工作进行规范化管理。这种规范和要求必须充分考虑信息技术环境的影响，为会计理论与会计工作的信息化提供合法性支持和发展动力。

3. 会计决策支持信息化

这是会计信息化的最高阶段，在这个阶段由会计辅助决策支持软件来完成决策工作。该软件根据会计预测的结果，对产品销售、定价、生产、成本、资金、企业组织、经营方向等内容进行决策，并输出决策结果。会计决策支持信息化主要包括经营活动决策模型及其应用、投资活动决策模型及其应用、筹资活动决策模型及其应用。会计决策支持系统与会计信息系统中的其他子系统共同组成了一个完整的会计信息系统，它们相辅相成，分别完成会计核算、会计管理、会计预测决策等相关工作，其中会计核算信息是基础，是后两个层次的重要数据来源。会计决策支持信息化是从前两个阶段的信息化发展而来的，决策所依据的数据要靠前者来提供。会计决策支持系统按会计决策影响的时间区间可以分为短期决策和长期决策两个子系统。前者以生产经营为内容，后者以项目投资、证券投资及长期资金筹集为内容。

4. 会计基本理论信息化

基于工业经济社会的传统手工会计基本理论，如何适应和建立在信息社会和知识经济社会下的信息化会计基本理论问题，是目前会计学界正在探讨的问题。信息技术的发展正在改变着传统会计理论体系，应根据信息社会的特点，在会计基本假设、会计一般原则、会计职能、会计任务、会计核算方法、会计报告原则等方面形成新的会计理论体系，并将这些新会计理论体系的内容录入财务网络系统，让全社会的人都可以上网查询，还可就有关理论问题在全社会中进行探索和争鸣，形成一个开放式的会计信息体系。

5. 会计教育信息化

在信息社会环境下，传授给会计专业学生的应该是与信息技术完美结合的现代会计理论体系，学生学到的不仅是现代会计的基本理论与方法，而且还要学会建立与企业相适应的会计信息系统。此外，应充分利用信息技术的成果，建立会计教育网络系统，面向学校、面向社会，让会计专业学生、会计理论和实务工作者，都可以通过网络在会计教育网上学习最新的会计知识，并为之展开讨论。此外，利用先进的视频技术，在电视频道中开设会计频道，面向全社会，系统地播出信息化的会计知识，让全社会的人都可以有机会接受正规的会计知识教育。

六、会计信息化的实施

1. 会计信息化实施概述

会计信息化涉及企业组织内外经济、技术、观念等环境性因素，也涉及人、财、物和会计基础工作等基本条件，是一项复杂的系统工作。会计信息化的实施主要应做好以下几个方面。

（1）对准备实施会计信息化的企业进行业务调查。必须抽调一批精干的人员建立一个组织策划机构，负责对企业现行会计工作的现状、会计电算化的流程，以及将进行业务与财务一体化的各个环节进行业务调查，摸清现状，找出信息化的切入点。

（2）进行需求分析，做好规划工作。根据业务调查的结果，结合企业的实际，进行业务与财务一体化系统的需求分析。制订企业管理信息化系统的总体规划，制订单位会计信息化的发展规划。

（3）制订解决方案，提出会计信息化需求实施细则。根据需求分析的结果，初步制订解决方案，并提出会计信息化需求的实施细则。

（4）进行会计信息化的流程设计。根据解决方案的实施细则要求，采用系统软件进行会计信息化的流程设计。

（5）网络财务管理软件的安装与设置。做好计算机硬件配置的同时，应选择适合企业实现业务财务管理现代化的软件，可选择 ERP 管理软件。ERP（Enterprise Resource Plan，企业资源计划）是结合现代先进的信息技术和系统化的管理理念，基于面向供应链的管理思想，把企业生产经营过程中的有关各方和各个环节纳入一个紧密的供需体系中，对供应链中的信息流、物流、资金流、工作流和增值流进行设计、规划和控制，合理安排企业的产、供、销活动，使企业能够及时有效地利用一切资源快速高效地进行生产经营，是服务于企业决策、生产、运营的管理信息系统和综合管理平台。

（6）会计信息化系统的试运行及调试。会计信息化系统试运行是将会计业务交给 ERP 管理软件、网络财务软件来处理，同时继续保留会计业务的手工处理方法（或电算化处理方式），不断将两种处理结果进行比较，发现不一致时，查出原因，解决问题。通过系统的试运行进一步认识与熟悉网络财务软件与 ERP 管理软件的功能和性能，不断调整其基本设置，使系统运行达到比较理想的结果。

（7）会计信息化系统正式投入运行。经过试运行并保证结果一致，且符合财政部颁发的《会计电算化管理办法》所规定的标准时，经过有关部门审批，可将会计信息化系统正式投入运行，同时要对系统运行中的异常及故障及时进行维护，以确保系统能持久可靠地使用。

通过会计信息化的实施带动整体管理水平的提高，实现财务会计基础工作的规范化，实现会计核算和财务管理局部网络化，实现财务信息集成的高度自动化，实现成本核算平台的统一化，实现对同一经济业务的数据共享，使财务人员从手工劳动中解脱出来，从核算型向管理型转变，充分发挥分析、评价、管理的作用，同时提高企业的核心竞争力和综合管理水平。

2. 会计信息化实施的难点

目前，会计电算化在运用过程中暴露出来的问题主要有：一是我国实行会计电算化的企事业单位中，大部分只是利用计算机处理会计的基本核算，而大量的财务管理和财务分析工作，仍采用手工操作，很多单位因缺乏高水平的财务管理人员，使财务管理成为空谈。而我国大多数已实行会计电算化的企业只处于电子数据处理（Electronic Data Processing，EDP）阶段，局限于对手工的模仿，只有极少数单位开发出包括会计信息系统在内的一体化的管理信息系统（Management Information System，MIS），能用决策支持系统（Decision Support System，DSS）的基本没有。二是在会计电算化实施中，财务数据与业务不能共享，致使财务软件只有财务部门在使用，不仅与企业外部信息系统隔绝，而且与企业内部的业务部门也没有很好地连接。财务人员录入的数据，基本上只是单纯地为了记账，完成事后对业务的反映工作。三是软件开发不到位，给使用者造成不便。四是软件提供的功能不全面，使得有些核算还需手工完成。在市场竞争激烈的环境下，各单位的管理工作在不断细化。

会计信息化是建立企业级的全面管理信息化，实施过程中的难点主要体现在以下几个方面。

（1）目前我国的软件开发还未达到财务与业务一体化的理想要求。对财务软件而言应包括会计核算子系统和管理会计子系统，前者侧重于向企业外部提供有关整个企业的经营成果、财务状况及其变动信息；后者则侧重于向企业经营者及各层管理部门提供经营管理所需的预测、决策信息。企业要有效地控制信息流、资金流和物流，单靠财务部门使用软件是不够的，企业各个部门尤其是业务部门必须将其业务信息纳入软件管理的范畴，软件功能将延伸到企业经营和管理的各个方面。因此，财务软件必须从部门级应用向企业级应用扩展，建立财务信息和其他业务信息的接口，彼此共享，做到"信息集成、过程集成、功能集成"，实现财务信息和业务信息一体化，这样才能真正从全方位、多层次体现可信的决策信息。

（2）要实现会计信息网络化，给网络管理带来重大的挑战。网络财务是电子商务的重要组成部分，将帮助企业实现财务与业务协调，远程报表、报账、审计等远程处理，事中动态会计核算与在线财务管理，实现集团企业对分支机构的集中式财务管理，它支持电子单据与电子货币，改变了财务信息的获取与利用方式。网络财务软件能够在局域网和广域网范围内整合使用，适合远程应用，支持电子商务。现代信息技术的发展带来了大量先进的高新技术，为开发与应用网络财务软件奠定了技术基础，基于Internet/Intranet 的 Web 技术、网络数据库技术和三层结构组件技术的成功应用，为开发网络财务软件提供了坚实的技术保障。另外，防火墙技术是网络财务软件运行必不可少的安全保障，它可把企业的内部网与 Internet 隔离开来，作为企业网的第一道安全防线。

七、我国会计信息化发展规划

2009 年 4 月 12 日，财政部颁布《关于全面推进我国会计信息化工作的指导意见》，确定全面推进我国会计信息化工作的目标是：力争通过 5～10 年的努力，建立健全会计信息化法规体系和会计信息化标准体系［包括可扩展商业报告语言（XBRL）分类标准］，全力打造会计信息化人才队伍，基本实现大型企事业单位会计信息化与经营管理信息化融合，进一步提升企事业单位的管理水平和风险防范能力，做到数出一门、资源共享，便于不同信息使用者获取、分析和利用，进行投资和相关决策；基本实现大型会计师事务所采用信息化手段对客户的财务报告和内部控制进行审计，进一步提升社会审计质量和效率；基本实现政府会计管理和会计监督的信息化，进一步提升会计管理水平和监管效能。通过全面推进会计信息化工作，使我国的会计信息化达到或接近世界先进水平。

根据以上目标，全面推进我国会计信息化工作的主要任务如下。

（1）推进企事业单位会计信息化建设。一是会计基础工作信息化，会计基础工作涉及企事业单位管理全过程，只有基础工作信息化，才能为企事业单位全面信息化奠定扎实的基础；二是会计准则制度有效实施信息化，通过将相关会计准则制度与信息系统实现有机结合，自动生成财务报告，进一步贯彻执行相关会计准则制度，确保会计信息等相关资料更加真实、完整；三是内部控制流程信息化，根据企事业单位内部控制规范制度要求，将内部控制流程、关键控制点等固化在信息系统中，促进各单位内部控制规范制度的设计与运行更加有效，形成自我评价报告；四是财务报告与内部控制评价报告标准化，各企事业单位在贯彻实施会计准则制度、内部控制规范制度并与全面信息化相结合的过程中，应当考虑 XBRL 分类标准等要求，并以此为基础生成标准化财务报告和内部控制评价报告，满足不同信息使用者的需要。

（2）推进会计师事务所审计信息化建设。一是财务报告审计和内部控制审计信息化，加强计算机审计系统的研发与完善，实现审计程序和方法等与信息系统的结合，全面提升注册会计师执业质量和审计水平；二是会计师事务所内部管理信息化，通过信息化手段实现会计师事务所内部管理的科学化、精细化，促进注册会计师行业做强做大，全面提升会计师事务所的内部管理水平和执业能力。

（3）推进会计管理和会计监督信息化建设。一是建立会计人员管理系统，创新会计人员后续教育网络平台，实现对全社会会计人员的动态管理；二是在全国范围内逐步推广无纸化考试，提高会计从业资格管理工作效率和水平；三是推进信息系统在会计专业技术资格考试工作中的应用，完善会计人员专业技术资格考试制度，切实防范考试过程中的舞弊行为；四是完善注册会计师行业管理系统，建立行业数据库，对注册会计师注册、人员转所、事务所审批、业务报备等实行网络化管理；五是推动会计监管手段、技术和方法的创新，充分利用信息技术提高工作效率，不断提升会计管理和会计监督水平。

（4）推进会计教育与会计理论研究信息化建设。一是建立会计专业教育系统，实时反映和评价会计专业学历教育情况，掌握会计专业学生的培养状况以及社会对会计专业学生的需求，改进教学方法和教学内容，促进会计专业毕业生最大限度地满足社会需求；二是建立会计理论研究信息平台，及时发布和宣传会计理论研究最新动态，定期统计、推介和评估有价值的会计理论研究成果，促进科研成果转化为生产力，以指导和规范会计理论研究，为会计改革与实践服务。

（5）推进会计信息化人才建设。一是完善会计审计和相关人员能力框架，在知识结构、能力培养中重视信息技术方面的内容与技能，提高利用信息技术从事会计审计和有关监管工作的能力；二是加强会计审计信息化人才的培养，着力打造熟悉会计审计准则制度、内部控制规范制度和会计信息化三位一体的复合型人才队伍。

（6）推进统一的会计相关信息平台建设。为了实现数出一门、资源共享的目标，应当构建以企事业单位标准化会计相关信息为基础，便于投资者、社会公众、监管部门及中介机构等有关方面高效分析利用的统一的会计相关信息平台。该平台应当涵盖数据收集、传输、验证、存储、查询、分析等模块，具备会计等相关信息查询、分析、检查与评价等多种功能，为会计监管等有关方面预留接口，提供数据支持。在建立统一的会计相关信息平台过程中，应当保证信息安全。

第三节　可扩展商业报告语言（XBRL）

一、XBRL 的起源

XBRL 的构想最早是由美国华盛顿州的会计师 Charles Hoffman 在 1998 年 4 月提出的。Charles Hoffman 在 AICPA 赞助下于 1998 年 12 月 31 日提出了一个使用 XML 作为编制财务报表工具的原型。1999 年 1 月，美国注册会计师协会决定投资创建以 XML 为基础的财务报告框架标准，并成立了由 AICPA 牵头，五大会计师事务所和 Microsoft 等 12 家计算机公司参加的 XBRL 指导委员会。2000 年 7 月，XBRL 国际组织成立。2000 年 7 月 31 日发布了 XBRL 规格说明书（Specifications）Version 1.0 及 XBRL 分类标准（Taxonomy）。在短短的时间内，世界上许多国家都已经开始积极进行 XBRL 的推广。

二、XBRL 的含义

XBRL（eXtensible Business Reporting Language，可扩展商业报告语言）是 XML（Extensible Markup Language，可扩展标记语言）在财务报告信息交换方面的一种应用，是目前应用于非结构化信息处理尤其是财务信息处理的最新技术。

XBRL 是科技和报告术语的结合体。XBRL 以 XML 方式表述商业报告内容，因而它能够直接为使用者或其他软件所读取，并被用于进一步的处理。XBRL 可免费在全球范围内使用，并且促进在全球各类软件应用中商业信息的自动交换和可靠提取。

XBRL 标准自 2000 年 7 月发布之后，XBRL 国际联合会下属的各国际工作组（Working Group）一直致力于 XBRL 标准的完善和推广工作。到目前为止，XBRL 国际联合会已经发布了三个版本的规格说明书：2000 年 7 月 31 日发布 XBRL 1.0 版本，2001 年 12 月 14 日发布 XBRL 2.0 版本，2003 年 12 月 31 日发布 XBRL 2.1 版本。

三、XBRL 的构成

XBRL 由规格说明书（Specifications）、分类标准（Taxonomy）、实例文档（Instance Documents）和样式表（Style Sheets）等四个主要部分组成。

（1）XBRL 规格说明书（Specifications）。主要用于描述 XBRL 文件的结构，详细规定了 XBRL 分类标准和 XBRL 实例文档的语法和语义。

（2）XBRL 分类标准（Taxonomy）。XBRL 为企业财务报告中的每个项目建立不同的标签，所有的标签统称为分类标准。分类标准定义了各项目的属性及其间的关系等，相当于一个行业商业信息交换的"词典"。

（3）XBRL 实例文档（Instance Documents）。实例文档是一个企业财务报告的实例文件，主要包含财务报告中的标签和数据。XBRL 根据财务报告中标签与会计业务数据的对应关系，利用应用程序自动从会计业务数据库中提取数据，生成实例文档。

（4）样式表（Style Sheets）。实例文档主要包含财务报告的基本数据，其格式不易直接阅读，必须按财务报告的发布格式进行编排，样式表用于定义财务报告发布时的显示项目和格式。

由于 XBRL 是一个基于 XML 的跨平台的数据传输标准，只要用户的浏览器支持 XML，就可以像浏览 HTML 格式的网页一样，浏览和下载 XBRL 格式的财务报告。当前的浏览器都支持 XBRL。目前，一些软件开发商，如 SAP、Oracle 和 Accpac 等，已经将生成 XBRL 实例文档的功能嵌入其软件产品中。如果企业所采用的软件不支持 XBRL，也可以通过自行研制或使用第三方软件生成 XBRL 格式的财务报告，如 Excel 2003 等。Microsoft 公司在最新研制的 Excel 2003 中支持 XBRL，通过 Excel 2003 就可以访问 Internet 上 XBRL 格式的信息，并成功地利用 XBRL 在互联网上发布企业财务报告。

四、XBRL 的特点

XBRL 是在 XML 基础上发展起来的一种标记语言，它继承了 XML 语言的优势，同时又具有许多新的特性，为使用者提供了更加方便、高效的信息应用平台。

（1）跨平台使用。由于 XML 文件可以跨平台使用，XBRL 天生就具有跨平台的优势。在不同的操作系统下，如 Windows、UNIX 和 Linux 等，XBRL 文件无须修改就可以直接使用。在不同的应用软件中，即使所用的数据库不同，只要转换成 XBRL 格式，就可以实现数据的交换。因此，通过 XBRL，信息可以在不同的操作系统、数据库和应用软件之间进行传输和交换，XBRL 是一种互联网上企业报告的通用语言。

（2）多种格式输出。对同一份 XBRL 实例文档，采用不同的样式表，可以生成多种企业报告，所有报告的编制一次性完成，真正实现了"数出一门，资源共享"。这不仅降低了输入错误的风险，保证了数据的一致性，而且减少了重复输入，提高了报告的编制效率。对同一份企业报告，XBRL 也可以按多种格式输出，如在浏览器上显示、转换成不同的数据格式进行传输，或打印成纸质财务报告等。

（3）搜索快速、准确。XBRL 使用标签描述数据的含义。在进行数据搜索时，不是像 HTML 那样根据字面内容进行搜索，而是根据标签的语义进行搜索，这样搜索引擎能够快速、准确地找到用户所需的特定信息。同时，由于 XBRL 采用标签来标记数据，可以通过应用程序对搜索结果中的数据进行汇总，其效率远远高于目前互联网上的 PDF、Word 和 HTML 等文件格式。

（4）数据跟踪。XBRL 可以在不同的信息之间建立连接，跟踪相关的信息线索，自上而下地考察数据源直到底层的数据，方便了企业报告的阅读和数据分析。例如，在阅读某企业的资产负债表时，如果想了解固定资产的详细信息，可以进一步通过标签追踪固定资产的总账、明细账，直至记账凭证。

（5）多语种输出。利用 XBRL 添加标签的方法，可以实现企业报告的多语种输出。2002 年 11 月 11 日，在日本东京举行的第六届国际 XBRL 大会上，一份以 XBRL 格式发布的日文财务资料，经 SYSTRAN 的技术转成了英文，这样就消除了企业报告中的语言障碍，有利于国际间的交流与合作。

五、XBRL 的应用领域

XBRL 不仅提高了财务报告发布的效率，而且对其他领域也产生了深远的影响，财务信息供应链上的所有使用者都从中受益，包括企业、证券和金融机构、政府部门和投资者等。

（1）企业管理。XBRL 利用模板保存企业报告的格式和标签，企业编制财务报告时，通过应用程序可以直接从会计业务数据库中提取数据，保证了数据的准确性，提高了报表编制的效率。同时，XBRL 还可以用于企业内部报表和分析报告的编制。利用 XBRL 的跨平台和开放性，无论企业各部门采用何种管理系统，无须添加硬件设施，就可以实现部门之间信息的共享。

（2）证券管理机构。按照我国证监会的要求，上市公司必须在指定的媒体如报纸、网站和证券交易所公开发布公司相关的公告事项。目前证监会规定的电子档案格式为 Adobe Acrobat 的 PDF，数据交互性差，难以使用软件提取数据。如果采用 XBRL 格式，不仅便于阅读，而且可以通过软件来进行分析和汇总，企业报告中的异常数据更容易被发现。

（3）金融机构。金融机构在研究财务动向和风险分析时也可以有效地利用 XBRL。通过 XBRL 可以发送复杂的数据查询请求，对信贷申请进行实时的可比性分析，有效地评估公司的风险及等级，从而降低风险并且提高贷款的速度。

（4）政府部门。利用 XBRL，企业可以向行业主管部门等政府机关上报各类报表。各行业主管部门可以规定报表的 XBRL 文件格式，企业通过互联网下载，填报完成后通过网络提交。由于 XBRL 具有跨平台的优势，报表的传送不受硬件和操作系统等环境的限制。同时，由于这些报表的格式相同，便于政府部门对数据的汇总和分析，实现报表填报、传送和处理的信息化，提高工作效率。

例如，企业利用 XBRL 进行纳税申报，数据直接从会计业务数据库中产生，通过互联网传送到税务部门，不仅保证了数据的真实性，而且便于税务部门对数据的检查和汇总。

（5）审计机构。随着网络财务信息披露的发展，审计人员必将面临对网络财务信息进行审计的需求。XBRL 在财务报告中的应用改变了信息的披露方式，提高了审计工作的效率。首先，利用 XBRL 可以完全突破传统的财务报告按年、季或月发布的模式，做到实时发布、在线披露，便于审计人员实时地了解企业的财务状况，从而做到实时监控；其次，审计人员在阅读财务报告的同时，可以通过超链接跟踪审计线索，提高核查的效率；最后，XBRL 可以完全突破书面报告格式的限制，财务报告的项目可以分得更加详细，财务报告不仅可以揭示财务信息，而且可以包含与信息使用者有关的非财务信息。利用 XBRL 审计工作可以不受时间、地点和空间等因素的限制，使财务信息的获得更加方便，提高审计效率。

（6）投资者。通常情况下，投资者为了收集数据必须浏览大量财务报告，并将各种数据输入计算机来分析企业的经营状况。由于这些数据的来源不同，格式各异，所以分析过程耗费时间，成本也高，而且容易出现输入差错，影响分析结果的准确性。利用 XBRL，投资者可以更容易地在互联网上搜索企业信息。由于 XBRL 可以将企业报告的项目分得更加详细，各项相关资料之间可以建立链接，可以满足投资者的各种查询要求，提高了数据分析的效率和准确度。随着 XBRL 多语种技术的实现，投资者还能阅读不同语种的财务报告。

六、XBRL 在我国的应用

1. 我国推动 XBRL 发展的历程

2002 年，中国证监会组织了上海证券交易所、深圳证券交易所和相关软件公司的工作人员对国际上的 XBRL 标准进行了研究，并结合中国国情制定了《上市公司信息披露电子化规范》。该规范已经被全国金融标准化技术委员会审批通过，并最终决定采用 XBRL 的技术规范。2004 年，我国发布了《信息技术——会计核算软件数据接口》国家标准。2004 年，XBRL 国际组织前主席 Walter 和普华永道公司合伙人 William Gee 等人应邀对上海证券交易所的 XBRL 项目进行专家评估。在这个规范的框架下，上海证券交易所已经在沪市上市公司 2003 年年报摘要以及 2004 年一季度报告、中报摘要、年报摘要、年报全文披露、2005 年中报全文和 2006 年一季度报告披露报送过程中全面采用该标准，获得了约 58000 份上市公司 XBRL 实例文档，取得了良好的效果。2005 年 4 月，上海证券交易所正式成为 XBRL 国际组织的会员，这是我国以单位身份加入 XBRL 国际组织的第一例，此举有力地推动了 XBRL 在中国的应用。上海、深圳证券交易所 XBRL 应用示范项目已正式对社会开放。上海证券交易所于 2005 年 6 月公布了上证 180 指数样本股的上市公司 XBRL 年报全文的数据查询功能。投资者能够在线查询上市公司的基本情况、主要财务数据、资产负债表、利润分配表和现金流量表等明细数据，包括已有的上证 180 指数成份股实例文档下载和 14 张数据表，共 347 个科目的数据查询，而且可以直接从上海证券交易所网站下载相关的 XBRL 数据文件，利用一些工具软件就可以很容易地将数据文件中的数据提取出来进行深入分析。2006 年，财政部等九部委成立会计信息化委员会和 XBRL 中国地区组织，并于 2010 年 5 月经 XBRL 国际组织批准，XBRL 中国地区组织成为正式地区组织成员。2010 年 10 月，国家标准化管理委员会发布了 XBRL 技术规范系列国家标准，财政部发布了基于企业会计准则的 XBRL 通用分类标准，标志着后危机时代我国以 XBRL 应用为先导的会计信息化时代的来临，在中国会计信息化建设史上具有里程碑意义。XBRL 国际组织的迈克·威利斯认为中国通用分类标准代表了全球 XBRL 分类标准的最新发展趋势。自 2011 年 1 月 1 日起，要求在美国纽约证券交易所上市的我国公司及事务所应用 XBRL。2013 年 1 月，我国的企业会计准则通用分类标准通过国际认证。2014 年 9 月，XBRL 全面进驻央企。

2014 年 12 月，财政部就 2015 版会计准则通用分类标准征集意见。2014 年 12 月，财政部对会计软件数据接口标准征集意见。2016 年 10 月，财政部发布企业会计准则通用分类标准新规。2021 年 8 月，证监会发布《证券期货业结算参与机构编码》等五项金融行业标准。

2. XBRL 与我国会计信息化发展战略

2006 年 5 月，我国颁布《2006—2020 年国家信息化发展战略》，指出"信息化是当今世界发展的大趋势，是推动经济社会变革的重要力量。大力推进信息化，是覆盖我国现代化建设全局的战略举措，是贯彻落实科学发展观、全面建设小康社会、构建社会主义和谐社会和建设创新型国家的迫切需要和必然选择"。2009 年 4 月，财政部发布了《关于全面推进我国会计信息化工作的指导意见》，确定了我国会计信息化以 XBRL 为先导，引领和带动全面会计信息化的有序推进和目标的实现。

3. XBRL 在我国的应用

2010 年 10 月 19 日，财政部颁布了《关于发布企业会计准则通用分类标准的通知》，指出企业会计准则通用分类标准是采用可扩展商业报告语言（XBRL）表述的会计准则，是企业会计准则的重要组成部分。自 2011 年 1 月 1 日起，在美国纽约证券交易所上市的我国部分公司、部分证券期货相关业务资格的会计师事务所施行，鼓励其他上市公司和非上市大中型企业执行。首批实施企业向财政部报送通用分类标准的 XBRL 2010 年度财务报告实例文档和扩展分类标准的时间，不早于其年度报告公开披露时间。首批实施的具有证券期货相关业务资格的会计师事务所应当在 2011 年 5 月 1 日（上市公司年度报告公开披露后）至 6 月 30 日之间，按照通用分类标准对其 A 股主板上市公司审计客户编制的 XBRL 2010 年度财务报告实例文档和扩展分类标准，通过注册会计师行业管理系统向财政部报备。2013 年 7 月，财政部发布企业会计准则通用分类标准。2015 年 5 月 25 日，财政部发布 2015 版企业会计准则通用分类标准。

需要注意的是上市公司在证券交易所均需公布 XBRL 格式的财务报告。

第四节　云计算与云会计

一、云计算

"云"是网络、互联网的一种比喻说法。云计算（Cloud Computing）是当前计算机应用的一种新模式，是继 20 世纪 80 年代大型计算机到客户端—服务器的大转变之后的又一种巨变。

1. 云计算的定义

云计算的定义可谓是众说纷纭，目前广为接受的是美国国家标准与技术研究院（NIST）的定义：云计算是一种按使用量付费的模式，这种模式提供可用的、便捷的、按需的网络访问，进入可配置的计算资源共享池（资源包括网络、服务器、存储、应用软件、服务等），这些资源能够被快速提供，只需投入很少的管理工作，或与服务供应商进行很少的交互。

云计算是基于互联网的相关服务的增加、使用和交付模式，通常涉及通过互联网来提供动态易扩展且经常是虚拟化的资源。

2. 云计算的特点

云计算是分布式计算、并行计算、效用计算、网络存储、虚拟化、负载均衡、热备份冗余等传统计算技术和网络技术发展融合的产物。

云计算功能超强，主要特点如下：

（1）超大规模。"云"具有相当的规模，Google 云计算已经拥有 100 多万台服务器，Amazon、IBM、微软、Yahoo 等的"云"均拥有几十万台服务器。企业私有云一般拥有数百上千台服务器。"云"能赋予用户前所未有的计算能力。

（2）虚拟化。云计算支持用户在任意位置、使用各种终端获取应用服务。所请求的资源来自"云"，而不是固定的有形的实体。应用在"云"中某处运行，但实际上用户无须了解，也不用担心应用运行的具体位置，只需要一台笔记本电脑或者一部手机，就可以通过网络服务来实现我们需要的一切，甚至包括超级计算这样的任务。

（3）高可靠性。"云"使用了数据多副本容错、计算节点同构可互换等措施来保障服务的高可靠性，使用云计算比使用本地计算机可靠。

（4）通用化。云计算不针对特定的应用，在"云"的支撑下可以构造出千变万化的应用，同一个"云"可以同时支持不同的应用运行。

（5）高可扩展性。"云"的规模可以动态伸缩，可满足应用和用户规模增长的需要。

（6）按需服务。"云"是一个庞大的资源池，用户可以按需购买；"云"可以像自来水、电、煤气那样计费。

（7）极其廉价。由于"云"的特殊容错措施使得可以采用极其廉价的节点来构成"云"，"云"的自动化集中式管理使大量企业无须负担日益高昂的数据中心管理成本，"云"的通用性使资源的利用率较之传统系统大幅提升，因此用户可以充分享受"云"的低成本优势，可以彻底改变人们未来的生活。

（8）潜在的危险性。云计算除了提供计算服务外，还必然提供存储服务。但是云计算服务当前垄断在私人机构（企业）手中，而它们仅仅能够提供商业信用。敏感数据的安全性和保密性是云计算潜在的危险，是商业机构和政府机构选择云计算服务重点考虑的一个前提。

3. 云计算服务

云计算服务包括基础设施即服务（IaaS）、平台即服务（PaaS）和软件即服务（SaaS）三个层次的服务。

（1）基础设施即服务（Infrastructure-as-a-Service）：消费者通过 Internet 可以从完善的计算机基础设施获得服务。例如，硬件服务器租用。

（2）平台即服务（Platform-as-a-Service）：是指将软件研发的平台作为一种服务，以 SaaS 的模式提交给用户。例如，软件的个性化定制开发。

（3）软件即服务（Software-as-a-Service）：是一种通过 Internet 提供软件的模式，用户无须购买软件，而是向提供商租用基于 Web 的软件，来管理企业经营活动。例如，阳光云服务器。

二、云会计

1. 云会计的概念

"云会计"是近几年才出现的一个新名词，一些学者开始研究云会计问题，并先后发表论文对云会计进行了许多探讨。2012 年，程平、何雪峰等在论文中首先对云会计的概念进行了描述：云会计是指构建于互联网上，并向企业提供在线会计核算、会计管理和会计决策服务的虚拟会计信息系统，是利用云计算技术和理念构建的会计信息化基础设施和服务。2017 年，何日胜在清华大学出版社出版的我国第一部《云会计》[1]教材中认为：云会计是指用户通过互联网租借基于云计算的云会计平台，利用计算机终端或手机端在云会计软件上对经济业务的纸质及电子凭证进行会计核算、会计管理和会计决策处理，并通过相关接口与国家相关系统对接实现自动计税、自动缴税、自动缴费、远程审计等的一种虚拟会计信息系统。

云会计包括会计应用软件、应用服务平台以及具有存储和数据计算能力的基础设施三个层次。云会计的每一层次都由对应的服务构成。软件即服务（SaaS）构建云会计的会计核算、管理、决策系统，并与其他相关系统融合，以租用的方式通过网络交付给用户；开发者可以每天对软件进行多次升级，而这些对于用户来说都是透明的；用户可以彻底打破空间和时间的限制，在任何时间、任何可以连通互联网的地方以多种方式实现报账、报税、审计、汇款等远程工作，真正实现"移动办公"。平台即服务（PaaS）构建会计信息化新应用、新服务的开发平台以及云会计的数据库服务，一旦用户的应用被开发和部署完成，所涉及的运行、管理、监控工作都将由该平台负责，企业的财务数据也通过该平台的数据库服务进行统一管理。基础设施即服务（IaaS）提供了虚拟化的基础设施资源，以虚拟机的形式向用户提供动态的计算资源，实现有弹性的存储计算能力。

2. 云会计的基本体系结构

云会计的建设涉及数据资源、网络存储基础设施、提供计算能力的服务器、管理平台以及开展各种会计服务的应用软件等。根据云会计提供的服务功能以及企业实施会计信息化的实际情况，云会计的体系结构大体上可以划分为应用层、平台层、数据层、基础设施层和硬件虚拟化层。

云会计的每一层都由对应的服务构成。

利用云计算的"软件即服务（SaaS）"来构建云会计的会计核算系统、会计管理系统、会计决策系统、统一访问门户 Portal 以及其他与会计信息系统相关的业务系统；利用"平台即服务（PaaS）"来构建云会计的数据库服务以及会计信息化开发应用环境服

---

[1] 2017 年 3 月 6 日广东省教育厅官网新闻——"何日胜教授出版我国第一部云会计教材"。

务平台；利用"数据即服务（DaaS）"来构建和整合企业以会计信息和经济信息为核心的数据资源；利用"基础设施即服务（IaaS）"来构建云会计的存储及数据中心的应用环境；利用"硬件即服务"来构建服务器集群，形成有效的弹性计算能力，最后形成基于互联网的云会计系统。

此外，通过建设中小企业统一访问门户 Portal，实现相应服务目录的管理和提供，完成企业与云会计提供各项服务的相应连接。

在云会计基本体系结构中，每一层的构成可以来自于一个云会计服务商，也可以来自于多个云计算服务商，如存储空间的提供可以向多个供应商购买，会计信息系统的各个模块也可分别向多个软件供应商购买。

3. 云会计的优势

（1）成本相对较低。云会计是通过租用软件服务、硬件服务的方式提供服务，云会计的使用者通过计算机、手机等终端访问，按需购买，亦可按时或按量付费。使用者无须向服务器、网络数据中心、交换中心、机房等基础设施投入巨大的费用，只需缴纳相应低廉的"月租费"，不必一次性投资到位。如此，因无须投入过多的软硬件设备，不必考虑设备折旧、过时等问题，又省却软硬件设备的后期维护费用，缓解了企业的资金压力。

（2）扩展空间较大。因企业无须拥有服务器、交换机等设备，不受系统配置、存储空间等硬件条件的限制，从而可以根据企业所需选择云会计服务品种和数量，提高了灵活性，扩展了空间。

（3）数据安全性较高。云会计供应商配备有专业的技术团队负责日常管理与维护，负责云会计系统的平台建设，以及包括虚拟化、管理、数据库、用户接口、防火墙等在内的基础设施，提高了云会计数据的安全性。

（4）实现了移动办公。云会计可以让用户在任意地点、任意时间，利用计算机、手机等终端设备，只要有网络，就能够通过网络服务随时查询数据，大大提高了财务系统使用的灵活性。

（5）提高了协同性。国家正在实施会计信息化工程，云会计将改变传统财务软件系统固步自封的状态，通过身份授权及权限分配，以及与税务、银行、会计师事务所、工商及政府机构等部门的系统连接，实现网上报税、银行对账、网上审计、线上交易、网上报审等业务，实现了企业与相关部门的网上协同。

4. 云会计服务提供商

在云会计十余年的发展过程中，涌现出了许多云会计服务提供商，主要有用友云会计、用友畅捷通好会计、金蝶财务云、华为云、阿里云、浪潮会计云、浩天云会计、柠檬云财务、企业宝云会计、财智云等，为企业提供云会计、云财务服务。

第五节　财务系统的模块及操作流程

一、总账系统与各子系统模块的关联

各子系统模块之间通过数据接口实现数据的相互传递，构成财务与业务一体化系统。各子系统模块之间存在相互关联如图 1-1 所示。

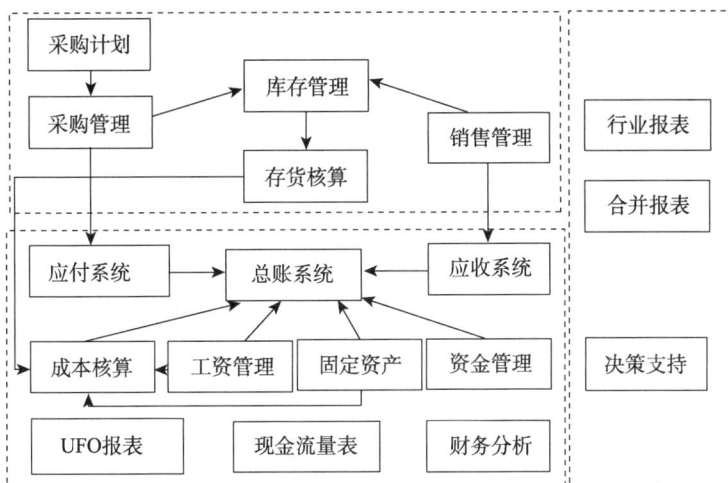

图 1-1　各子系统模块之间相互关联

　　"采购计划"子系统生成物料采购计划，传递到"采购管理"子系统中，据以生成采购计划订单。

　　"采购管理"子系统录入采购发票，在"应付系统"子系统中核算该发票的款项，录入采购入库单，在"库存管理"子系统中对该入库单登记出入库台账，在"存货核算"子系统中核算采购成本。

　　"销售管理"子系统开出销售发票，在"应收系统"子系统中核算该发票的款项，开出销售出库单，在"库存管理"子系统中对该出库单登记出入库台账，在"存货核算"子系统中核算其销售成本。

　　"应收系统"子系统生成销售收入以及款项收回等凭证，并传递到"总账系统"。

　　"应付系统"子系统生成采购以及支付款项等凭证，并传递到"总账系统"。

　　"库存管理"子系统录入各种出入库单，登记出入库台账。

　　"存货核算"子系统为"成本核算"子系统提供原材料领料单，形成材料成本，生成存货成本的凭证，并传递到"总账系统"。

　　"成本核算"子系统为"存货核算"子系统提供入库产品的成本。

　　"工资管理"子系统为"成本核算"子系统提供人工费资料，生成计提工资的凭证，并传递到"总账系统"。

　　"固定资产"子系统为"成本核算"子系统提供折旧费资料，生成折旧等凭证，并传递到"总账系统"。

　　"资金管理"子系统生成利息凭证，并传递到"总账系统"。

　　"UFO 报表"子系统从"总账系统"中取得数据，并生成各种会计报表。

　　"现金流量表"子系统从"总账系统"中取数，并生成现金流量表。

　　"财务分析"子系统可以制定各项支出费用等预算，在"总账系统"中进行控制；从会计报表和"总账系统"中取数进行财务指标分析。

企业级财务软件的数据处理流程如图 1-2 所示。

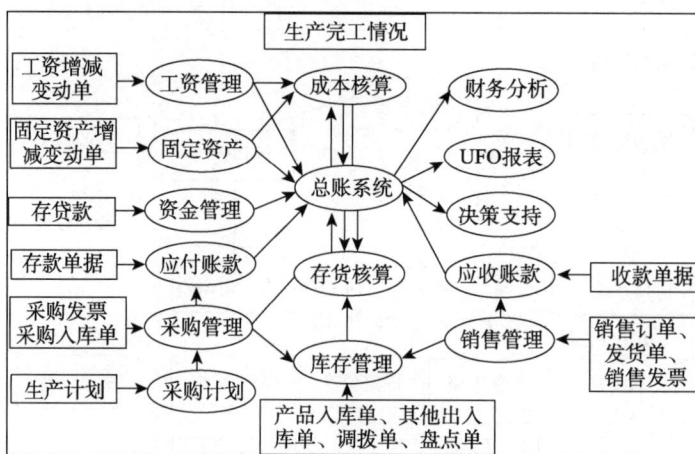

图 1-2   企业级财务软件的数据处理流程

二、各子系统模块间数据传递及存储方式

会计软件各个子系统模块在运行过程中，一个子系统的运行结果应该被另一个子系统所使用，实现财务数据的共享。为了实现不同子系统模块之间的数据共享，减少数据重复输入和冗余存储，在会计软件设计时，就必须利用计算机的接口技术，预留好实现这种联系的数据接口，并编制好接口程序来处理接口数据。

通常是把产品接口数据的子系统称为源子系统，利用接口数据的子系统称为目标子系统，源子系统的产品数据将传递到目标子系统，通过数据接口程序被目标子系统接收。

各子系统模块之间的主要数据可以相互传递，如表 1-1 所示。

表 1-1   各子系统模块间传递的主要数据表

输出	接收						
	A：工资子系统	B：固定资产子系统	C：存货及应付子系统	D：总账系统	E：成本核算子系统	F：销售及应收子系统	G：UGO 报表子系统
A：工资子系统				工资费用分配、职工福利费分配结转凭证	工资费用分配表	工资费用分配表—销售费用	职工工资表、部门工资表等
B：固定资产子系统				固定资产增减变动凭证；折旧费用计提分配凭证	折旧费用分配表	折旧费用分配表	固定资产原值、折旧表等
C：存货及应付子系统				材料费用分配凭证；差异分配凭证；采购数据及付款单等	材料费用汇总分配表、材料成本差异汇总分配表	费用分配表	存货的数量、金额、进项税等
D：总账系统					费用科目归集的费用发生额等	销售费用、预收货款等	各科目的余额、发生额、累计发生额、凭证

续表

输出	接收						
	A：工资子系统	B：固定资产子系统	C：存货及应付子系统	D：总账系统	E：成本核算子系统	F：销售及应收子系统	G：UGO报表子系统
E：成本核算子系统				各种费用分配凭证、成品入库凭证	产品的单位成本和总成本	产品的实际单位成本和总成本；定额成本；各成本项目的成本等	
F：销售及应收子系统				利润分配与结转凭证；工厂成本转销凭证；销售发款单等			产品的销售收入；销售成本；销售利润；各种税等
G：UFO报表子系统							

各子系统模块之间接口数据的存储方式，如表 1-2 所示。

表 1-2 各子系统模块间接口数据的存储方式表

输出	接收						
	A：工资子系统	B：固定资产子系统	C：存货及应付子系统	D：总账系统	E：成本核算子系统	F销售及应收子系统	G：UFO报表子系统
A：工资子系统				存于D	存于A	存于A	存于A
B：固定资产子系统				存于D	存于B	存于B	存于B
C：存货及应付子系统				存于D	存于C	存于C	存于C
D：总账系统					存于D	存于D	存于D
E：成本核算子系统				存于D	存于E		存于E
F：销售及应收子系统				存于D			存于F
G：UFO报表子系统							

三、总账系统的操作流程

新用户操作流程：启动系统管理→以系统管理员 Admin 身份注册登录→新建账套→增加角色、用户→设置角色、用户的权限→启用相关子系统。

老用户操作流程：启动系统管理→以账套主管身份注册登录→建立下一年度的账套库→结转上年数据→启用相关子系统→进行新年度账套库的相关操作。

本书以制造企业中山工厂发生的经济业务为主线，讲解用友 ERP-U8 V10.1 财务系统的操作流程和功能操作。

中山工厂的总账系统操作流程如下。

（1）安装软件。安装 SQL Server 数据库和用友 ERP-U8 V10.1 软件（见第二章第一节）。

（2）设置用户。在"系统管理"→"权限"→"角色和用户"中设置账套主管 SYSTEM 和用户张三（主要操作员）、李四（凭证审核员）和王五（出纳员）（见表 2-1）。由系统管理员 Admin 操作。

（3）建立账套。在"系统管理"→"账套"→"建立"中建立账套并指定 SYSTEM 为账套主管，设置编码方案和数据精度等（见第二章第四节）。由系统管理员 Admin 操作。

（4）分配权限。在"系统管理"→"权限"→"权限"中对各用户分配账套的操作权限（见表 2-3）。由系统管理员 Admin 操作。

（5）系统启用。在"企业应用平台"→"设置"→"基础信息"→"基本信息"→"系统启用"中启用总账及其他已安装的子系统（见第二章第八节）。由账套主管操作。

（6）系统初始化设置。在"企业应用平台"→"设置"→"基础信息"→"基础档案"中进行初始化设置。

①财务：会计科目（见表 3-1）、指定现金和银行科目（见图 3-6）、凭证类别（见表 3-2）。由张三操作。

②收付结算：结算方式（表 3-3）。由张三操作。

③机构设置：部门档案（见表 3-4）、人员档案（见表 3-5）。由张三操作。

④往来单位：客户档案（见表 3-6）、供应商档案（见表 3-7）。由张三操作。

⑤余额录入：在"企业应用平台"→"业务"→"财务会计"→"总账"→"设置"→"期初余额"中录入（见表 3-8）。由张三操作。

⑥数据权限：数据权限设置（见第三章第十一节）。由账套主管操作。

⑦选项设置：在"企业应用平台"→"业务"→"财务会计"→"总账"→"设置"→"选项"中设置凭证、账簿、会计日历及其他选项（见第三章第十二节）。由张三操作。

（7）记账凭证处理。在"企业应用平台"→"业务"→"财务会计"→"总账"→"凭证"中处理。

①填制凭证。录入第四章第十节的中山工厂记账凭证。由张三操作。

②出纳签字。对收入、付出凭证进行审核签章（见第四章第十二节）。由王五操作。

③审核凭证。对所有凭证进行审核签章（见第四章第十二节）。由李四操作。

④科目汇总。对照表 4-1～表 4-4 的结果，检查凭证录入的正确性（见第四章第十一节）。由张三操作。

（8）记账。在"企业应用平台"→"业务"→"财务会计"→"总账"→"凭证"→"记账"中处理（见第五章第一节）。由张三操作。

（9）出纳工作处理。在"企业应用平台"→"业务"→"财务会计"→"总账"→"出纳"中查询现金日记账、银行日记账、资金日报、支票登记和银行对账等。由王五操作。

（10）账簿查询。在"企业应用平台"→"业务"→"财务会计"→"总账"→"账表"→"科目账"中查询总账、余额表、明细账、序时账、多栏账、日记账和日报表等，检查数据的正确性（见表6-1）。由张三操作。

（11）期末处理。在"企业应用平台"→"业务"→"财务会计"→"总账"→"期末"中进行内部转账定义和生成、对账、结账等（见第七章）。由张三操作。

（12）会计报表编制。在"企业应用平台"→"业务"→"财务会计"→"UFO报表"中进行报表格式定义、取数公式定义、报表数据生成和数据处理等，备份报表文件（见第八章）。由张三操作。

（13）数据备份。在"系统管理"→"账套"→"输出"中备份账套数据（见第二章第六节）。由账套主管或系统管理员进行不定期操作。

（14）进行下月的财务工作。重复进行操作流程的第7～13步骤。

（15）建立下年度的年度账。在"系统管理"→"年度账"中进行。由账套主管操作。

①利用"账套库"→"建立"功能建立一个新年度账（见第二章第七节）。

②利用"账套库"→"清空账套库数据"功能清空上一年度除基础信息、各种档案、会计科目和报表等信息以外的数据（此功能只在发现上年度账套库中错误太多，或不希望将上年度的余额或其他信息全部转到下一年度的情况下使用）（见第二章第七节）。

（16）开始新年度一月份的财务工作。重复进行操作流程的第7～13步骤。

即 测 即 练

自 学 自 测　　　　扫 描 此 码

第二章

财务软件的系统管理

系统管理是对软件系统进行账套、账套库、用户、权限及数据维护等操作。主要功能为：对用户、角色和操作权限进行统一管理；设立安全机制，包括清除异常任务、清除单据锁定和上机日志等；设置自动备份计划；初始化数据库；对核算账套实行统一管理，包括账套的建立和修改，账套数据的引入和输出；对账套库进行统一管理，包括账套库的建立和清空，账套库数据的引入和输出以及上年数据结转等。系统管理的使用者为系统管理员 Admin、安全管理员 Sadmin、账套主管 SYSTEM 等用户。

第一节 财务软件的安装

本书所用的数据库为 Microsoft SQL Server 2008 版，财务软件采用用友 ERP-U8 V10.1，可在电脑商店购买，或在网上下载，或在当地的用友软件公司购得。

硬件配置及操作系统

1. 网络版

（1）服务器安装环境要求见表 2-1。

表 2-1　服务器安装环境要求

硬件环境	
CPU	最低：Intel® E6700 3.20GHz 双核
内存	4GB（至少）
硬盘	100GB 剩余空间以上
网卡	千兆网卡以上
软件环境	
操作系统	Windows XP+SP2、Windows 2003+SP2+R2+IIS6（推荐）；Windows 2008+SP1、Windows 7、Windows 2008+R2，或更高版本补丁
数据库	SQL 2000+MSD+SP4、SQL 2005+EXPRESS+SP2（推荐）、SQL 2008+SP1、SQL 2008+R2，或更高版本补丁
其他	安装 DotNet 4.0

（2）客户端安装环境要求见表 2-2。

表 2-2　客户端安装环境要求

硬件环境	
CPU	最低 Intel® I3 3.20GHz 双核；推荐 Intel® I5 3.20GHz 四核
内存	2GB（至少）
硬盘	500GB 剩余空间以上
网卡	千兆网卡以上
软件环境	
操作系统	Windows XP+SP2（推荐）；Windows 2003+SP2；Windows 2008+SP1；Windows 7；Windows 2008+R2；或更高版本补丁
数据库	SQL 2000+MSDE+SP4；SQL 2005+EXPRESS+SP2；SQL 2008+SP1；SQL 2008+R2；或更高版本补丁
其他	IE8+SP1，IE7，IE8

2．单机版

操作系统：Windows XP+SP2+IIS5.1（推荐）；Windows 2003+SP2+R2+IIS6.0（推荐）；Windows Server 2003（X64）+SP2+IIS6；Windows Server 2003（IA64）+SP2+IIS6；Windows Server 2008+SP1+R2+IIS7；Windows 2008+R2+SP1+IIS7；Windows 7+SP1+IIS7。

数据库：SQL Server Desktop Engine 2000（MSDE 2000）+SP4（推荐）；SQL Server 2000+SP4；SQL Server 2005+SP2+EXPRESS；SQL Server 2008+SP1；SQL Server 2008+R2。

ERP-U8 V10.1 不支持 Windows 95、Windows 98、Windows Me、Windows 2000 及非 Windows 操作系统软件环境。

安装前的准备及注意事项：

（1）计算机名不能带 "-""." 字符，不能是中文字符。

（2）安装时建议停止防火墙软件，或者在安装过程中防火墙弹出的有关风险提示中选择允许或继续，例如 360 防火墙会阻止 U8 安装文件释放和修改注册，请选择允许。

本书设定的运行环境，操作系统为 Windows 7+SP1+IIS7，数据库平台采用 SQL Server 2008+SP2+EXPRESS，财务软件采用用友 ERP-U8 V10.1 单机模式，在此环境下来阐述财务软件系统的安装、设置及各子系统功能的操作。

单机版的安装步骤叙述如下。

（1）安装数据库 Microsoft SQL Server 2008+SP2+EXPRESS。

根据 Microsoft SQL Server 2008 SP2+EXPRESS 的相关安装说明进行安装，在此不作介绍。

（2）安装用友 ERP-U8 V10.1。

打开用友ERP-U8 V10.1软件总安装文件文件夹，再打开其下一级"用友U8V10.1SETUP"文件夹，双击 Setup.exe 文件，进入安装界面，依次出现"欢迎"→"许可证协议"→"历史版本检测及清理"→"客户信息"→"目的地位置"→"环境检测"→"系统环境检

查报告"→"安装类型"［选"全产品"（推荐）或选"自定义"，根据实际需要选择］
→"选择目的地位置"→"开始安装"→"安装完毕并重新启动计算机"等窗口。

特别提示：

（1）关于"选择目的地位置"。安装程序在"选择目的地位置"窗口时，将出现确定安装路径和文件夹的提示窗口。若是第一次安装，其默认的安装路径和文件夹是C:\U8SOFT\Admin，可单击"更改目录"按钮来改变默认值，可修改其安装目录为D:\U8SOFT\Admin。若是覆盖安装，则不可再修改安装路径和目录。一般情况下，Windows 等操作系统都安装在 C 盘，因此建议财务软件安装在 D 盘，这样即使由于操作系统的毁坏而格式化 C 盘并重新安装 Windows 等操作系统时，放在 D 盘的财务软件数据也不会受到大的影响，可确保财务数据的安全。

（2）关于"环境检测"。安装程序需进行环境检测，其目的在于检测目标计算机是否达到安装 U8 基础软件的环境标准，并安装了 U8 所必需的第三方组件。检测之后将显示系统环境检查报告，如图 2-1 所示。

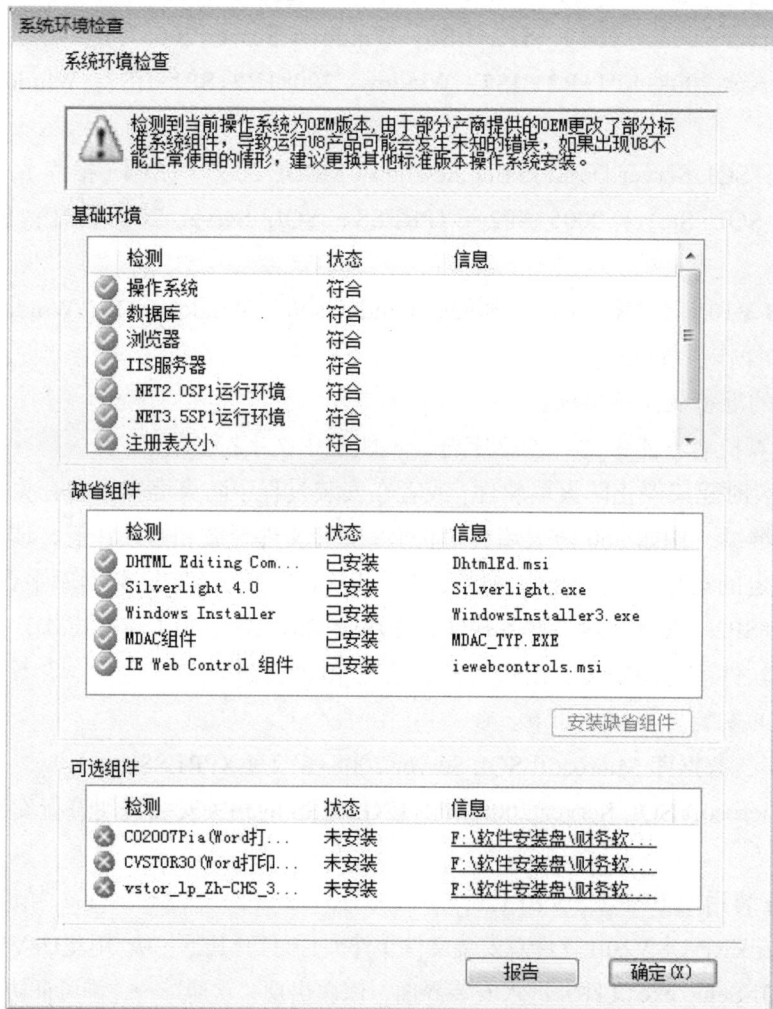

图 2-1 系统环境检查报告界面

（3）关于"安装类型"选择。安装过程中会显示"安装类型"窗口，分为"全产品""服务器""客户端"和"自定义"四种类型，如图 2-2 所示。用户根据目标计算机类型做出选择。单机版计算机选择"全产品"，系统将服务器产品、客户端产品和组件等文件全部安装在本计算机上。客户端计算机则选择"客户端"，按产品细分选择相关产品进行安装。服务器计算机则选择"服务器"，再根据计算机功能选择"应用服务器""数据服务器""加密服务器""文件服务器"分别进行安装，其中"应用服务器"下的"基础服务"包括 C/S 所有产品的应用服务器和 B/S 的基本服务器，其下的其他产品指相应产品的 Web 服务器，推荐全部选择。

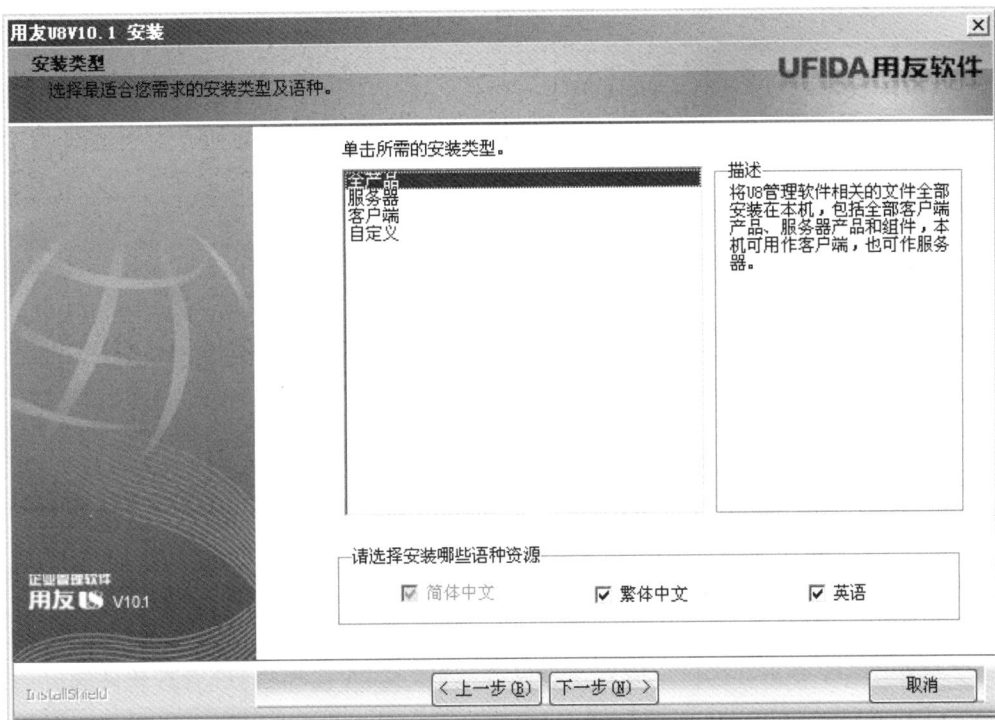

图 2-2　"安装类型"窗口

（4）关于 Windows 7（与 Windows Server 2008 类似）操作系统上安装 IIS 的方法。

依次操作：开始→控制面板→程序和功能→打开或关闭 Windows 功能→勾选"Internet 信息服务"根节点→勾选"Web 管理工具"下的所有节点→勾选"万维网服务"的"安全性"下的所有节点→勾选"常见 HTTP 功能"下的所有节点→勾选"性能功能"下的"静态内容压缩"节点→勾选"应用程序开发功能"下除"CGI"和"服务器端包含"之外的选项→勾选"运行状况和诊断"下的"HTTP 日志""请求监视器"和"日志工具"选项，如图 2-3 所示，然后单击"确定"按钮，完成 IIS 的安装。

安装完毕，在"开始"→"所有程序"中显示"用友 U8 V10.1"及其模块名称，表明安装成功。

网络应用模式的安装过程较为复杂，具体内容可查阅用友软件的相关安装说明，在此不作阐述。

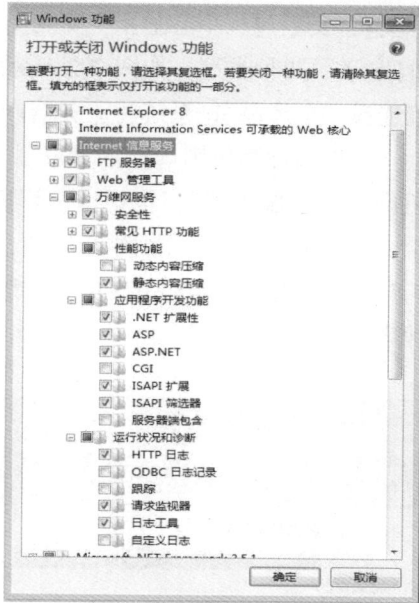

图 2-3　Windows 7 操作系统上 IIS 的安装操作界面

第二节　运行环境和系统管理员注册

在运行用友 U8 软件之前，应先检查系统运行环境。运行环境检查正常后，再以系统管理员 Admin 的身份注册登录系统，应按先后次序设置操作员、建立账套及分配各操作员权限。

一、财务软件的运行环境

要使用友 U8 能正常运行，应检查 SQL Server 数据库系统和 U8 管理软件的启动是否正常。检查方法如下。

执行"开始"→"所有程序"→"Microsoft SQL Server 2008"→"SQL Server Management Studio"，打开登录窗口，如图 2-4 所示。

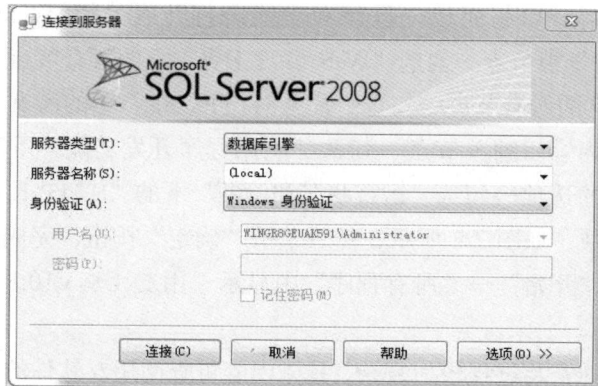

图 2-4　登录窗口

在图 2-4 中，选择服务器类型为"数据库引擎"，正确选择服务器名称，身份验证为"Windows 身份验证"，然后单击"连接"按钮，打开"对象资源管理器"窗口，如图 2-5 所示。

图 2-5 "对象资源管理器"窗口

在图 2-5 中，展开"（Local）服务器"下的"安全性"→"登录名"→"Sa"，在右侧"登录名"框中，单击"Sa"，打开"登录属性"窗口，确定各登录选项。

只有保证以上各项状态正常时，U8 软件才能正常地启动和使用。

二、会计电算化实验室的设置

学校用户在使用本教材时可按照单机模式或局域网实验室模式进行。

1. 单机模式

按照本章第一节的方式正常安装数据库和 ERP-U8 V10.1 软件后，按以下步骤完成以下操作：执行"开始"→"所有程序"→"用友 U8 V10.1"→"系统服务"→"系统管理"启动程序，以系统管理员 Admin 的身份注册登录；设置账套主管 SYSTEM、01 张三、02 李四和 03 王五等操作员；建立账套号为"006"、账套名为"中山工厂"的账套；在 006 中山工厂账套中分配四个操作员的权限；登录"企业应用平台"系统进行初始化设置；填制和审核记账凭证；记账；查账；对账；结账；编制报表。

2. 局域网实验室模式

在教学中，假设有两个班共 110 人参加会计电算化实验，其中 1 班 50 人、2 班 60 人。建立和分配账套的方式：在服务器端上，以 Administrator 管理者身份登录 Windows NT Server 4.0，运行"开始"→"程序"→"用友 U8 V10.1"→"系统服务"→"系统管理"→"注册"程序。

一是设置用户。先设置所有账套共用的三个用户：SYSTEM（账套主管）、02 李四（凭证审核员）、03 王五（出纳员）；然后按"班级+学号"设置各账套的用户 ID 为 01 的主要操作员（单机模式中称"01 张三"）分别为 101、102、…、150、201、202、…、260。

二是建立账套。为每人设置一个独立的账套，为了与用户名对应，账套号和账套名均可由"班级+学号"构成，1 班 1 号同学为 101，2 号为 102，…，50 号为 150；2 班 1 号为 201，2 号为 202，…，60 号为 260，所有账套的单位名称和单位简称均为"中山工厂"，账套主管均为 SYSTEM，其他设置项均相同。

三是分配权限。所有账套均设 02 李四为凭证审核员，仅有"凭证审核"权限；均设 03 王五为出纳员，仅有"出纳签字"权限；用户 101、102、…、150、201、202、…、260 均在与用户名相同的账套号中设置为主要操作员，操作权限分配设置为具有（SA）公共目录设置（全部权限）、（GL）总账系统（除审核凭证和出纳签字外的其他全部权限）和（MR）UFO 报表（全部权限）等。

以上各项设置完成后，教师开启服务器后，学生在任意一台工作站上均可登录各自的账套进行独立操作，教师打开服务器端的"系统管理"窗口可以观察到各个工作站登录情况。

三、系统管理员的注册

运行"开始"→"程序"→"用友 U8 V10.1"→"系统服务"→"系统管理"程序，打开"系统管理"窗口，如图 2-6 所示。

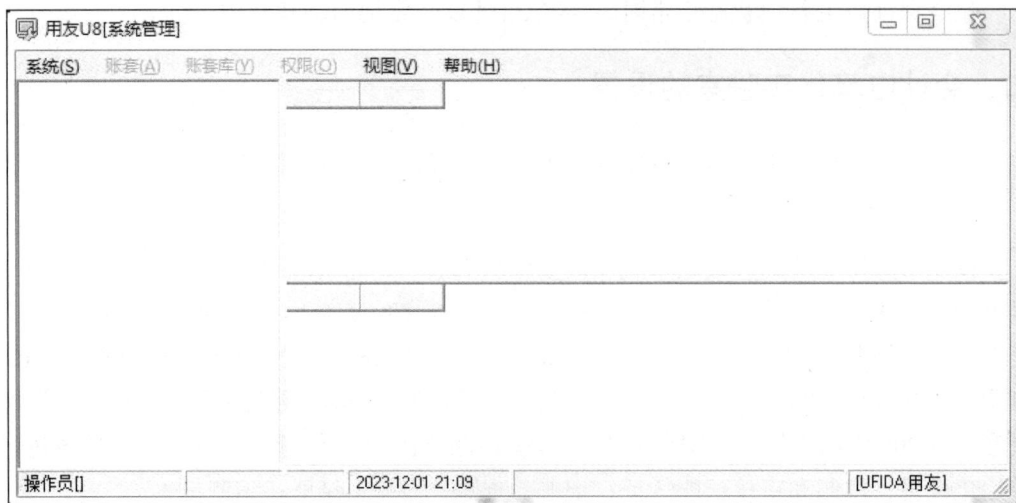

图 2-6 "系统管理"窗口（一）

在图 2-6 中单击"系统"菜单中的"注册"项，系统出现"登录"界面，如图 2-7 所示。

图 2-7 "登录"界面

在图 2-7 中的"登录到"选择框中选择计算机名,"操作员"输入框中输入系统管理员名"admin",首次运行时"密码"输入框为空。如需设置或修改密码,可勾选"修改密码"选项,在弹出的"设置操作员口令"窗口中输入新口令并检验是否正确。在"账套"选择框中选择账套,系统管理员登录可选"(default)"默认账套。系统通过身份验证,注册成功,返回"系统管理"窗口,如图 2-8 所示。

图 2-8 "系统管理"窗口(二)

在图 2-8 中,可看到"账套"和"权限"菜单名已由虚按钮变为实按钮。下一步可进行操作员设置、创建账套和权限设置等系统管理操作。

第三节 用 户 管 理

为了保证系统及数据的安全与保密,系统提供了用户管理功能,用于设置操作员及权限控制。系统管理员和账套主管通过对用户及权限管理，一方面可避免非法操作员对财务软件的操作，另一方面可以对各个子系统功能的操作进行细分和协调，加强系统的安全性与保密性。

通过"角色""用户"和"权限"功能设置各个账套的角色、操作员及权限分配。

一、角色管理

在图 2-8 中，单击"权限"菜单中的"角色"项，进入"角色管理"窗口，如图 2-9 所示。

图 2-9 "角色管理"窗口

角色是指在企业管理中拥有某一类职能的组织，这个组织可以是实际的部门，也可以是由拥有同一类职能的人构成的虚拟组织。例如，实际工作中最常见的会计和出纳两个角色（他们可以是同一个部门的人员，也可以是不同部门但工作职能一样的角色的统称）。在设置角色后，可以定义角色的权限，为方便控制操作员权限，可以依据职能统一进行权限的划分。用户可根据需要对账套中的角色进行增加、删除、修改等维护工作。

二、用户管理

在图 2-8 中，单击"权限"菜单中的"用户"项，进入"用户管理"窗口，如图 2-10 所示。

图 2-10 "用户管理"窗口

系统显示已注册用户的各项信息。在会计实务中，本功能可设置新用户、注销老用户等，所以本功能的操作权限仅可分配给系统管理员或账套主管。

1. 增加用户

在图 2-10 中，单击"增加"按钮，系统将弹出"操作员详细情况"界面，如图 2-11 所示。

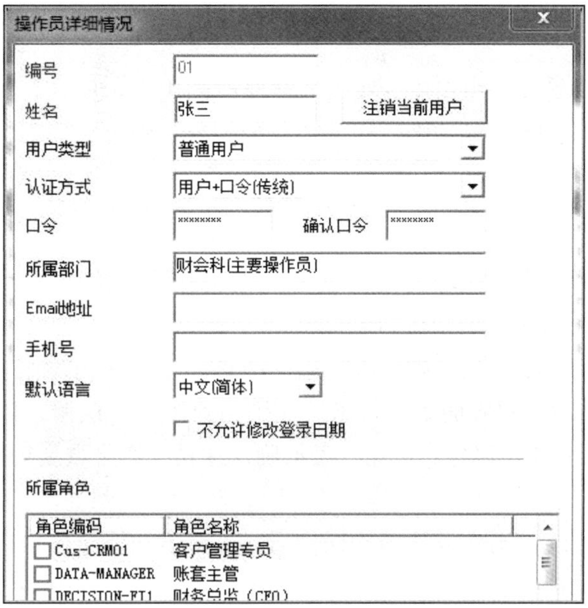

图 2-11　"操作员详细情况"界面

用户根据实际需要填写相关栏目的内容。填写完毕后，单击"增加"按钮表示确认，此操作员即设置成功，若单击"放弃"按钮，则表示放弃此操作员的设置。

对学校用户，在教学过程中，每个学生均应建立一个独立的账套，亦即每个学生在总账系统中均有一个独立的核算单位。在这个账套中，所有经济业务的会计处理都是由该学生本人完成，考虑到能让每一个学生体验到在财务软件系统中会计职责分工的必要性和重要性，要求每个学生在各自的账套中扮演不同的角色，可设置四个不同的操作员姓名"张三""李四""王五"和"SYSTEM"。在设置总账系统的权限时，"李四"是凭证审核员，仅分配"凭证审核"等操作权限；"王五"是出纳员，除经管现金和银行存款的钱账外，还需对凭证填制操作员（张三）填制的收款凭证和付款凭证进行出纳签字，其权限是对收款凭证和付款凭证进行出纳签字，仅分配其"出纳签字"权限；"张三"作为主要操作员，在总账系统中分配除"凭证审核"和"出纳签字"等操作功能以外的所有权限，以及公用目录设置权限和 UFO 报表权限。"SYSTEM"为账套主管。

如此，并不影响学生本人作为这个主要操作员"张三"的操作，因为四个操作员的姓名和权限都是由主要操作员"张三"来管理的，在任何时候要操作某个功能，只要键入拥有该操作权限的操作员的姓名和密码就可以进入，可以掌握不同身份用户的功能操作。

请用户在各自的账套中，设置中山工厂的操作员，如表 2-3 所示。

表 2-3　中山工厂用户信息一览表

用户 ID	用户全名	部门	状态	口令
01	张三	财会科（主要操作员）	有效	01
02	李四	财会科（凭证审核员）	有效	02
03	王五	财会科（出纳员）	有效	03
SYSTEM	SYSTEM	财会科（账套主管）	有效	SYSTEM

2. 修改用户

在图 2-10 "用户管理" 窗口中，双击需要修改的用户名所在行，便可进入 "修改用户信息" 界面，根据实际情况，修改相关栏目的内容。修改完毕后，单击 "修改" 按钮表示确认修改。

3. 删除或注销用户

设置的用户在未启用前可以在此处删除。单击要删除的用户名行，然后单击 "删除" 按钮，便可实现对所选中的用户进行删除。

用户启用后，则不能将其删除，可在系统中对其进行注销操作。方法是：双击要注销的用户行，在图 2-11 的界面中，单击 "注销当前用户" 按钮，该按钮变为 "启用当前用户" 按钮，然后单击 "确定" 按钮，表示确认注销。如要重新启用已注销的操作员，则进行相反操作。

在进行增加、修改、删除或注销等操作后，可单击功能菜单中的 "刷新" 按钮，系统将根据有关用户的变化，实时刷新系统管理中有关用户设置的内容，此功能在网络版中尤其重要。

第四节　账 套 管 理

核算单位是会计的主体，是会计工作服务的对象，在财务软件系统中称为账套。在运行系统之前，首先要创建本单位的账套，输入账套信息、核算单位信息、核算类型、基础信息、分类编码方案和数据精度定义等信息内容。本节在阐述账套操作功能过程中，将建立中山工厂的核算账套。用户根据以下流程可以设置中山工厂账套。

下面介绍中山工厂账套的基本情况。

行业性质：中型工业企业（建账时不按行业性质预置会计科目）；所属行业：制造业；账套号：006；账套单位名称：中山工厂；账套启用日期：2023 年 12 月 01 日；机构代码：006；简称：中山工厂；单位域名：http://blog.sina.com.cn/mzhrs；会计期间设置：01 月 01 日至 12 月 31 日；地址：广东梅州市梅松路；法人代表：胜子；邮政编码：514015；联系电话：21865358；传真：21865358；电子邮件：mzhrs@126.com；纳税登记号：441402196810238888；开户银行：中国工商银行东区支行；户名：中山工厂；账号：2309；记账本位币名称：人民币（代码：RMB）。企业类型：工业；行业性质：新会计制度科目；科目预置语言：中文（简体）；账套主管：SYSTEM；进行业务处理时，不需要对存货、客户、供应商进行分类，无外币核算。科目编码级次：42222，科目为五级，位长为 12 位；部门编码级次：22；地区分类编码级次：234；结算方式编码级次：

12；货位编码级次：234；收发类别编码级次：111；客户分类编码级次：234；供应商分类编码级次：234；存货分类编码级次：22223；存货数量和存货单价的小数位均为5位，开票单价、件数、换算率和税率的小数位均为2位。

下面阐述在财务软件系统中创建中山工厂账套的步骤。

一、建立账套

1. 输入账套信息

在图2-8"系统管理"窗口中，单击"账套"菜单中的"建立"项，进入"创建账套"窗口，首先进入"创建账套—建账方式"界面，如图2-12所示。

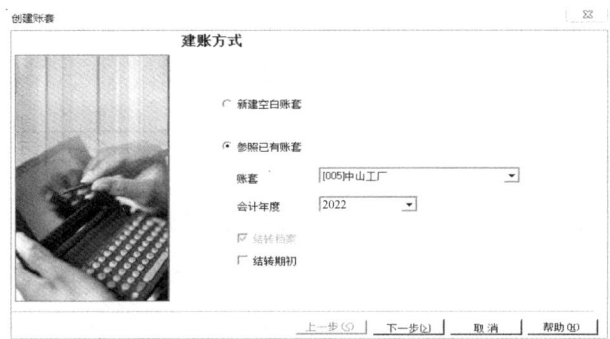

图2-12　"创建账套—建账方式"界面

在图2-12中，建账方式分为"新建空白账套"和"参照已有账套"两种。

如果是U8新用户，或者老用户需要建立一个与已有账套没有关联的账套，可以选择"新建空白账套"方式建账。如果是U8老用户，由于扩展分支机构等其他原因，需要建立一个与已有账套相似的账套，包含相同的基础档案和某些期初数据，则可选择"参照已有账套"方式建账。

考虑到006账套与此前的005账套的基础档案有一些修改，故在图2-12中选择"参照已有账套"，然后单击"下一步"按钮，进入"创建账套—账套信息"界面，如图2-13所示。

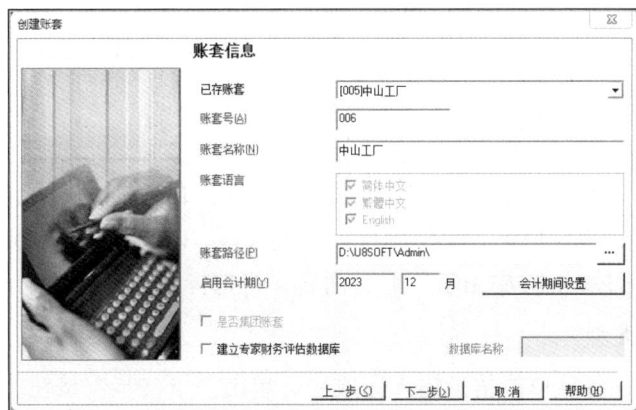

图2-13　"创建账套—账套信息"界面

在图 2-13 中，选择或输入新建账套的基本信息，包括已存账套、账套号、账套名称、账套语言、账套路径、启用会计期和是否集团账套等。

各栏目的含义及中山工厂的账套信息如下。

已存账套：系统将现有的账套，以下拉框的形式在此栏目中显示出来，用户只能参照选择，而不能输入或修改。

账套号：用来输入新建账套的编号，用户必须输入。此处输入"006"。

账套名称：用来输入新建账套的名称，用户必须输入。此处输入"中山工厂"。

账套语言：用户选择使用的语言。此处选择"简体中文"。

账套路径：用来输入新建账套被放置的路径和目录，用户必须输入，也可以参照输入。此处默认为"C:\U8SOFT\Admin"，也可设置为"D:\U8SOFT\Admin"。

启用会计期间：用来输入新建账套将被启用的时间，具体到"月"，用户必须输入。也可以单击"会计期间设置"按钮选择。此处输入"2023"年"12"月。

是否集团账套：勾选表示要建立集团账套，可以启用集团财务等集团性质的子产品。

2．输入单位信息

在图 2-13 中，单击"下一步"按钮，系统弹出"创建账套—单位信息"界面，如图 2-14 所示。

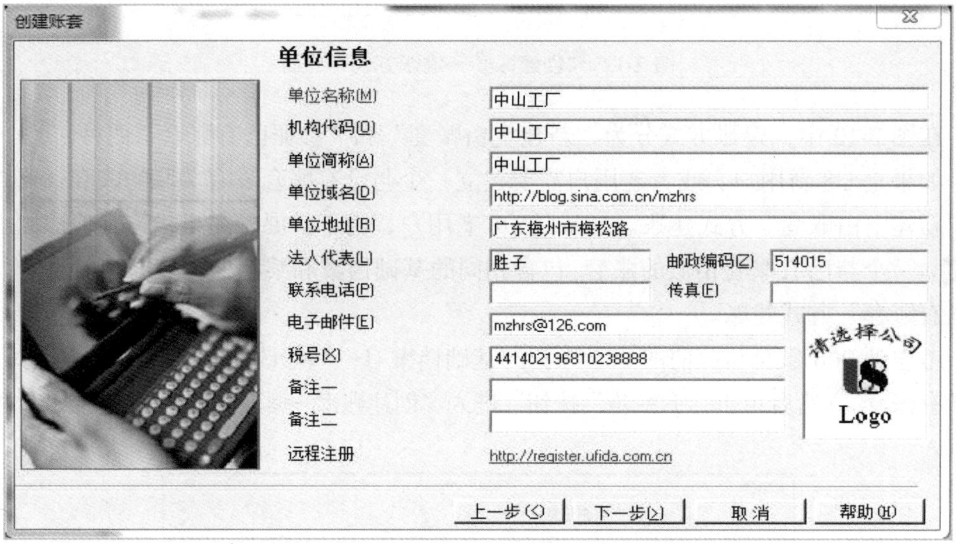

图 2-14 "创建账套—单位信息"界面

在"创建账套—单位信息"界面中，输入中山工厂的基本信息，包括单位名称、机构代码、单位简称、单位域名、单位地址、法人代表、邮政编码、联系电话、传真、电子邮件、税号、备注等。对中山工厂账套而言，可选择输入前三项，其他省略。

3．输入核算类型

在图 2-14 中，各项单位信息输入完成后，单击"下一步"按钮，系统弹出"创建账套—核算类型"界面，如图 2-15 所示。

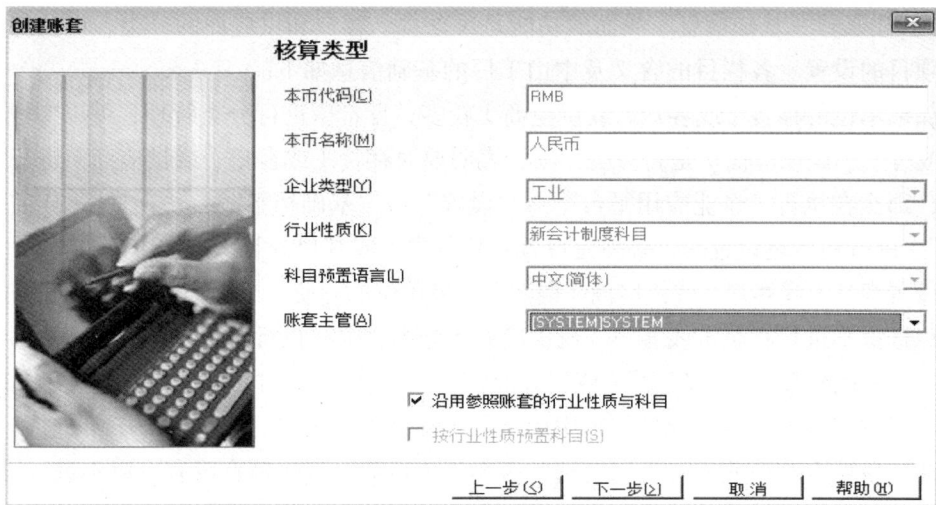

图 2-15　"创建账套—核算类型"界面

在图 2-15 中，选择中山工厂的核算类型信息：本币代码为"RMB"、本币名称为"人民币"；企业类型为"工业"；行业性质为"新会计制度科目"；科目预置语言为"中文（简体）"；账套主管为"SYSTEM"；勾选"沿用参照账套的行业性质与科目"项；"按行业性质预置科目"不选。

注意：如果用户希望预置所属行业的标准为一级科目，则勾选"按行业性质预置科目"项，系统将预置一级科目；否则不选。本书采用新会计制度的科目及科目代码若没有在用友 U8 V10.1 中预设，此处亦可不选，由用户在第三章第一节所述的"建立会计科目"操作功能中逐一输入一至五级科目。

4. 输入基础信息

在图 2-15 中，各项核算类型信息输入完成后，单击"下一步"按钮，系统弹出"创建账套—基础信息"界面，如图 2-16 所示。

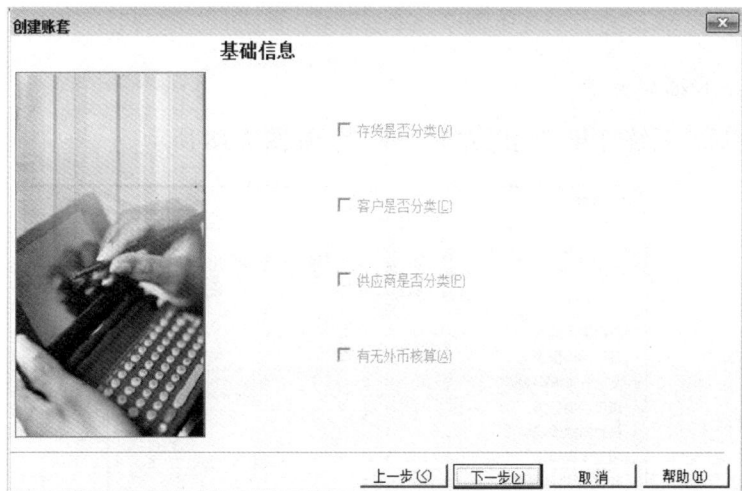

图 2-16　"创建账套—基础信息"界面

"创建账套—基础信息"界面的功能是对存货、客户和供应商的分类，以及外币核算等项目的设置。各栏目的含义及中山工厂的基础信息如下。

如果单位的存货（或客户、或供应商）较多，且希望进行分类管理，可以勾选"存货（或客户、或供应商）是否分类"项，表明要对存货（或客户、或供应商）进行分类管理，那么在执行"企业应用平台"→"设置"→"基础档案"→"存货"（或"客商信息"）进行初始化设置时，必须先设置存货分类（或客户分类、或供应商分类），然后才能设置存货（或客户、或供应商）档案。如果单位的存货（或客户、或供应商）较少，也可以选择不进行存货（或客户、或供应商）分类，则在执行"企业应用平台"→"设置"→"基础档案"→"存货"（或"客商信息"）进行设置时，可以直接设置存货（或客户、或供应商）档案。此处假定中山工厂对存货（或客户、或供应商）不进行分类。

如果单位有外币业务，可以勾选"有无外币核算"复选框；没有可以不进行设置。此处中山工厂没有外币核算。

以上各项输入完成后，单击"下一步"按钮，打开"创建账套"窗口，显示创建账套的各项准备的提示，单击"完成"按钮，即开始创建账套，如图 2-17 所示。

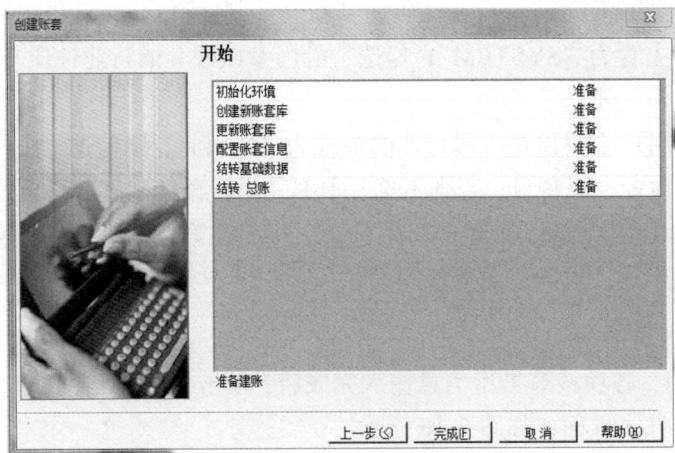

图 2-17　"创建账套"窗口

5. 输入分类编码方案

账套创建后，系统打开"编码方案"窗口，如图 2-18 所示。

项目	最大级数	最大长度	单级最大长度	第1级	第2级	第3级	第4级	第5级	第6级	第7级	第8级	第9级
科目编码级次	13	40	9					2				
部门编码级次	9	12	9	2								
地区分类编码级次	5	12	9	2	3	4						
费用项目分类	5	12	9	1	2							
结算方式编码级次	2	3	3									
货位编码级次	8	20	9	2	3	4						
收发类别编码级次	3	5	3									
项目设备	8	30	9									

图 2-18　"编码方案"窗口

为了便于用户进行分级核算、统计和管理，系统对基础数据的编码进行分级设置，可分级设置的内容有：科目编码、部门编码、地区分类编码、结算方式编码、货位编码、收发类别编码、供应商分类编码、客户分类编码和存货分类编码等。

编码级次和各级编码长度的设置，将决定用户单位的基础数据编码的级次和长度，进而构成用户分级核算、统计和管理的基础。

中山工厂的分类编码方案如图 2-18 所示。

各项编码级次的含义说明如下。

科目编码级次：系统提供科目代码的最大限制是级别为 13 级、位长为 40 位，且任何一级的最大编码长度为 9 位。在此处将中山工厂的科目编码设为 42222，表示科目设置为 5 级，一级科目编码是 4 位长，二至五级科目编码均为 2 位长，科目代码总长度为 12 位长。

部门编码级次：系统的最大限制为 9 级 12 位，单级最大编码长度为 9 位。在此处将中山工厂的部门编码设为 22，则编号时，一级、二级的部门编码均为 2 位长，总长度为 4 位。

结算方式编码级次：系统将结算方式编码级次固定为 2 级 3 位。在此处将中山工厂的结算方式类别设置为系统默认编码为 12，即编号时，一级结算方式类别编码为 1 位长，二级编码为 2 位长，总长度为 3 位。

中山工厂的其他项目编码级次按默认值设置。

6. 设置数据精度

在图 2-18 中，各项编码均设置完成后，单击"确定"按钮，即进入数据精度的设置程序。

由于各用户企业对数量、单价的核算精度要求不一致，为了适应各用户企业的不同要求，系统提供了自定义数据精度的功能，如图 2-19 所示。

图 2-19 "数据精度"设置界面

在系统管理部分需要设置的数据精度主要有：存货数量小数位、存货单价小数位、开票单价小数位、件数小数位和换算率小数位。

中山工厂的数据精度设置值如图 2-19 所示。各项小数位设置完毕后，单击"确定"按钮，系统根据以上各项信息设置中山工厂的账套，提示"创建账套{中山工厂：[006]}成功"的信息。至此，中山工厂的账套已设置完毕，用户可以登录进行初始设置和各项业务的处理。

二、修改账套

用户通过修改账套功能，可以查看某个账套的基本信息，也可以修改这个账套的信息。

修改账套的操作步骤为：在图 2-7"登录"界面中，用户名输入账套主管"SYSTEM"（只有账套主管才能修改账套的信息），然后依次输入账套主管的密码（SYSTEM）、账套、语言区域及操作日期等信息，在图 2-8 的"系统管理"窗口中，单击"账套"菜单中的"修改"项，则可进入修改账套的环境。修改账套与建立账套的流程基本相同，用户可逐一修改有关信息并确认，完成账套的修改。

第五节　用户权限管理

操作员权限的设置功能，只能由系统管理员 Admin 和由系统管理员所指定的账套主管来操作，其中，以系统管理员的身份进行操作时，还可以指定或取消账套主管。

用友 U8 V10.1 可以实现三个层次的权限管理。

一是功能级权限。该权限将提供划分更为细致的功能级权限管理，包括各功能模块相关业务的查看和权限分配。

二是数据级权限。该权限可以通过字段级权限控制和记录级权限控制两个方面进行权限控制。

三是金额级权限。该权限主要用于完善内部金额控制，实现对具体金额数量的级别划分，对不同岗位和职位的操作员进行金额级别控制，限制他们制单时可以使用的金额数量，不涉及内部系统控制的不在管理范围内。

数据级权限和金额级权限在第三章第十一节明细权限设置中进行设置。

系统管理员（Admin）和账套主管（SYSTEM）的角色和权限是有区别的，其差异如表 2-4 所示。

表 2-4　系统管理员（Admin）与账套主管（SYSTEM）的权限明细表

主要功能	详细功能 1	详细功能 2	系统管理员（Admin）	账套主管（SYSTEM）
账套操作	账套建立	新账套建立	√	
		账套库建立		√
	账套修改			√
	数据删除	账套数据删除	√	
		账套库数据删除		√

续表

主要功能	详细功能 1	详细功能 2	系统管理员（Admin）	账套主管（SYSTEM）
账套操作	账套备份	账套数据输出	√	
		账套库数据输出		√
	设置备份计划	设置账套数据输出计划	√	
		设置账套库数据输出计划	√	√
	账套数据恢复	账套数据恢复	√	
		账套库数据恢复		√
	升级 Access 数据		√	
	升级 SQL Server 数据		√	
	清空年度数据			√
	结转上年数据			√
人员、权限	角色	角色操作	√	
	用户	用户操作	√	
	权限	权限操作	√	√
其他操作	清除异常任务		√	
	清除单据锁定		√	
	上机日志		√	
	视图	刷新	√	√

注：√表示具有权限。

功能级权限的分配在图 2-8 的"系统管理"窗口中执行"权限"菜单项进行设置，数据级权限和金额级权限则执行"企业应用平台"→"设置"→"基础信息"→"数据权限"（见第三章第十一节）进行分配，并且必须是在系统管理的功能级权限分配之后才能进行。

以系统管理员（Admin）身份登录后，在图 2-8 的"系统管理"窗口中，单击"权限"下拉菜单中的"权限"项，系统将弹出"操作员权限"设置界面，如图 2-20 所示。

图 2-20 "操作员权限"设置界面

1. 设置账套主管

在建立账套过程中，要求设置账套主管。系统一次只能对一个账套的某一个账套库进行分配，一个账套可以有多个账套主管。只有以系统管理员（Admin）的身份才能进行账套主管的权限分配。如果以账套主管的身份注册，只能分配子系统的权限。

系统默认账套主管自动拥有已安装各子系统下的全部权限，故对账套主管来讲，就没有必要对子系统进行增加和删除权限的操作。

2. 增加操作权限的设置

在图 2-20 中，单击左框操作员显示区中的非账套主管操作员行（如张三），然后单击"修改"按钮，在右框功能级权限列表中勾选分配的功能项，即可完成权限分配。

请用户在各自的核算账套中启用如图 2-20 所示的"操作员权限"设置界面，按表 2-5 设置中山工厂用户的操作权限。

表 2-5　中山工厂操作员权限一览表

用户ID	用户全名	部门	状态	口令	权限名称	ID 号
01	张三	财会科（主要操作员）	有效	01	公共目录设置（全部） 总账系统（除审核凭证和出纳签字外） UFO 报表（全部）	AS GL MR
02	李四	财会科（凭证审核员）	有效	02	审核凭证	GL0204
03	王五	财会科（出纳员）	有效	03	出纳签字	GL0203
SYSTEM	SYSTEM	财会科（账套主管）	有效	SYSTEM	账套主管	Admin

3. 删除操作员的权限

系统管理员或账套主管可以对非账套主管的操作员用户已拥有的权限进行删除。删除权限的操作与修改权限的步骤相同。

4. 操作权限的刷新

单击图 2-20 中的"刷新"按钮，系统将根据有关操作员权限的变化，适时地刷新系统管理中有关操作员权限设置的内容，此功能在网络版时尤其重要。

第六节　数据的备份与恢复

财务软件系统中的财务数据对企业而言是非常重要的业务数据，因此保证数据的安全和完整是实现会计电算化后的一项重要工作。

系统设计了一个自动备份数据的程序，此外还可利用"系统管理"→"账套"→"输出"功能进行人工备份。当系统数据遭受破坏时，可将备份数据通过"系统管理"→"账套"→"引入"功能恢复到系统中。当然，集团公司下属的各子公司，也可通过"账套"→"输出"功能进行数据的输出备份，将输出备份数据交给集团公司，在集团公司的财务系统中，通过"系统管理"→"账套"→"引入"功能操作，将下属子公司的数据输入到集团公司的系统中，以实现集团公司及其下属各子公司财务数据的汇总和合并工作。

一、备份计划设置（自动备份）

设置备份计划的作用是自动定时对设置好的账套进行备份。设置备份计划的优势在于可设置定时备份账套功能和多个账套同时备份功能，在很大程度上减轻了系统管理员的工作量，同时可以更好地对系统进行管理。

在图 2-8 中，单击"系统"菜单中的"设置备份计划"项，弹出"备份计划设置"窗口，如图 2-21 所示。

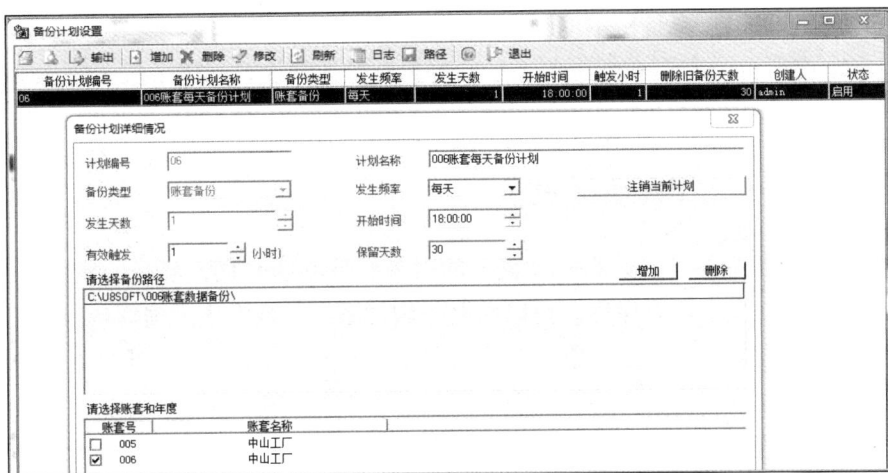

图 2-21　"备份计划设置"窗口

在图 2-21 中，单击"增加"按钮，系统打开"备份计划详细情况"界面，要求输入计划编号、计划名称、备份类型、发生频率、发生天数、开始时间、有效触发、保留天数、备份路径、账套号、账套名称和年度等信息。

计划编号：系统可以同时设置多个不同条件组合的计划，计划编号是这些计划的标识号。最大长度为 12 个字符。

计划名称：可以对备份计划进行命名，最大长度为 40 个字符。

备份类型：以系统管理员（Admin）身份进入的可以进行选择备份类型，分为账套备份和年度备份，对于以"账套主管"注册进入系统管理备份计划的，此处选"年度备份"。

发生频率：系统提供"每天""每周""每月"的选择。

发生天数：系统根据发生频率，确认执行备份计划的确切天数。

选择"每天"为周期的设置，系统不允许选择发生天数。

选择"每周"为周期的设置，系统允许选择的天数为"1～7"之间的数字（1 代表星期日，2 代表星期一，3 代表星期二，4 代表星期三，5 代表星期四，6 代表星期五，7 代表星期六）。

选择"每月"为周期的设置，系统允许选择的天数为"1～31"之间的数字。如果其中某月的日期不足设置的天数，系统则按最后一天进行备份。例如，设置为 30，但在 2 月不足 30 天时，系统会在 2 月的最后一天进行备份。

开始时间：是指在设置的发生频率中的发生天数内的什么时间开始进行备份。

有效触发：是指在备份开始到某个时间点内，每隔一定时间进行一次触发检查，直到成功。此处不是检查的周期，而是检查的最终时间点（如遇网络或数据冲突无法备份时，以备份开始时间为准，在有效触发 1 小时的范围内，系统可反复重新备份，直到备份完成）。

保留天数：是指系统可以自动删除时限之外的备份数据，当数值为 0 时系统认为永不删除备份。

备份路径：可以选择备份本地硬盘的目标地址。

图 2-21 中所示内容是 006 中山工厂的每天备份计划设置：定于每天的 18:00 备份 006 账套数据至指定路径，有效触发时间为 1 小时，保留天数为 30 天。

二、数据备份（输出账套数据）

数据备份功能主要是将计算机硬盘上的财务软件系统数据，经过一定的格式压缩后，备份到存储介质上予以保存，待以后财务软件系统的数据出现损坏或其他情况时，用备份数据得以恢复，可保证财务软件系统数据的安全和完整。也可通过数据备份，在集团公司内部通过数据恢复功能，实现将集团公司内部的各个子公司的财务数据进行分析、汇总和合并等工作。

输出账套功能是指将所选的账套数据从本系统中导出，备份至软盘或硬盘上。

操作步骤如下：

（1）系统管理员在图 2-8 的"系统管理"窗口中，单击"账套"菜单中的"输出"项，系统则弹出"账套输出"对话框。"输出"就是指"备份"，选择输出功能就是将账套数据备份到指定的位置，如图 2-22 所示。

图 2-22　"账套输出"对话框

（2）图 2-22 中，在账套号处选择需备份的账套号，选择输出文件位置。若需要在数据备份后，将源账套的账套及全部数据删除，则勾选"删除当前输出账套"项，源账套中的数据在进行备份操作后将被全部删除。需要特别注意的是，此处备份中山工厂的数据时，不可选中"删除当前输出账套"复选框。

（3）单击"确认"按钮，系统自动将账套内的数据进行拷贝，分别显示"拷贝进度"和"选择备份目标"等操作界面，直至系统提示备份完毕。

三、数据恢复（引入账套数据）

数据恢复是通过引入账套数据来实现的。引入账套功能是将系统外某个账套的数据引入到本系统中。该功能有利于集团公司的操作，子公司的账套数据可以定期被引入集团公司系统中，以便进行有关账套数据的分析、汇总和合并等工作。

操作步骤：系统管理员在图2-8的"系统管理"窗口中，单击"账套"菜单中的"引入"项，进入"引入账套数据"的操作窗口，选择所要引入的账套数据备份文件的路径及文件名。选择完毕后，单击"确定"按钮表示确认，系统将备份数据引入本账套。

第七节　账套库管理

说到账套库，首先应清楚其与账套的区别。账套与账套库的区别主要在于以下方面。

账套是账套库的上一级，先有账套再有账套库。账套是由一个或多个账套库组成，一个账套库含有一年或多年的使用数据。账套对应一个经营实体或核算单位，账套中各年度的账套库则对应这个经营实体的不同年度区间内的业务数据。对于拥有多个核算单位的客户，可以拥有多个账套（最多可以拥有999个账套）。

企业在持续经营下，其日常的会计工作亦是一个连续性的工作，用友U8 V10.1支持在一个账套库中保存连续多年的数据，一个账套可以在一个账套库中一直使用下去。但是由于需要调整重要基础档案、调整组织机构、调整部分业务，或者一个账套库中数据过多而影响了业务处理性能，需要使用新的账套库并重置一些数据，这就需要新建账套库。

通过新账套库的建立，在已有账套库的基础上，自动将老账套库的基本档案信息结转到新的账套库中，其余额等信息需要通过账套库初始化操作完成后，由老账套库自动转入新账套库的下年数据中。

账套库管理包括建立账套库、账套库初始化、清空账套库数据、语言扩展、引入账套库数据、输出账套库数据等操作。

一、建立账套库

在用友U8 V10.1系统中，用户不仅可以建立多个账套，而且每一个账套中可以存放不同年度的财务数据。通过"账套库"→"建立"功能，可建立不同年度的账套库。只有账套主管才能建立账套库，账套主管对账套库有建立、清空、引入、输出和结转等权限。第一个年度的账套库在创建账套时已建立。

操作步骤如下：

（1）用户以账套主管的身份登录，选定需要建立新账套库的账套和上一年的时间，进入图 2-8 所示的"系统管理"窗口，单击"账套库"菜单中的"建立"项，则进入建立账套库的界面。

（2）系统弹出建立账套库的界面，系统默认显示当前账套库、将要建立的新账套库的起始年度、本账套库内业务产品所在会计期间清单和建立新账套库主要步骤及其进度。用户确认无误后，单击"确定"按钮，系统则新建账套库。若要放弃，则单击"放弃"按钮。

二、账套库初始化

新建账套库后，为了使新旧账套库之间业务衔接，通过账套库初始化功能将上一个账套库中相关模块的余额及其他信息结转到新账套库中。为了统计分析的规整性，每个账套库包含的数据都以年为单位，上一账套库的结束年的下一年就是新账套库的开始年。

以账套主管的身份登录至图 2-8 的"系统管理"窗口，单击"账套库"菜单中的"账套库初始化"项，进入账套库初始化的界面，按提示完成账套库初始化。

三、清空账套库数据

有时，用户会发现某账套库中错误太多，或不希望将上一账套库的余额或其他信息全部转到下一年度，这时候，便可使用清空账套库数据的功能。"清空"并不是指将账套库的数据全部清空，而是要保留如基础信息、系统预置的科目报表等信息。

操作步骤：在图 2-8 的"系统管理"窗口中，单击"账套库"菜单中的"清空账套库数据"项，则进入"清空账套库数据"界面。账套主管按系统提示先做好备份并选择清空后，则完成账套库数据的清空。

四、引入账套库数据

"账套库"→"引入"命令与"账套"→"引入"命令的含义基本一致，所不同的是"账套库"→"引入"命令不是针对某个账套，而是针对账套中某一年度的账套库。两者的操作也基本一致，不同之处在于"账套库"→"引入"操作引入的是年度数据备份文件（由"账套库"→"输出"功能输出的账套库数据备份文件，前缀名统一为"UfErpYer"）。具体操作步骤参见"系统管理"→"账套"→"引入"的操作步骤。

五、输出账套库数据

"账套库"→"输出"命令与"账套"→"输出"命令的含义基本一致，所不同的是"账套库"→"输出"不是针对某个账套，而是针对账套中某一年度的账套库。两者的操作步骤也基本一致，不同之处在于"账套库"→"输出"操作，在输出操作窗口中，选择的是具体的年度而非账套，输出的是年度数据备份文件，前缀名统一为"UfErpYer"。

第八节 数据锁定及其解决方法

一、数据锁定现象

数据锁定是财务软件在运行特别是在网络运行过程中，相关的数据库输入被锁定，造成其对应的操作功能中的数据无法录入或修改。这种现象常见于网络版的总账系统中。

在工作站上运行财务工作的总账模块过程中，使用"期初余额"录入余额时，常常会出现以下两种现象。

（1）在录入明细科目，特别是一些客户往来类和供应商往来类明细科目的期初余额时，系统会出现操作锁定的提示对话框（见图 2-23），提示某明细科目数据正被某个工作站上的某个用户（通常就是当前的该工作站该账套该用户）使用，数据被锁定而无法录入或修改。

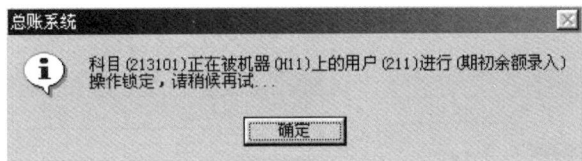

图 2-23 操作锁定的提示对话框

（2）在进入"期初余额"窗口时，系统提示为浏览和只读状态，因此无法再次录入和修改期初余额。

二、数据锁定的原因

财务软件的数据锁定主要是系统对相关数据库记录进行了写保护。总账系统分别为科目、余额、凭证、总账、明细账、日记账等设计了相应的数据库，对数据库有建立、写入、修改、读出等操作。数据锁定就是某个数据库被禁止写入或禁止修改，仅具有读出功能供用户浏览。造成数据锁定的原因多种多样，网络版财务软件产生数据锁定的主要原因有以下方面。

（1）网络系统发生内部冲突，系统将某个工作站点的全部数据（表现为对科目余额仅为浏览和只读状态）或部分数据（表现为对某些科目的数据不能录入）进行锁定。

（2）用户的非法操作。

（3）计算机的非正常关机。

（4）网络故障等。

三、数据锁定的解决方法

数据锁定的解决方法主要有以下两种。

（1）在出现锁定提示的工作站上，退出数据锁定的某个操作窗口至总账系统的一级菜单界面，按"Ctrl+F6"组合键，系统将出现"是否清除所有站点的锁定记录？"的提示对话框（见图2-24），单击"是"按钮，系统将继续出现"所有站点的锁定记录清除完毕"的提示对话框（见图2-25），单击"确定"按钮。完成后再次进入"录入期初余额"操作功能界面，将发现原被锁定的提示或浏览只读状态的现象已不再出现。

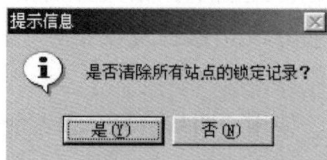

图2-24　提示对话框（一）　　　　图2-25　提示对话框（二）

（2）在图2-8的"系统管理"窗口中，单击"视图"菜单中的"清除单据锁定"项，系统弹出"删除工作站的所有锁定"对话框（见图2-26），选择被锁定的工作站和账套后单击"确定"按钮。然后在"系统管理"窗口中单击"视图"菜单中的"清除异常任务"项，最后单击"视图"菜单中的"刷新"项（见图2-27）。

图2-26　"删除工作站的所有锁定"对话框　　　图2-27　"视图"下拉菜单项

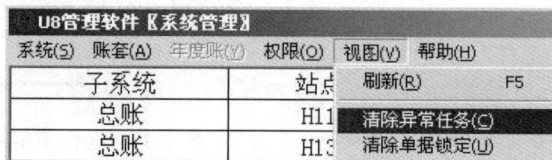

因为系统管理对每一个登录系统的工作站定时进行轮询检查，如果发现有死机、网络阻断等异常情况，将在监视窗口中与工作站相对应的"运行状态"栏内显示"异常"。这时，如果单击"视图"菜单中的"清除异常任务"项，就会把这些异常任务所申请的系统资源予以释放，并恢复可能被破坏的系统数据库和用户数据库，同时任务栏内也将清除这些异常任务，任务的运行情况都被记录在上机日志中。

第九节　数据复制与导出

一、数据复制

在实际工作中，新建的第二个账套的会计科目和各种档案等资料与第一个账套相近时，可以将第一个账套的数据进行复制，然后在第二个账套进行适当修改。这样可以省去不少时间和精力来完成第二个账套的数据处理工作。

运行"开始"→"程序"→"用友 U8 V10.1"→"系统服务"→"总账工具"程序，系统弹出图2-7所示的"登录"界面，以账套主管身份登录，选择目标账套号等信息并验证正确后，调出"总账工具"窗口，如图2-28所示。

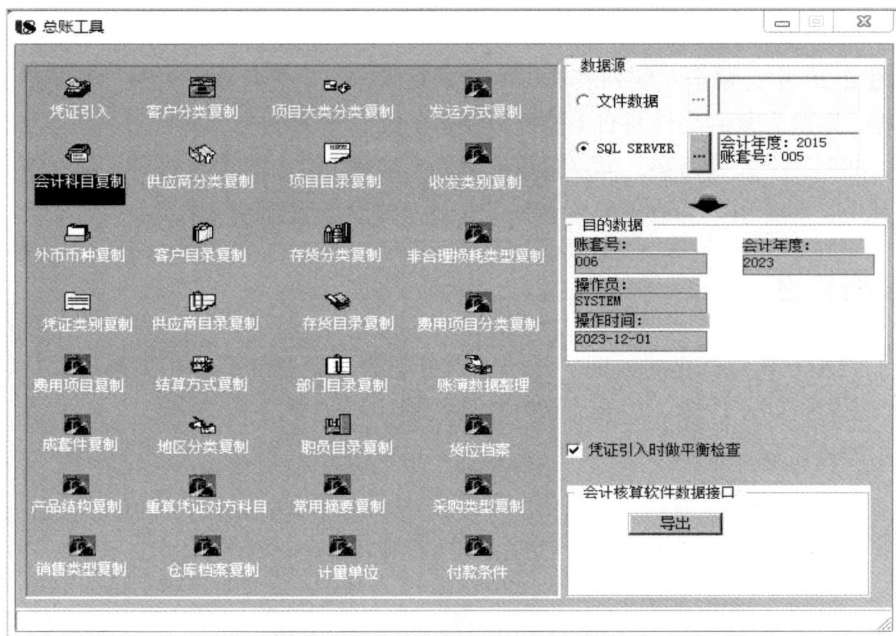

图 2-28　"总账工具"窗口

在图 2-28 中，右框为数据源和目的数据，左框为各种总账复制工具。

数据复制步骤如下：

1. 选择数据源

数据源可有以下两种形式。

一是文件数据。调用在"开始"→"程序"→"企业应用平台"→"设置"→"基础档案"命令下各种档案设置窗口中用"输出"按钮生成的文件（扩展名为.txt 和.mdb 的文件）。

二是 SQL Server 账套数据。单击"SQL Server"右侧的查找按钮，出现如图 2-29 所示的对话框。

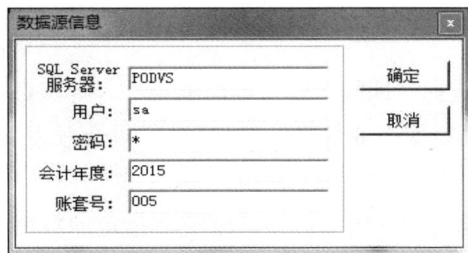

图 2-29　"数据源信息"对话框

在图 2-29 中，选择 SQL Server 服务器，输入超级用户（sa）、超级用户密码、源数据的会计年度和账套号等信息，然后单击"确定"按钮。

2. 选择目标数据

在图 2-28 中，检查目的数据的账套号、会计年度、操作员和操作时间等信息。

3. 复制数据

在图 2-28 中，单击左侧列表框中的相关复制按钮，进行数据复制。若是复制整个账套数据，则应先复制会计科目（前提是在目的账套中尚无会计科目），然后复制客户、供应商、部门、个人等档案，再复制凭证类别、结算方式和记账凭证等。期初余额不能复制。其中"凭证引入"要求年度相同的记账凭证才可复制引入。

二、数据导出

为了使账务软件核算的凭证、账簿和财务报表与企业外部的相关系统进行数据对接，用友 ERP-U861 设置了"会计核算软件数据接口（导出）"功能。

数据导出步骤如下。

（1）在图 2-28 的"总账工具"窗口中，单击右下角的"导出"按钮，系统打开"会计核算软件数据接口（导出）"对话框，如图 2-30 所示。

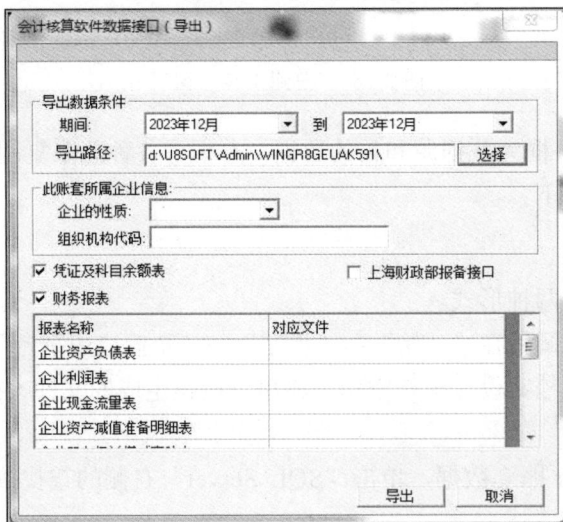

图 2-30 "会计核算软件数据接口（导出）"对话框

（2）在图 2-30 中，选择"期间"和"导出路径"等导出数据条件、"企业性质"和"组织机构代码"等账套所属企业信息、"凭证及科目余额表"和"财务报表"等导出内容。

（3）选择完成后，单击"导出"按钮，系统将指定的数据导出。

即测即练

自学自测　　　扫描此码

第三章

总账系统的初始化设置

财务系统经过设置用户、建立账套、分配权限、系统启用等步骤以后，就可进行系统的初始化设置了。

为了更好地理解和掌握财务软件系统的基本原理和基本操作，在阐述各操作功能时，本书设计并引用了一家中型工业企业中山工厂的原始核算资料为实例，其所发生的经济业务内容翔实、全面、典型，业务核算涉及工业企业采购、生产、销售的全过程，具有一定的代表性。

中山工厂的基本情况参见第二章第四节。

中山工厂的核算形式如下。

（1）存货采用计划成本核算，平时采购入库的材料成本差异不分项结转，在月末（第 67 笔业务）一次汇总结转；采用材料成本综合差异率计算并结转本月发出材料成本差异（第 68 笔业务）；平时销售产品的成本不分项结转，在月末（第 79 笔业务）一次汇总结转。

（2）生产成本项目分为直接材料、直接工资、制造费用和废品损失。

（3）设有一个基本生产车间，生产 A、B 两种产品。

（4）设有供电车间和修配车间两个辅助生产车间。

（5）辅助生产车间不设"制造费用"账户，发生在辅助生产车间的制造费用直接记入"辅助生产成本"账户。

（6）辅助生产费用采用直接分配法进行分配。

（7）生产类型为大量大批单步骤生产。

（8）成本计算方法采用品种法。

（9）完工产品与月末在产品费用采用约当产量法进行分配。

（10）会计核算形式采用科目汇总表核算形式（每旬汇总科目一次并登记账簿）。

（11）在中国工商银行东区支行开设银行结算账户，银行结算账号为 2309。

（12）增值税纳税人为一般纳税人企业，增值税适用税率为 13%。

（13）企业所得税适用税率为 25%。

（14）采用备抵法核算坏账损失，提取比率为 4‰。

中山工厂的其他核算资料：会计科目及编码表（见表 3-1）、凭证类别（见表 3-2）、结算方式表（见表 3-3）、部门档案表（见表 3-4）、职员档案（见表 3-5）、客户档案（见表 3-6）、供应商档案（见表 3-7）、期初余额表（见表 3-8）、明细账权限设置（见本章第十一节）、选项设置（见图 3-41～图 3-47），以及原始凭证（见第四章第九节）、记账凭证（见第四章第十节）。

只有经过系统初始化设置，总账系统才可以进行编制记账凭证和记账等操作。系统初始化设置的各项基础资料和数据，均可在相关模块中调用。

初始化设置和总账、UFO 报表、现金流量表、财务分析以及出纳管理等都是启用"企业应用平台"后进行操作的。用户通过启用"开始"→"程序"→"用友 ERP-U8"→"企业应用平台"程序，输入登录信息后打开企业应用平台的功能窗口，如图 3-1 所示。

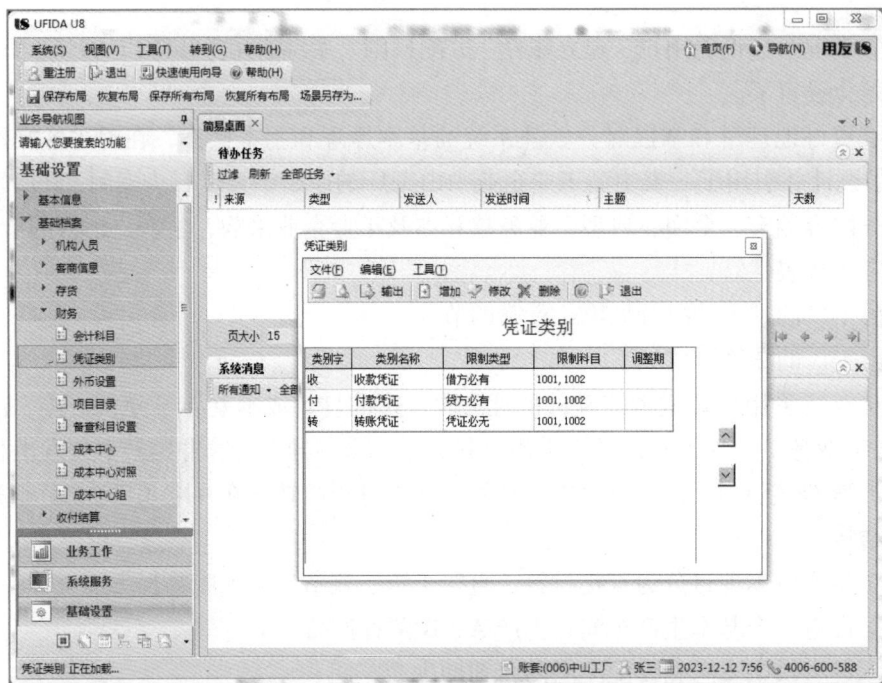

图 3-1　企业应用平台的功能窗口

在图 3-1 中，选择"基础设置"选项卡，可以进行账务系统的各项初始化设置；选择"业务工作"选项卡，可以进行财务会计（总账、UFO 报表等）和 U8 应用中心等各项业务操作。

第一节　建立会计科目及其编码

在财务系统中，会计科目编码是业务处理的核心，因此，建立一套完整、科学、规范的会计科目代码体系是至关重要的。

本功能旨在建立和管理会计科目及其代码体系，用户可以根据本单位业务的需要，在此增加、插入、修改、删除、复制、查询、指定、预览、打印和输出会计科目及其代码。

在图 3-1 中，单击"基础设置"→"基础档案"→"财务"→"会计科目"项，出现如图 3-2 所示的"会计科目"对话框。

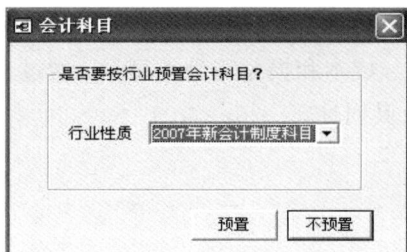

图 3-2　"会计科目"对话框

当第一次进入"会计科目"操作窗口且没有预置会计科目时，系统将会弹出如图 3-2 所示的对话框，询问"是否要按行业预置会计科目？"。若内置的一级会计科目及其代码与用户现时使用的一级会计科目及其代码完全相同，可以按行业性质选择内置的一级会计科目及其代码；若两者存在差别，则没有必要选择系统预置的科目。

注意：本书采用最新会计准则的科目及科目代码已在用友 U8 V10.1 中作了预设，但权益类一级科目代码第 1 位为 3、成本类一级科目代码第 1 位为 4、损益类一级科目代码第 1 位为 5。因此，可以在将行业性质选为"新会计制度科目"后单击"预置"按钮，然后逐一将权益类一级科目代码第 1 位设为 4、成本类一级科目代码第 1 位设为 5、损益类一级科目代码第 1 位设为 6。为避免发生错漏，建议此处最好选择"不预置"，由用户根据本章表 3-1 中山工厂会计科目及编码表逐一输入，这样虽然会增加工作量，但可以省去修改权益类、成本类和损益类科目代码第 1 位的麻烦。

在图 3-2 中，单击"不预置"按钮，出现"会计科目"操作窗口，如图 3-3 所示。

图 3-3　"会计科目"窗口

在图 3-3 中，用户可对会计科目及其代码进行增加、修改和打印等操作，并将结果全部或按资产、负债、权益、成本和损益等分类显示，通过上下拖动垂直滚动条可查看到所有已建立的会计科目及其属性。

一、增加会计科目

在图 3-3 所示"会计科目"窗口中，单击"增加"按钮，弹出"新增会计科目"对话框，如图 3-4 所示。

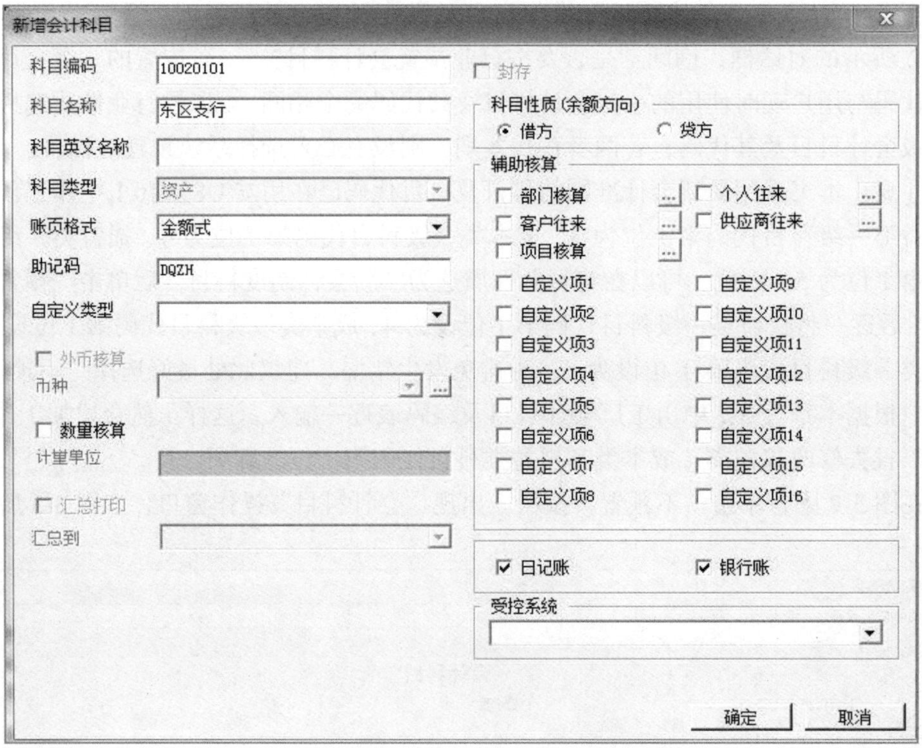

图 3-4　"新增会计科目"对话框

在图 3-4"新增会计科目"对话框中，可建立本单位的会计科目及其代码体系，并根据所建某个会计科目的特征，提供有关科目属性的各种选项供用户选择。下面对其各项科目属性的选项予以逐一说明。

科目编码：科目编码是指会计科目的代码，必须唯一，且必须与某一科目唯一对应。科目编码必须按其级次的先后次序建立，即先建一级科目，才能建立该一级科目所属的二级科目，建了二级科目才能建立该二级科目所属的三级科目。科目编码只能由阿拉伯数字组成，禁止使用其他字符。本书根据《企业会计准则——应用指南》（2006 年）及《企业会计准则讲解（2008）》中规定的"会计科目名称及编号"来编排中山工厂的科目编码体系。

科目名称：输入与科目编码唯一对应的科目中文名称，最多可输入 10 个汉字。

科目英文名称：输入与科目编码唯一对应的科目英文名称，最多可输入 100 个英文字母。

科目中文名称和科目英文名称不能同时为空。若用户在进入系统时选择的是中文版，则必须录入科目中文名称，科目英文名称可输可不输；若用户在进入系统时选择的是英文版，则必须录入科目英文名称，科目中文名称可输可不输。

科目类型：行业性质为工业时，科目类型分为资产、负债、共同、权益、成本和损益等六类，没有成本类的企业可不设成本类。科目类型无须用户选择，系统将根据科目编码的第 1 位代码自动识别资产、负债、共同、权益、成本和损益。

助记码：用于帮助用户记忆科目中文名称，可以由用户根据自己熟悉的情况输入助记码。

熟悉拼音的用户，可由科目中文名称中各个汉字拼音的第一个字母组成，均由四位组成。取码规则为：两字科目取每字全拼的第一、二个字母组成；三字科目取第一、二字全拼的第一个字母及第三字全拼的第一、二个字母组成；四字科目取每字全拼的第一个字母组成；五字以上科目取第一、二、三、末字全拼的第一个字母组成。例如，管理费用的汉语拼音为"guan li fei yong"，则管理费用的助记码可写为"glfy"。这样在制单或查账中，需录入管理费用的编码时，可录入其助记码"glfy"，而不用录入汉字"管理费用"。这样可加快录入速度，也可减少汉字录入量。

熟悉五笔字型输入法的用户，也可将中文科目按五笔字型输入法中词组的输入规则来进行设置，规则为：任何中文科目的助记码长度均为四位，科目为两个汉字的，按两字词取码，即取每个汉字的第 1、2 码对应的键盘字母组成，如"现金"为"GMQQ"；科目为三个汉字的，按三字词取码，即各取前两个汉字的第 1 码和第三个汉字的第 1、2 码对应的键盘字母组成，如"原材料"为"DSOU"；科目为四个汉字的，按四字词取码，即各取每个汉字的第 1 码对应的键盘字母组成，如"银行存款"为"QTDF"；科目为五个汉字及以上的，按多字词取码，各取第一、二、三和最后一个汉字的第 1 码对应的键盘字母组成，如"其他货币资金"为"AWWQ"。

账页格式：定义该科目在账簿打印时的默认打印格式。系统提供了金额式、外币金额式、数量金额式、外币数量式等四种账页格式供用户选择。一般情况下，有外币核算的科目可设为外币金额式，有数量核算的科目可设为数量金额式，既有外币核算又有数量核算的科目可设为外币数量式，既无外币核算又无数量核算的科目可设为金额式。

外币核算：用于设定该科目是否有外币核算，以及设置核算的外币币种名称。一个科目只能核算一种外币，只有有外币核算要求的科目才允许也必须设定外币币种名称，如果此科目核算的外币币种没有定义，可以单击"币种"输入框右侧的黑三角下拉选择框旁边的"参照"按钮，进入"外币设置"中进行定义。

数量核算：用于设定该科目是否有数量核算，以及设置数量的计量单位。若某科目有数量核算，则应勾选"数量核算"项，并在"计量单位"输入框中输入计量单位。计量单位可以是任何汉字或字符，如千克、件、吨等。

银行存款科目要按不同的存款账户设置明细科目。需要进行数量核算和外币核算的科目，要按不同的数量单位和外币单位分别设置明细科目。

汇总打印：在同一张凭证中，当某科目或有同一上级科目的末级科目有多笔同方向的分录时，如果用户希望将这几笔分录按科目汇总后合成一笔打印，则需要对该科目设置汇总打印，汇总后的科目将设置为该科目本身或其上级科目。只有在会计科目修改状态时，才能进行汇总打印项的设置。只有末级科目才能设置汇总打印，且汇总后的科目必须为该科目本身或其上级科目。当用户将该科目设为汇总打印时，系统登记明细账仍按明细登记，而不是按汇总数登记，此设置仅供凭证打印输出。

封存：被封存的科目在制单时不可以使用。同样，只有在会计科目修改状态时，才能进行封存项的设置。

科目性质（余额方向）：增加登记在借方的科目，科目性质设置为借方；增加登记在贷方的科目，科目性质设置为贷方。一般情况下，资产类科目、成本类科目和损益类中的费用支出科目的科目性质设置为借方，负债类科目、权益类科目和损益类中的收入科目的科目性质设置为贷方。共同类科目余额既可以是借方也可以是贷方。只需在一级科目中设置科目性质和余额方向，其属下的下级科目的科目性质和余额方向，与它的一级科目的科目性质和余额方向是相同的。已有数据的科目不能再修改其科目性质和余额方向。

辅助核算：也称辅助账类，用于说明本科目是否有其他核算要求。系统除完成一般的总账、明细账核算外，还提供了部门核算、个人往来核算、客户往来核算、供应商往来核算和项目核算等五种专项核算功能供用户选用。

例如，制造费用科目可设置为按部门核算；生产成本科目可设置为按项目核算；应收账款科目可设置为按客户往来核算；应付账款科目可设置为按供应商往来核算。

一个科目可同时设置两种专项核算。例如，管理费用既想核算各部门的使用情况，也想了解各费用项目的使用情况，那么，可以将管理费用科目同时设置为按部门核算和按项目核算。

个人往来核算不能与其他专项核算一并设置，客户往来核算与供应商往来核算不能一并设置。辅助账类必须设在末级科目上，但为了查询或出账方便，有些科目也可以在末级和上级设账类。但如果只在其上级科目设账类，其末级科目没有设该账类，系统将不承认，也就是说当上级科目设有某账类时，其末级科目中必须设有该账类，否则，系统将不接受。

在设置辅助核算时请尽量慎重，如果科目已有数据，而用户又需要对科目的辅助核算进行修改，那么很可能会造成总账与辅助账的对账结果不平衡。

日记账：是否将某科目设置为日记账。一般情况下，库存现金科目和银行存款科目要设为日记账。

银行账：是否将某科目设置为银行账。一般情况下，银行存款科目要设为银行账。

受控系统：为了加强系统间的无缝连接，在 U8 V10.1 的其他子系统中，也可以使用总账系统的会计科目，那么这些会计科目就是其他子系统的受控科目，而其他子系统为该科目的受控系统。例如，应收账款子系统的受控科目可能是总账系统中的应收账款科目，固定资产科目的受控系统可能是固定资产子系统。

如果使用了应收应付系统，应在账套选择中将"往来控制方式"设置为"往来凭证由应收应付系统生成"，这样在科目设置中定义的客户往来核算、供应商往来核算的科目将自动被设置为应收应付系统的受控科目。

上述项目输入完成后，如果输入正确，单击"确定"按钮，系统将建立并保存此科目的设置，否则单击"取消"按钮，取消此次科目的增加设置。

增加完一个科目后，如果想继续增加科目，再次单击"增加"按钮即可。

已使用的末级会计科目不能再增加其下级科目。

二、修改会计科目

在图 3-3 所示窗口中，单击选中要修改的科目，然后单击"修改"按钮或直接双击要修改的科目，即可进入"会计科目_修改"对话框，如图 3-5 所示。

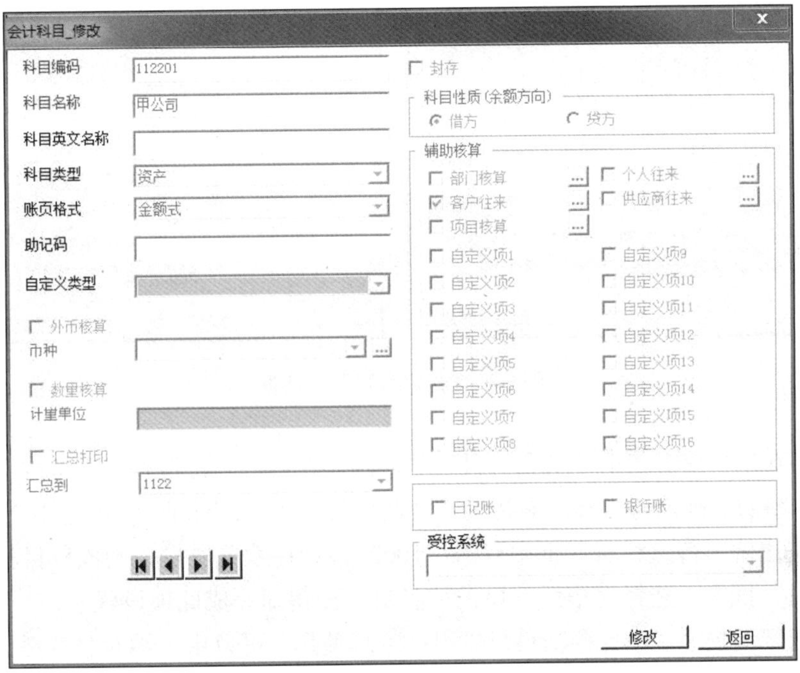

图 3-5 "会计科目_修改"对话框

在未单击"修改"按钮前，对话框中的各项将灰显。单击"修改"按钮，进入修改状态时，对话框中的各项变为浮显，用户可对需要修改的项目进行调整。修改完毕后，单击"确定"按钮予以确认修改结果，如果想放弃修改操作，单击"取消"按钮即可。如果要继续修改，单击 ◄◄ ◄ ► ►► 中的相应按钮，找到下一个需要修改的科目，重复上述步骤即可。

已使用的科目不能增加下级科目或删除科目。符合以下情况之一者，该科目即为已使用科目：已录入期初余额的科目；已录入辅助账期初余额的科目；已填制记账凭证的科目；已记账的科目；已录入待核银行账期初余额的科目；已在凭证类别设置中使用的科目；已在转账凭证定义中使用的科目；已在多栏定义中使用的科目；已在常用摘要定义中使用的科目；已在支票登记簿中使用的科目；已有受控子系统的科目；等等。

如果某科目已录入期初余额，或已被填制记账凭证，则不能修改、删除该科目。如确实需要修改该科目，则必须先删除含有该科目的记账凭证，并将该科目及其下级科目的余额清零，然后才能修改该科目。科目修改完毕后，要将已删除的记账凭证补填制及余额补录入。

非末级科目及已使用的末级科目不能再修改科目编码。

三、指定现金、银行科目

在图 3-3 所示窗口中，单击"会计科目"→"编辑"→"指定科目"命令，弹出"指定科目"对话框，如图 3-6 所示。

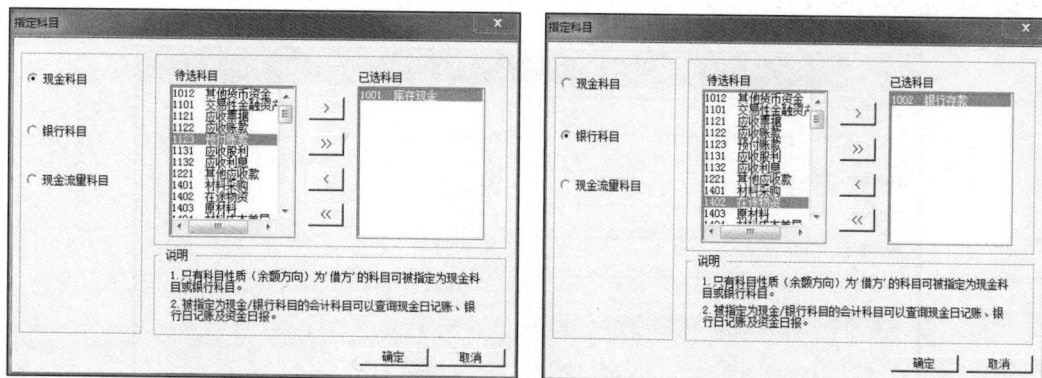

图 3-6 "指定科目"对话框

在图 3-6 中，单击选中"现金科目"项，再在左边的"待选科目"框中双击"1001 库存现金"科目，则该科目移到右边的"已选科目"框中；同理，单击选中"银行科目"项，再在左边的"待选科目"框中双击"1002 银行存款"科目，则该科目移到右边的"已选科目"框中。选择完毕后，单击"确定"按钮即完成此项设置。

此处指定的现金、银行存款科目供出纳管理使用，可以由出纳对收款凭证、付款凭证进行出纳签字。此外，在查询现金、银行存款日记账前，必须指定现金、银行存款总账科目。若未指定现金总账科目和银行存款总账科目，则不能进行出纳签字和查询现金日记账、银行存款日记账。

请用户在各自的账套中按图 3-6 所示指定中山工厂的现金总账科目和银行总账科目。

四、打印会计科目

会计科目设置完成后，可以将已设置的会计科目打印成"科目一览表"，并可装订成册，以方便查看或存档，还可输出为其他文件格式予以保存。

1. 打印参数设置

为使打印出来的"科目一览表"更加美观，在进行打印操作前，可通过图 3-3 窗口中的"会计科目"→"文件"→"打印设置"→"页面设置"命令进行打印设置来调整打印纸张、页边距和方向等项目，还可以通过单击"打印机"按钮来配置打印机。

2．打印预览

在打印前，通常要通过打印预览，显示出打印效果，如不理想再进行打印参数设置，直至预览的效果满意后，才进行打印操作。

在图 3-3 窗口中，单击"预览"图标按钮，系统打开"打印预览"窗口，如图 3-7 所示。

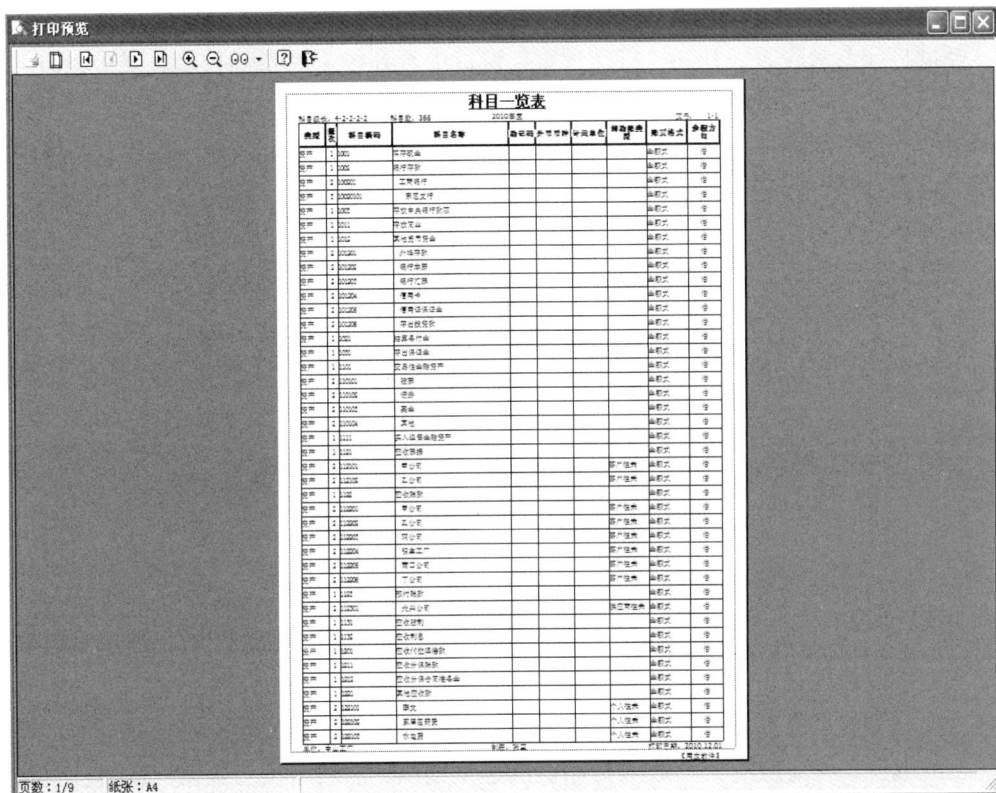

图 3-7　"打印预览"窗口

在图 3-7 所示窗口中，可预览打印的效果，有整页、25%、50%、75%、100%、150%、200%、400%的显示比例供选择，还可在显示的页面上双击，显示页面将在整页和 100% 比例间进行交替显示。单击"设置"图标按钮，系统弹出"相关设置"对话框，在此可进一步设置有关打印参数，如图 3-8 所示。

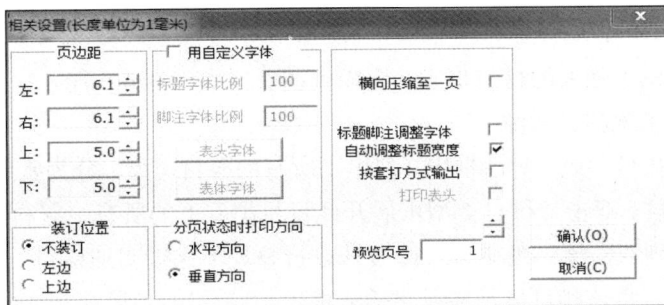

图 3-8　"相关设置"对话框

在"页边距"中，将左、右、上、下均设为 100 毫米；"装订位置"设为不装订；"分页状态时打印方向"设为垂直方向；勾选"自动调整标题宽度"项。

勾选"用自定义字体"项；"标题字体比例"设为 100；"脚注字体比例"设为 100。单击"表头字体"和"表体字体"按钮来设置字体、字体样式、字号、效果、颜色、语系等。

3. 打印科目一览表

经过打印参数设置，并在"打印预览"窗口中看到较为满意的打印效果后，即可进行打印。在图 3-3 所示"会计科目"窗口中，单击"文件"菜单中的"打印"命令项，或单击"预览"图标按钮，在打开的"打印预览"窗口中单击"打印"按钮，系统均将弹出"科目打印"对话框，如图 3-9 所示。

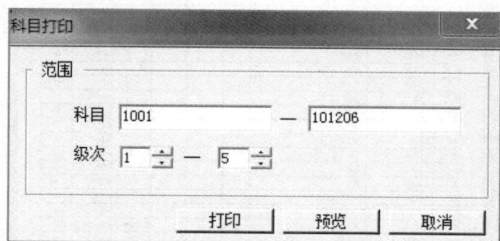

图 3-9 "科目打印"对话框

输入需打印的会计科目起止编码，选择级次，如只需打印一级科目，则输入级次"1"—"1"。如需打印所有科目所有级次的"科目一览表"，则在"科目"输入框中不用输入编码，级次选 1 至最末级代码，单击"打印"按钮，系统弹出"打印"对话框，还可再次调整各项打印参数、页面设置值、起止页号和打印份数等。设置完毕后，打开打印机的电源，将对应的纸型放入打印机的进纸槽内，然后单击"确认"按钮，即开始打印"科目一览表"。

五、科目参照的使用

1. 利用科目参照选择科目

建立了会计科目及其编码体系后，在总账系统或其他子系统中，需输入会计科目时，可以单击"参照"图标按钮或按 F2 键，系统将弹出"科目参照"对话框，供用户选择科目，如图 3-10 所示。

科目参照提供了强大的科目检索、模糊查询、过滤、编辑功能。它可以有效地提高录入速度，增强系统的灵活性。

在图 3-10"科目参照"对话框中，列出了所有的科目类型，分为常用、资产、负债、权益、成本、损益。双击某科目类型可展开此科目类型下的所有一级科目。若某一级科目有下级科目，则双击该一级科目可以展开或折叠其下一级明细科目。选定科目后，单击"确定"按钮可将该科目显示在科目输入框中。

为了提高科目的输入速度，可将一些常用科目集中放置于"常用"目录树中。在"科目参照"对话框中，单击某一科目，再单击右侧的"常用"按钮，那么，该科目就被设为了常用科目。展开"常用"目录树中的分支，可以看到所定义的所有常用科目。如果想取消某个常用科目，可以在展开的"常用"目录树分支中，选择要取消的科目，单击右侧的"常用"按钮，则此科目在"常用"目录树中消失，将不再是常用科目。

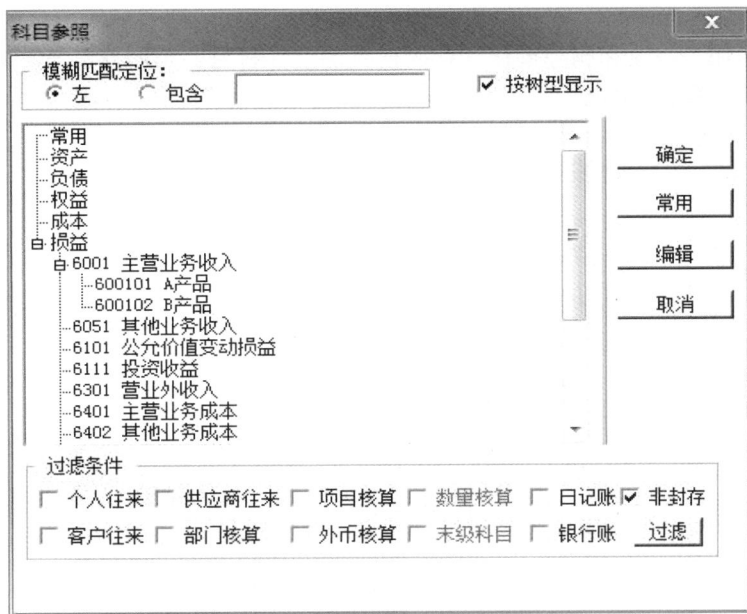

图 3-10 "科目参照"对话框

2. 利用科目参照模糊查询会计科目

可以按科目编码、科目名称和助记码对会计科目进行模糊查询。

按科目编码模糊查询：在会计科目输入框内输入科目编码的前几位后，单击"参照"图标按钮或按 F2 键，打开"科目参照"对话框，系统已定位到与之匹配的第一个科目。如录入"6"，则光标亮条将自动定位到编码以"6"为首的第一个科目"6001 主营业务收入"上。

按科目名称模糊查询：在会计科目输入框内输入科目名称的前几个汉字后，单击"参照"图标按钮或按 F2 键，打开"科目参照"对话框，系统已将与之匹配的科目都过滤出来，并按科目编码的先后顺序排列。例如，输入"主营"，则将列出所有以"主营"开头的科目名称，如主营业务收入、主营业务成本、主营业务税金及附加。

按助记码模糊查询：在会计科目输入框内输入助记码的前几位后，单击"参照"图标按钮或按 F2 键，打开"科目参照"对话框，系统已将与之匹配的科目都过滤出来，并按科目编码的先后顺序排列。

3. 按辅助核算对科目进行过滤查询

在图 3-10"科目参照"对话框下面，系统提供了 11 个过滤条件，可在"过滤条件"栏中进行选择，然后单击"过滤"按钮，系统会根据过滤条件自动过滤出所需的科目。

但要注意过滤条件的匹配问题。"个人往来"不能与"部门核算""项目核算""客户往来""供应商往来"同时选择；"客户往来"不能与"供应商往来"同时选择；"个人往来""部门核算""项目核算""客户往来""供应商往来"五种辅助核算中最多可同时选择两种；"外币核算""数量核算""末级科目""银行账""日记账"则无限制。

4. 在"科目参照"对话框中编辑会计科目

在图 3-10"科目参照"对话框中，单击"编辑"按钮，即可调用会计科目设置功能对科目进行增加、修改和删除操作。在此设置的会计科目，与图 3-3"会计科目"窗口中设置的会计科目是一致的。

六、中山工厂会计科目表

本书根据最新《企业会计准则》编写，根据其中"会计科目及编码"的要求，设计了中山工厂的会计科目及其科目编码体系，编制成"中山工厂会计科目及编码表"。

下面列出了根据本书提供的"中山工厂 2023 年 12 月原始凭证"中所需用到的会计科目而设计成的"中山工厂会计科目及编码表"，如表 3-1 所示。因用友软件没有预设"共同"这个金融类企业使用的科目类型，故本书不设共同类科目。

要求：用户在各自的核算账套内在图 3-4 的"新增会计科目"对话框中将其逐一输入，然后按图 3-6 分别指定现金总账科目和银行总账科目。

表 3-1 中山工厂会计科目及编码表

科目级长：4-2-2-2-2　　　　　科目个数：309　　　　　2023 年 12 月 01 日

级次	科目编码	科目名称	科目类型	账页格式	计量单位	余额方向	辅助账类型	银行账	日记账
1	1001	库存现金	资产	金额式		借			是
1	1002	银行存款	资产	金额式		借		是	是
2	100201	工商银行	资产	金额式		借		是	是
3	10020101	东区支行	资产	金额式		借		是	是
1	1012	其他货币资金	资产	金额式		借			
2	101201	外埠存款	资产	金额式		借			
2	101202	银行本票	资产	金额式		借			
2	101203	银行汇票	资产	金额式		借			
2	101204	信用卡	资产	金额式		借			
2	101205	信用证保证金	资产	金额式		借			
2	101206	存出投资款	资产	金额式		借			
1	1101	交易性金融资产	资产	金额式		借			
2	110101	股票	资产	金额式		借			
2	110102	债券	资产	金额式		借			
2	110103	基金	资产	金额式		借			
2	110104	其他	资产	金额式		借			
1	1121	应收票据	资产	金额式		借			
2	112101	甲公司	资产	金额式		借	客户往来		
2	112102	乙公司	资产	金额式		借	客户往来		

续表

级次	科目编码	科目名称	科目类型	账页格式	计量单位	余额方向	辅助账类型	银行账	日记账
1	1122	应收账款	资产	金额式		借			
2	112201	甲公司	资产	金额式		借	客户往来		
2	112202	乙公司	资产	金额式		借	客户往来		
2	112203	丙公司	资产	金额式		借	客户往来		
2	112204	明生工厂	资产	金额式		借	客户往来		
2	112205	南口公司	资产	金额式		借	客户往来		
2	112206	丁公司	资产	金额式		借	客户往来		
1	1123	预付账款	资产	金额式		借			
2	112301	光兴公司	资产	金额式		借	供应商往来		
1	1131	应收股利	资产	金额式		借			
1	1132	应收利息	资产	金额式		借			
1	1221	其他应收款	资产	金额式		借			
2	122101	李文	资产	金额式		借	个人往来		
2	122102	家属医药费	资产	金额式		借	个人往来		
2	122103	水电费	资产	金额式		借	个人往来		
2	122104	业务科	资产	金额式		借	个人往来		
2	122105	周明	资产	金额式		借	个人往来		
1	1231	坏账准备	资产	金额式		贷			
1	1401	材料采购	资产	金额式		借			
2	140101	A材料	资产	数量金额式	千克	借			
2	140102	B材料	资产	数量金额式	千克	借			
2	140103	C材料	资产	数量金额式	千克	借			
2	140104	燃料	资产	数量金额式	吨	借			
2	140105	其他材料	资产	数量金额式		借			
2	140106	低值易耗品	资产	数量金额式		借			
3	14010601	电钻	资产	数量金额式	个	借			
3	14010602	风机	资产	数量金额式	台	借			
1	1402	在途物资	资产	金额式		借			
1	1403	原材料	资产	金额式		借			
2	140301	A材料	资产	数量金额式	千克	借			
2	140302	B材料	资产	数量金额式	千克	借			
2	140303	C材料	资产	数量金额式	千克	借			
2	140304	修理用备件	资产	数量金额式	件	借			
2	140305	燃料	资产	数量金额式	吨	借			
2	140306	其他材料	资产	数量金额式		借			
1	1404	材料成本差异	资产	金额式		借			
2	140401	原材料	资产	金额式		借			
3	14040101	A材料	资产	金额式		借			
3	14040102	B材料	资产	金额式		借			

级次	科目编码	科目名称	科目类型	账页格式	计量单位	余额方向	辅助账类型	银行账	日记账
3	14040103	C材料	资产	金额式		借			
3	14040104	修理用备件	资产	金额式		借			
3	14040105	燃料	资产	金额式		借			
3	14040106	其他材料	资产	金额式		借			
2	140402	周转材料	资产	金额式		借			
3	14040201	包装物	资产	金额式		借			
3	14040202	低值易耗品	资产	金额式		借			
1	1405	库存商品	资产	金额式		借			
2	140501	A产品	资产	数量金额式	件	借			
2	140502	B产品	资产	数量金额式	件	借			
1	1406	发出商品	资产	金额式		借			
1	1408	委托加工物资	资产	金额式		借			
2	140801	文东厂	资产	数量金额式	千克	借			
1	1411	周转材料	资产	金额式		借			
2	141101	包装物	资产	数量金额式		借			
3	14110101	在库包装物	资产	数量金额式	千克	借			
3	14110102	在用包装物	资产	数量金额式	千克	借			
3	14110103	包装物摊销	资产	数量金额式		借			
2	141102	低值易耗品	资产	数量金额式		借			
3	14110201	在库低值易耗品	资产	数量金额式	千克	借			
3	14110202	在用低值易耗品	资产	数量金额式	千克	借			
3	14110203	低值易耗品摊销	资产	数量金额式		借			
1	1421	消耗性生物资产	资产	数量金额式	头	借			
1	1461	融资租赁资产	资产	金额式		借			
1	1471	存货跌价准备	资产	金额式		贷			
1	1501	持有至到期投资	资产	金额式		借			
2	150101	债券投资	资产	金额式		借			
3	15010101	成本	资产	金额式		借			
3	15010102	利息调整	资产	金额式		借			
3	15010103	应计利息	资产	金额式		借			
2	150102	其他债券投资	资产	金额式		借			
1	1502	持有至到期投资减值准备	资产	金额式		贷			
1	1503	可供出售金融资产	资产	金额式		借			
1	1511	长期股权投资	资产	金额式		借			
2	151101	股票投资	资产	金额式		借			
2	151102	其他股权投资	资产	金额式		借			
3	15110201	明东公司	资产	金额式		借			
1	1512	长期股权投资减值准备	资产	金额式		贷			
1	1521	投资性房地产	资产	金额式		借			

级次	科目编码	科目名称	科目类型	账页格式	计量单位	余额方向	辅助账类型	银行账	日记账
1	1531	长期应收款	资产	金额式		借			
1	1532	未实现融资收益	资产	金额式		贷			
1	1601	固定资产	资产	金额式		借			
2	160101	生产用固定资产	资产	数量金额式		借			
2	160102	非生产用固定资产	资产	数量金额式		借			
2	160103	不需用固定资产	资产	数量金额式		借			
1	1602	累计折旧	资产	金额式		贷			
1	1603	固定资产减值准备	资产	金额式		贷			
1	1604	在建工程	资产	金额式		借			
2	160401	机床大修工程	资产	金额式		借			
2	160402	扩建车间工程	资产	金额式		借			
1	1605	工程物资	资产	金额式		借			
2	160501	专用材料	资产	数量金额式		借			
2	160502	专用设备	资产	数量金额式		借			
2	160503	工器具	资产	数量金额式		借			
1	1606	固定资产清理	资产	金额式		借			
1	1621	生产性生物资产	资产	金额式		借			
1	1622	生产性生物资产累计折旧	资产	金额式		贷			
1	1623	公益性生物资产	资产	金额式		借			
1	1701	无形资产	资产	金额式		借			
2	170101	专利权	资产	数量金额式		借			
2	170102	专有技术	资产	数量金额式		借			
1	1702	累计摊销	资产	金额式		贷			
1	1703	无形资产减值准备	资产	金额式		贷			
1	1711	商誉	资产	金额式		借			
1	1801	长期待摊费用	资产	金额式		借			
1	1811	递延所得税资产	资产	金额式		借			
1	1901	待处理财产损溢	资产	金额式		借			
2	190101	待处理流动资产损益	资产	金额式		借			
2	190102	待处理固定资产损益	资产	金额式		借			
1	2001	短期借款	负债	金额式		贷			
2	200101	生产周转借款	负债	金额式		贷			
1	2101	交易性金融负债	负债	金额式		贷			
1	2201	应付票据	负债	金额式		贷			
2	220101	华达公司	负债	金额式		贷	供应商往来		
1	2202	应付账款	负债	金额式		贷			
2	220201	华达公司	负债	金额式		贷	供应商往来		
1	2203	预收账款	负债	金额式		贷			
2	220301	阳万公司	负债	金额式		贷	客户往来		

级次	科目编码	科目名称	科目类型	账页格式	计量单位	余额方向	辅助账类型	银行账	日记账
2	220302	梅江公司	负债	金额式		贷	客户往来		
1	2211	应付职工薪酬	负债	金额式		贷			
2	221101	工资	负债	金额式		贷			
2	221102	职工福利	负债	金额式		贷			
2	221103	社会保险费	负债	金额式		贷			
2	221104	住房公积金	负债	金额式		贷			
2	221105	工会经费	负债	金额式		贷			
2	221106	职工教育经费	负债	金额式		贷			
2	221107	非货币福利	负债	金额式		贷			
2	221108	辞职福利	负债	金额式		贷			
2	221109	股份支付	负债	金额式		贷			
1	2221	应交税费	负债	金额式		贷			
2	222101	应交增值税	负债	金额式		贷			
3	22210101	进项税额	负债	金额式		借			
3	22210102	已交税金	负债	金额式		借			
3	22210103	转出未交增值税	负债	金额式		借			
3	22210104	减免税款	负债	金额式		借			
3	22210105	出口抵减内销产品应纳税额	负债	金额式		贷			
3	22210106	销项税额	负债	金额式		贷			
3	22210107	出口退税	负债	金额式		贷			
3	22210108	进项税额转出	负债	金额式		贷			
3	22210109	转出多交增值税	负债	金额式		贷			
3	22210110	销项税额抵减	负债	金额式		贷			
2	222102	未交增值税	负债	金额式		贷			
2	222103	应交消费税	负债	金额式		贷			
2	222104	应交营业税	负债	金额式		贷			
2	222105	应交所得税	负债	金额式		贷			
2	222106	应交资源税	负债	金额式		贷			
2	222107	应交土地增值税	负债	金额式		贷			
2	222108	应交城市维护建设税	负债	金额式		贷			
2	222109	应交房产税	负债	金额式		贷			
2	222110	应交土地使用税	负债	金额式		贷			
2	222111	应交车船税	负债	金额式		贷			
2	222112	应交个人所得税	负债	金额式		贷			
2	222113	应交教育费附加	负债	金额式		贷			
2	222114	应交矿产资源补偿费	负债	金额式		贷			
1	2231	应付利息	负债	金额式		贷			
1	2232	应付股利	负债	金额式		贷			
1	2241	其他应付款	负债	金额式		贷			

级次	科目编码	科目名称	科目类型	账页格式	计量单位	余额方向	辅助账类型	银行账	日记账
2	224101	广发公司	负债	金额式		贷	供应商往来		
2	224102	职工食堂	负债	金额式		贷	部门核算		
2	224103	代扣代交社会保险费	负债	金额式		贷			
1	2401	递延收益	负债	金额式		贷			
1	2501	长期借款	负债	金额式		贷			
2	250101	专用借款	负债	金额式		贷			
2	250102	基建借款	负债	金额式		贷			
1	2502	应付债券	负债	金额式		贷			
2	250201	面值	负债	金额式		贷			
2	250202	利息调整	负债	金额式		贷			
2	250203	应计利息	负债	金额式		贷			
1	2701	长期应付款	负债	金额式		贷			
2	270101	应付设备款	负债	金额式		贷			
1	2702	未确认融资费用	负债	金额式		借			
1	2711	专项应付款	负债	金额式		贷			
1	2801	预计负债	负债	金额式		贷			
1	2901	递延所得税负债	负债	金额式		贷			
1	3101	衍生工具	共同	金额式		借			
1	3201	套期工具	共同	金额式		借			
1	3202	被套期项目	共同	金额式		借			
1	4001	实收资本	权益	金额式		贷			
2	400101	国家投资	权益	金额式		贷			
2	400102	京都公司投资	权益	金额式		贷			
1	4002	资本公积	权益	金额式		贷			
2	400201	资本溢价	权益	金额式		贷			
2	400202	其他资本公积	权益	金额式		贷			
1	4101	盈余公积	权益	金额式		贷			
2	410101	法定盈余公积	权益	金额式		贷			
2	410102	任意盈余公积	权益	金额式		贷			
2	410103	储备基金	权益	金额式		贷			
2	410104	企业发展基金	权益	金额式		贷			
2	410105	利润归还投资	权益	金额式		贷			
1	4103	本年利润	权益	金额式		贷			
1	4104	利润分配	权益	金额式		贷			
2	410401	提取法定盈余公积	权益	金额式		贷			
2	410402	提取任意盈余公积	权益	金额式		贷			
2	410403	提取储备基金	权益	金额式		贷			
2	410404	提取企业发展基金	权益	金额式		贷			
2	410405	提取职工奖励及福利基金	权益	金额式		贷			

级次	科目编码	科目名称	科目类型	账页格式	计量单位	余额方向	辅助账类型	银行账	日记账
2	410406	利润归还投资	权益	金额式		贷			
2	410407	应付股利或利润	权益	金额式		贷			
2	410408	转作股本的股利	权益	金额式		贷			
2	410409	盈余公积补亏	权益	金额式		贷			
2	410410	未分配利润	权益	金额式		贷			
1	4201	库存股	权益	金额式		借			
1	5001	生产成本	成本	金额式		借			
2	500101	基本生产成本	成本	数量金额式		借			
3	50010101	A产品	成本	数量金额式	件	借			
4	5001010101	直接材料	成本	数量金额式	千克	借			
4	5001010102	直接工资	成本	金额式		借			
4	5001010103	制造费用	成本	金额式		借			
4	5001010104	废品损失	成本	金额式	件	借			
3	50010102	B产品	成本	数量金额式	件	借			
4	5001010201	直接材料	成本	数量金额式	千克	借			
4	5001010202	直接工资	成本	金额式		借			
4	5001010203	制造费用	成本	金额式		借			
4	5001010204	废品损失	成本	金额式		借			
2	500102	辅助生产成本	成本	金额式		借			
3	50010201	修配车间	成本	金额式		借			
3	50010202	动力车间	成本	金额式		借			
1	5002	废品损失	成本	金额式		借			
2	500201	A产品	成本	金额式		借			
2	500202	B产品	成本	金额式		借			
1	5101	制造费用	成本	金额式		借			
2	510101	折旧费	成本	金额式		借			
2	510102	修理费	成本	金额式		借			
2	510103	工资费用	成本	金额式		借			
2	510104	水电费	成本	金额式		借			
2	510105	福利费用	成本	金额式		借			
2	510106	低值易耗品摊销	成本	金额式		借			
2	510107	机物料消耗	成本	金额式		借			
2	510108	劳动保护费	成本	金额式		借			
2	510109	社会保险费	成本	金额式		借			
2	510110	废品损失	成本	金额式		借			
3	51011001	A产品	成本	金额式		借			
1	5201	劳务成本	成本	金额式		借			
1	5301	研发支出	成本	金额式		借			
2	530101	费用化支出	成本	金额式		借			

级次	科目编码	科目名称	科目类型	账页格式	计量单位	余额方向	辅助账类型	银行账	日记账
2	530102	资本化支出	成本	金额式		借			
1	6001	主营业务收入	损益	金额式		贷			
2	600101	A产品	损益	数量金额式	件	贷			
2	600102	B产品	损益	数量金额式	件	贷			
1	6051	其他业务收入	损益	金额式		贷			
2	605101	材料销售	损益	数量金额式	千克	贷			
3	60510101	A材料	损益	数量金额式	千克	贷			
3	60510102	B材料	损益	数量金额式	千克	贷			
3	60510103	C材料	损益	数量金额式	千克	贷			
2	605102	固定资产出租	损益	金额式		贷			
2	605103	技术转让	损益	金额式		贷			
1	6101	公允价值变动损益	损益	金额式		贷			
1	6111	投资收益	损益	金额式		贷			
1	6301	营业外收入	损益	金额式		贷			
2	630101	处理固定资产净收益	损益	金额式		贷			
2	630102	固定资产盘盈	损益	金额式		贷			
2	630103	坏账收入	损益	金额式		贷			
1	6401	主营业务成本	损益	金额式		借			
2	640101	A产品	损益	数量金额式	件	借			
2	640102	B产品	损益	数量金额式	件	借			
1	6402	其他业务成本	损益	金额式		借			
2	640201	材料销售	损益	数量金额式	千克	借			
3	64020101	A材料	损益	数量金额式	千克	借			
3	64020102	B材料	损益	数量金额式	千克	借			
2	640202	固定资产出租	损益	金额式		借			
2	640203	技术转让	损益	金额式		借			
1	6403	税金及附加	损益	金额式		借			
1	6601	销售费用	损益	金额式		借			
2	660101	广告费	损益	金额式		借			
2	660102	差旅费	损益	金额式		借			
2	660103	物料消耗	损益	金额式		借			
1	6602	管理费用	损益	金额式		借			
2	660201	折旧费	损益	金额式		借			
2	660202	工会经费	损益	金额式		借			
2	660203	职工教育经费	损益	金额式		借			
2	660204	工资费用	损益	金额式		借			
2	660205	技术转让费	损益	金额式		借			
2	660206	差旅费	损益	金额式		借			
2	660207	办公费	损益	金额式		借			

续表

级次	科目编码	科目名称	科目类型	账页格式	计量单位	余额方向	辅助账类型	银行账	日记账
2	660208	社会保险费	损益	金额式		借			
2	660210	研究开发费	损益	金额式		借			
2	660211	业务招待费	损益	金额式		借			
2	660212	无形资产摊销	损益	金额式		借			
2	660213	开办费	损益	金额式		借			
2	660214	福利费用	损益	金额式		借			
2	660215	低值易耗品摊销	损益	金额式		借			
2	660216	其他	损益	金额式		借			
1	6603	财务费用	损益	金额式		借			
2	660301	利息费用	损益	金额式		借			
2	660302	银行手续费	损益	金额式		借			
2	660303	其他	损益	金额式		借			
1	6701	资产减值损失	损益	金额式		借			
1	6711	营业外支出	损益	金额式		借			
2	671101	非流动资产处置损失	损益	金额式		借			
2	671102	盘亏损失	损益	金额式		借			
1	6801	所得税费用	损益	金额式		借			
1	6901	以前年度损益调整	损益	金额式		借			

单位：中山工厂　　　　　　制表：01 张三　　　　　　打印日期：2023.12.31

第二节　外币汇率设置

汇率管理是专为外币核算服务的。在此可以对单位账套所使用的外币进行定义；在"填制凭证"中所用的外币汇率应先在此进行定义，制单时可调用，以便减少录入汇率的次数和差错；当汇率变化时，应预先在此进行定义，否则，制单时不能正确录入汇率；对于使用固定汇率（即使用月初或年初汇率）作为记账汇率的单位，在填制每月的凭证前，应预先在此录入该月月初的记账汇率，否则在填制该月外币凭证时，将会出现汇率为零的错误；对于使用浮动汇率（即使用当日汇率）作为记账汇率的单位，在填制当天的凭证前，应预先在此录入当天的记账汇率。

本书的中山工厂没有外币核算，因此，用户不用设置中山工厂的外币汇率。

在图 3-1 窗口中，单击"基础设置"→"基础档案"→"财务"→"外币设置"项，系统弹出"外币设置"的操作窗口，如图 3-11 所示。

各栏目的说明如下。

币符及币名： 所定义外币的符号及其名称。主要的货币及其码：澳大利亚元 AUD、比利时法郎 BEF、加拿大元 CAD、瑞士法郎 CHF、人民币 CNY、德国马克 DEM、欧元 EUR、法国法郎 FRF、英镑 GBP、港币 HKD、日元 JPY、荷兰盾 NLG、美元 USD。

汇率小数位： 定义外币的汇率小数位数，系统默认为 4 位。

图 3-11　"外币设置"窗口

折算方式：分为直接汇率与间接汇率两种，用户可以根据外币的使用情况选择汇率的折算方式。直接汇率：外币×汇率＝本位币；间接汇率：外币/汇率＝本位币。

最大误差：在记账时，如果外币×（或/）汇率－本位币＞最大折算误差，则系统给予提示，系统默认最大误差为 0.00001，即不相等时就提示。如果用户希望在制单时不提供最大折算误差提示，可以将最大误差设为一个比较大的数值，如 1000000。

固定汇率与浮动汇率：选中"固定汇率"项可录入各月的月初汇率，选中"浮动汇率"项可录入所选月份的各日汇率。

记账汇率：在平时制单时，系统自动显示此汇率。如果用户使用固定汇率（月初汇率），则记账汇率必须输入，否则制单时汇率为 0。

调整汇率：即月末汇率。在月末计算汇兑损益时使用，平时可不输入，在月末输入月末汇率，用于计算汇兑损益，本汇率不作其他用途。

此处仅供用户录入固定汇率与浮动汇率，并不决定在制单时使用固定汇率还是浮动汇率，而在执行"总账系统"→"设置"→"凭证"命令，对"外币核算"的汇率方式进行设置，才决定制单使用的汇率是固定汇率还是浮动汇率。

1. 增加外币币种

在图 3-11"外币设置"窗口中单击"增加"按钮，输入新的外币及相关栏目。输入完成后，单击"确认"按钮即可完成增加操作。

2. 修改外币币种

在图 3-11"外币设置"窗口中，先单击选择需修改的外币名称，然后单击"修改"图标按钮，在相关输入框内输入修改内容后，单击"确认"按钮即可完成修改操作。

3. 删除外币币种

在图 3-11"外币设置"窗口中，先单击选择要删除的外币名称，然后单击"删除"

图标按钮，在出现的提示对话框中，单击"是"按钮即可完成删除操作，单击"否"按钮则取消删除操作。需要注意的是，某个外币币种被使用后，则不能被删除。

因中山工厂无外币核算，故用户无须进行外币设置。

第三节　凭证类别设置

为了便于管理和登账方便，一般应对记账凭证进行分类编制，用户可以按照本单位的需要对凭证进行分类。根据 1996 年 6 月 17 日财政部财会字〔1996〕19 号《会计基础工作规范》第五十条规定，记账凭证可以分为收款凭证、付款凭证和转账凭证。本书根据此规定来设置中山工厂的凭证类别。

一、增加凭证类别

在图 3-1 中，单击"基础设置"→"基础档案"→"财务"→"凭证类别"项，系统打开"凭证类别"设置窗口，如图 3-12 所示。

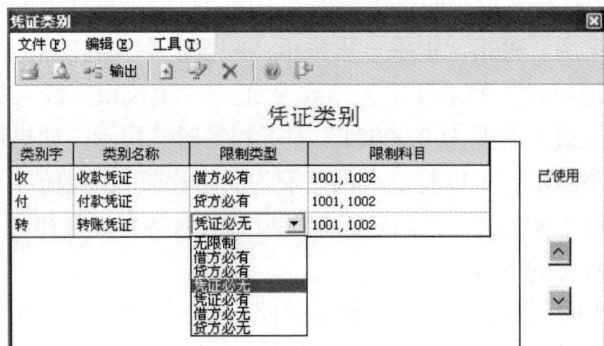

图 3-12　"凭证类别"设置窗口

在图 3-12 中，单击"增加"图标按钮，系统将在"凭证类别"列表框中增加一行，用户直接输入各项信息即可。

类别字：是某凭证类别名称的简称。凡在记账凭证、账簿中需表示凭证类别的地方，均用类别字来表示，如"收""付""转"等。

类别名称：指某记账凭证类别的全称。

限制类型：用户将鼠标指向需修改设置的限制类型列右侧后双击，系统下拉出七种凭证的限制类型供用户选择。

（1）无限制：制单时，此类凭证可使用所有合法的科目。

（2）借方必有：制单时，此类凭证的借方科目中，应至少有一个限制科目。

（3）贷方必有：制单时，此类凭证的贷方科目中，应至少有一个限制科目。

（4）凭证必无：制单时，此类凭证无论借方科目还是贷方科目，都不能有任何一个限制科目。

（5）凭证必有：制单时，此类凭证无论借方科目还是贷方科目，都应至少有一个限制科目。

（6）借方必无：制单时，此类凭证的借方科目中，应无某一个限制科目。

（7）贷方必无：制单时，此类凭证的贷方科目中，应无某一个限制科目。

限制科目：对不同的限制类型，设定相应的科目对凭证进行限制。限制科目可以是一个，也可以是多个，可以是任意级次的科目。限制科目之间用逗号分隔（注意：应为半角字符），科目的个数不限，也可参照输入，但不能重复录入。

若限制科目为非末级科目，则在制单时，其所有下级科目都将受到同样的限制。

已使用的凭证类别不能删除，也不能修改类别字。

使用图 3-12 所示窗口右侧的上下箭头按钮，可以调整凭证类别的前后顺序，它将决定明细账中凭证的排列顺序。例如：凭证类别的排列顺序为收、付、转，那么，在查询明细账、日记账时，同一时期的记账凭证，系统将按照收、付、转的顺序进行排列。

表 3-2 所示为用户设置的中山工厂凭证类别。

表 3-2　中山工厂凭证类别

顺序	类别字	类别名称	限制类型	限制科目
1	收	收款凭证	借方必有	1001,1002
2	付	付款凭证	贷方必有	1001,1002
3	转	转账凭证	凭证必无	1001,1002

二、修改凭证类别

对于在"填制凭证"中未使用的凭证类别，可作修改。方法是：在图 3-12 "凭证类别"设置窗口中，可直接单击需作修改的项，输入修改值即可。但在"填制凭证"中已使用的凭证类别，则不能修改，否则会出现如图 3-13 所示的提示对话框。

图 3-13　提示对话框（一）

三、删除凭证类别

在"填制凭证"中未使用的凭证类别可以进行删除。方法是：在图 3-12 "凭证类别"设置窗口中，单击需要删除的凭证类别行，然后单击"删除"按钮，系统弹出一个提示对话框，如图 3-14 所示。如确需删除，则单击"是"按钮；如需放弃删除，

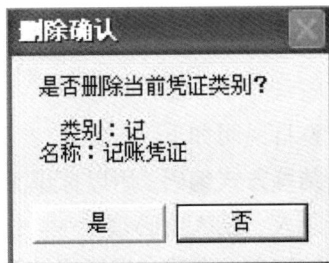

图 3-14　提示对话框（二）

则单击"否"按钮。

但在"填制凭证"中已使用的凭证类别不能删除，否则会出现如图 3-15 所示的提示框。

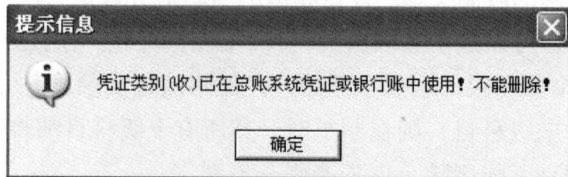

图 3-15　提示对话框（三）

四、凭证类别的输出

凭证类别表的"预览""打印"和"设置"功能操作，可参照本章会计科目表的"预览""打印"和"设置"功能操作，在此不再阐述。

第四节　结算方式设置

结算方式是指在经营活动中涉及与银行进行款项结算时采用的方式。结算方式最多可以分为 2 级。结算方式编码级次的设定在建账时的"分类编码方案"中进行。

在图 3-1 中，单击"基础设置"→"基础档案"→"收付结算"→"结算方式"项，弹出"结算方式"设置窗口，如图 3-16 所示。

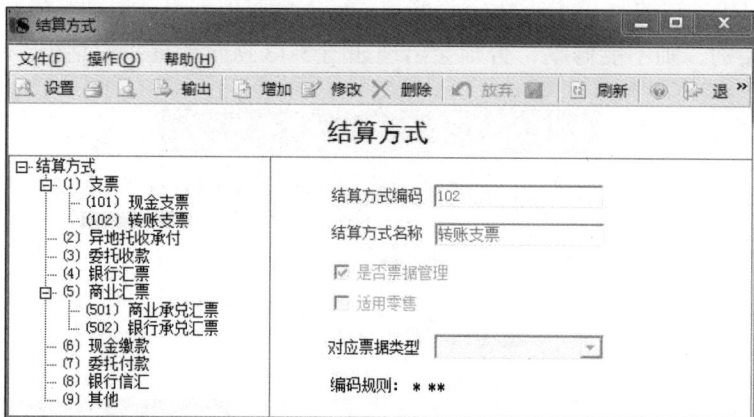

图 3-16　"结算方式"设置窗口

栏目说明如下：

结算方式编码：用以标识某结算方式。用户必须按照结算方式编码级次的先后顺序进行录入，录入值必须唯一。结算方式编码可以用数字 0～9 或字符 A～Z 表示。

结算方式名称：指所用结算方式的名称，录入值必须唯一。结算方式名称最多可录入 6 个汉字或 12 个字符。

是否票据管理： 通过勾选复选框来选择该结算方式下的票据是否要进行票据管理。

增加结算方式的操作如下。

在图 3-16 所示窗口中，单击"增加"按钮，界面右侧的各项内容便被激活，在相应栏目中输入适当内容。然后单击"保存"图标按钮即完成结算方式的增加。

结算方式一旦被引用，就不能进行修改或删除的操作。

请用户在图 3-16 所示窗口中按表 3-3 所示逐一增加中山工厂的结算方式。

表 3-3　中山工厂结算方式表

结算方式编码	结算方式名称	票据管理	结算方式编码	结算方式名称	票据管理
1	支票	是	501	商业承兑汇票	否
101	现金支票	是	502	银行承兑汇票	否
102	转账支票	是	6	现金缴款	否
2	异地托收承付	否	7	委托付款	否
3	委托收款	否	8	银行信汇	否
4	银行汇票	否	9	其他	否
5	商业汇票	否			

第五节　部门档案设置

部门档案是指建立单位各行政管理部门和生产管理部门的资料，以便在会计核算中可以分部门核算，进行考核。部门档案包含部门编码、名称、负责人、部门属性等信息。按照已经定义好的部门编码级次，输入部门编号及其信息，最多可分 5 级，编码最长为 12 位。

在图 3-1 中，单击"基础设置"→"基础档案"→"机构人员"→"部门档案"项，弹出"部门档案"设置界面，如图 3-17 所示。

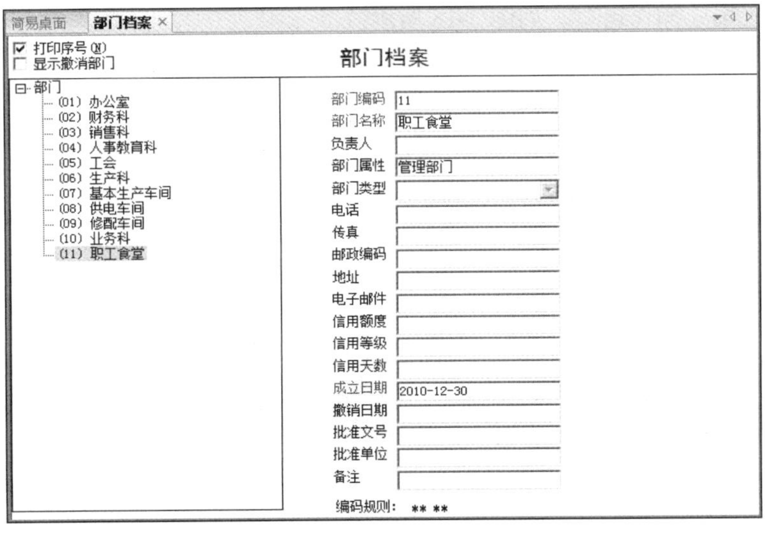

图 3-17　"部门档案"设置界面

栏目说明如下。

部门编码：应符合编码级次原则，必须录入且唯一。

部门名称：必须录入且唯一。

负责人：可以为空。

部门属性：可以输入管理部门、生产部门、采购部门、销售部门等部门属性，也可以为空。

请用户在图 3-17 所示界面中按表 3-4 所示逐一增加中山工厂的部门档案信息。

表 3-4   中山工厂部门档案表

部门编码	部门名称	负责人	部门属性
01	办公室		管理部门
02	财务科		管理部门
03	销售科		管理部门
04	人事教育科		管理部门
05	工会		管理部门
06	生产科		管理部门
07	基本生产车间		生产部门
08	供电车间		生产部门
09	修配车间		生产部门
10	业务科		管理部门
11	职工食堂		管理部门

第六节   人员档案设置

人员档案用于记录本单位的职员情况，以便于在核算系统中对职员进行债权债务的核算及绩效考核，包括人员编码、姓名、所属部门及人员类别（指某人属于在职人员、离退休人员、离职人员、其他人员等类别）。

在图 3-1 中，单击"基础设置"→"基础档案"→"机构人员"→"人员档案"项，进入"人员档案"操作窗口，如图 3-18 所示。

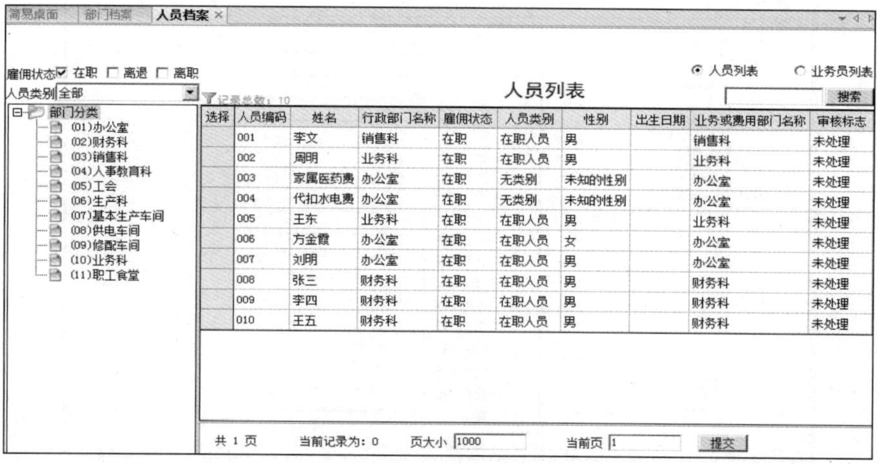

图 3-18   "人员档案"操作窗口

在图 3-18 所示窗口中，单击"增加"按钮，屏幕上出现一行空白行，用户可以在相应栏目中输入适当内容。也可以在最后一栏空行中双击，直接进入增加状态。人员编码必须唯一。人员编码和姓名必须输入。

请用户在图 3-18 所示窗口中，按表 3-5 所示逐一增加中山工厂的人员档案信息。

表 3-5　中山工厂人员档案表

人员编码	姓名	行政部门编码	所属部门	人员类别
001	李文	03	销售科	在职人员
002	周明	10	业务科	在职人员
003	家属医药费	01	办公室	无类别
004	代扣水电费	01	办公室	无类别
005	王东	10	业务科	在职人员
006	方金霞	01	办公室	在职人员
007	刘明	01	办公室	在职人员
008	张三	02	财务科	在职人员
009	李四	02	财务科	在职人员
010	王五	02	财务科	在职人员

<h1 align="center">第七节　客户档案设置</h1>

在销售过程中，要与销售客户进行货物的交付、货款的结算和催收等工作。本功能用来核对销售客户档案的设置和管理。在销售管理等业务中需要处理的客户资料，应先在本功能中设定，平时如有变动，也应及时在此进行调整。

在图 3-1 中，单击"基础设置"→"基础档案"→"客商信息"→"客户档案"项，进入"客户档案"操作窗口，如图 3-19 所示。

图 3-19　"客户档案"操作窗口

一、增加客户档案

在图 3-19 所示窗口中的左边树形列表中选择一个末级的客户分类（如果用户在建立账套时设置客户不分类，则不用进行选择），然后单击"增加"按钮，系统打开"增加客户档案"设置界面，进入增加操作状态，如图 3-20 所示。

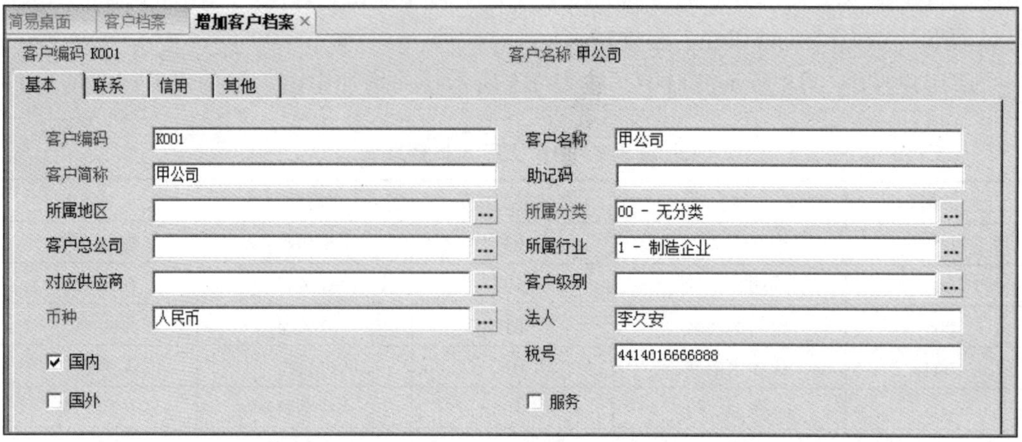

图 3-20 "增加客户档案"设置界面中的"基本"选项卡

在图 3-20 所示界面中，每一个客户均有四个选项卡，分别是"基本""联系""信用"和"其他"，每个选项卡中都有许多填写项目，构成客户详细信息的要素。

下面对各选项卡的项目内容进行详细说明。

1. "基本"选项卡（如图 3-20 所示）

客户编码：客户编码必须唯一，可以用数字或字母表示，最多可输入 20 位数字或字母。

客户名称：客户名称可以是汉字或英文字母，最多可输入 49 个汉字或 98 个字符。客户名称用于销售发票的打印，即打印出来的销售发票的销售客户栏目显示的内容为销售客户的客户名称。

客户简称：客户简称可以是汉字或英文字母，最多可输入 30 个汉字或 60 个字符。客户简称用于业务单据和账表的屏幕显示。

所属地区：可输入客户所属地区的代码，输入系统中已存在代码时，自动转换成地区名称，显示在该栏目的右侧编辑框内。我们建议输入代码，也可以单击参照按钮选择输入。

所属分类：单击参照按钮选择客户所属分类，或者直接输入分类编码。

客户总公司：客户总公司指当前客户所隶属的最高一级的公司，该公司必须是已经通过"客户档案设置"功能设定的另一个客户。在销售开票结算处理时，具有同一个客户总公司的不同客户的发货业务，可以汇总在一张发票中统一开票结算。在此处，可输入客户所属总公司的客户编号，输入系统中已存在编号时，自动转换成客户简称，显示在该栏目的右编辑框内。可直接输入代码，也可以单击参照按钮选择输入。

所属行业：输入客户所属的行业，可输入汉字。

对应供应商：在客户档案中输入对应供应商名称时不允许记录重复，即不允许有多个客户对应一个供应商的情况出现。例如，当在 001 客户中输入的对应供应商编码为 666，则在保存该客户信息时同时需要将 666 供应商档案中的对应客户编码记录保存为

001。

客户级别：指客户的等级分类，参照客户级别档案输入。

税号：输入客户的工商登记税号，用于销售发票的税号栏内容的屏幕显示和打印输出。

法人：输入客户的企业法人代表的姓名，最多可输入 50 个字符或 25 个汉字。

币种：最多可输入 10 个字符或 5 个汉字，可单击参照按钮选择或直接输入；所输入的内容应为币种档案中的记录，必须可随时修改。

2．"联系"选项卡（如图 3-21 所示）

分管部门：该客户归属哪个部门分管。

专管业务员：该客户由哪个业务员负责联系业务。

电话、传真、手机、呼机：可用于销售发票的客户电话栏内容的屏幕显示和打印输出。

邮政编码：关于客户的辅助信息，可以不填。

联系人：将字段长度增加至 50 位，可参照联系人档案进行选择录入，可参照范围是该客户的所有联系人；也可录入档案中不存在的联系人，保存客户档案时，同时按一定规则保存到客户联系人档案中。

地址：可用于销售发票的客户地址栏内容的屏幕显示和打印输出，最多可输入 49 个汉字和 98 个字符。

Email 地址：最多可输入 50 个字符或 25 个汉字。

发运方式：可用于销售发货单中发运方式栏的缺省取值，输入系统中已存在代码时，自动转换成发运方式名称。我们建议输入代码，也可以单击参照按钮选择输入。

发货仓库：可用于销售单据中仓库的缺省取值，输入系统中已存在代码时，自动转换成仓库名称。我们建议输入代码，也可以单击参照按钮选择输入。

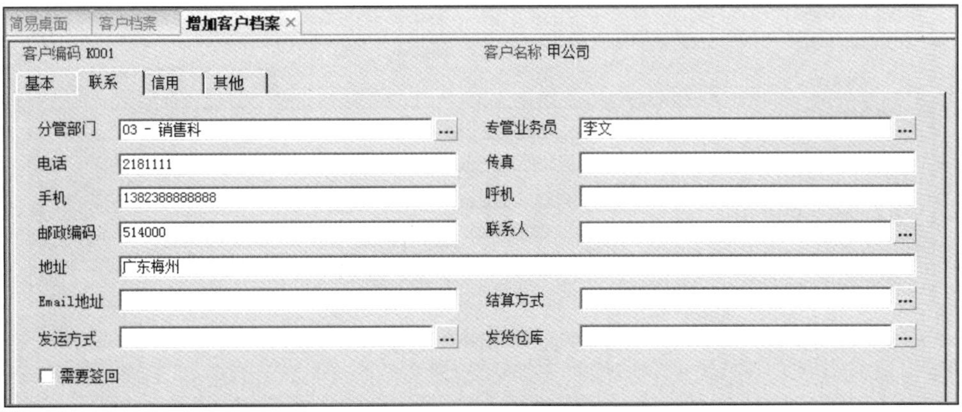

图 3-21　"联系"选项卡

3．"信用"选项卡（如图 3-22 所示）

应收余额：客户当前应收账款的余额，由系统自动维护，用户不能修改该栏目的内容。

扣率：显示客户在一般情况下可以享受的购货折扣率，可用于销售单据中折扣的缺省取值。

价格级别：根据可选择的价格级别，选择对该客户销售产品（商品）时使用的价格级别。

信用等级：按照用户自行设定的信用等级分级方法，依据客户在应收款项方面的表现，输入客户的信用等级。

信用额度：内容必须是数字，可输入两位小数，也可以为空。

信用期限：可作为计算客户超期应收款项的依据，其度量单位为"天"。

付款条件：可用于销售单据中付款条件的缺省取值，输入系统中已存在代码时，自动转换成付款条件表示。

最后交易日期：由系统自动显示客户最后一笔业务的交易日期。例如，该客户的最后一笔业务（在各种业务中业务日期最大）是开具一张销售发票，那么最后交易日期即为这张发票的发票日期。用户不能手工修改最后交易日期。

最后交易金额：由系统自动显示客户最后一笔业务的交易金额。例如，该客户的最后一笔业务（在各种业务中业务日期最大）是开具一张销售发票，那么最后交易金额即为这张发票的价税合计金额。用户不能手工修改最后交易金额。

最后收款日期：由系统自动显示客户的最后一笔收款业务的日期。

最后收款金额：由系统自动显示客户的最后一笔收款业务的收款金额，即在最后收款日期收到的款项，单位为发生实际收款业务的币种。

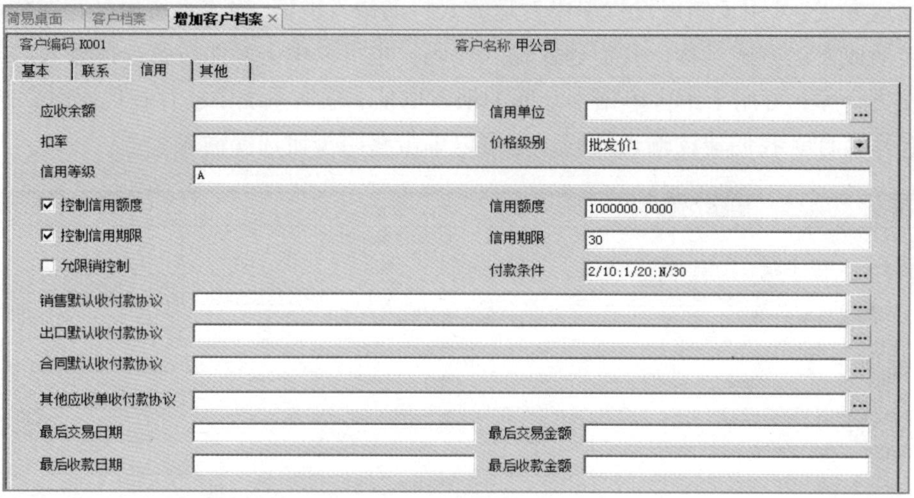

图 3-22 "信用"选项卡

4. "其他"选项卡（如图 3-23 所示）

发展日期：该客户是何时建立供货关系的。

停用日期：指因信用等原因与用户停止业务往来的客户被停止使用的日期。停用日期栏内容不为空的客户，在任何业务单据开具时都不能使用，但可进行查询。如果要恢复被停用客户的使用，将停用日期栏的内容清空即可。

建档人：在增加客户记录时，系统自动将该操作员编码存入该记录中作为建档人，以后不管是谁修改这条记录都不能修改这一栏目，且系统也不能自动进行修改。

所属权限组：该项目不允许编辑，只能查看；该项目在数据分配权限中进行定义。

变更人：新增客户记录时，变更人栏目存放的操作员与建档人内容相同，以后修改该条记录时，系统自动将该记录的变更人修改为当前操作员编码。而且该栏目不允许手工修改。

变更日期：新增客户记录时变更日期存放当时的系统日期，以后修改该记录时系统自动将修改时的系统日期替换原来的信息，该栏目不允许手工修改。

成交：默认为"否"，用户不能编辑；当用户发生第一笔订单以后，客户状态由"否"改为"是"。

以上各选项卡的内容设置完成后，单击"保存"按钮，则保存当前输入的客户信息。

可以在选项卡编辑状态下，单击"增加"按钮，继续增加下一个新的客户。

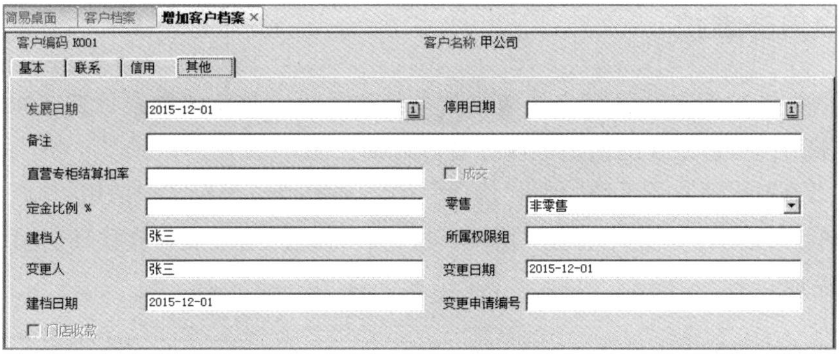

图 3-23　"其他"选项卡

二、修改客户档案

在图 3-19 所示窗口中，单击左边客户列表，选中要修改的客户，然后单击"修改"按钮，进入修改状态。修改的操作界面与增加操作相同，用户可以直接修改，修改完成后单击"保存"按钮。

三、删除客户档案

在图 3-19 所示窗口中，单击左侧客户列表，选中要作删除操作的客户，然后单击"删除"按钮，出现提示对话框，如图 3-24 所示。

单击"是"按钮则删除该客户档案。但对已经使用的客户进行删除操作时，系统会弹出如图 3-25 所示的提示对话框，单击"确定"按钮，取消删除操作。

图 3-24　提示对话框（四）

图 3-25　提示对话框（五）

四、客户档案合并

在图 3-19 所示窗口中，单击"并户"按钮，弹出"合并客户"对话框，如图 3-26 所示。

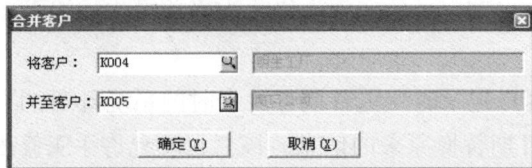

图 3-26 "合并客户"对话框

输入被并户的客户编码以及并入客户处的编码，然后单击"确定"按钮。系统提示并户成功，则表明已完成并户，被并户的客户将不再出现在客户列表中。

五、客户信誉维护

客户信誉维护用来计算客户的应收款余额和最早应收款的发票日期之间的实际天数，其结果用作销售系统的信用额度控制和账期控制。

进入"销售管理"子系统，在"选项"中，选中"是否有客户信用控制"项。

在图 3-19 所示窗口中，单击"信用"按钮，系统提示"最后收款日期添加成功"，表明操作完成。

六、查找客户档案

如果客户档案数量繁多，要查询某个客户的档案资料是困难的。因此系统设计了"查找"功能，输入某个或某类客户的查找条件，即可快速查询该客户的档案资料。

在图 3-19 所示窗口中，单击"查找"按钮，系统弹出"查询条件选择"对话框，如图 3-27 所示。

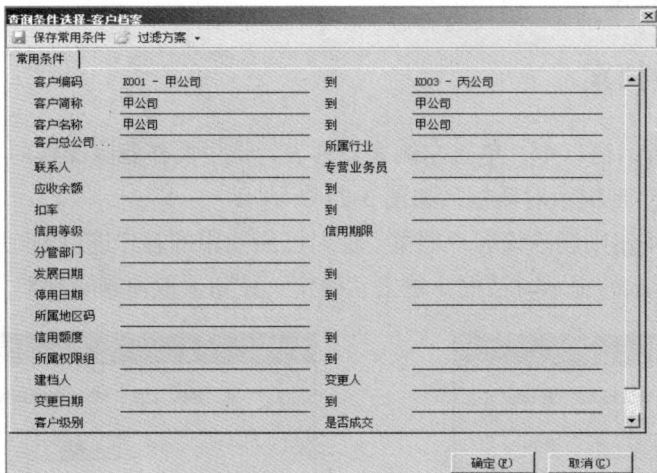

图 3-27 "查询条件选择"对话框

在"过滤方案"下拉项中，系统提供了 35 个过滤条件供用户选择输入。用户根据所要查询客户档案的条件输入过滤条件。输入的条件可以是一个，也可以是多个，输入的条件越多，查找的范围就越小，过滤出来的客户档案就越精确。输入完毕后，单击"确定"按钮，系统将根据用户选定的条件进行过滤，并将过滤结果显示在"客户档案"界面中。

七、显示项目设置

在图 3-20 中可以看到，每一位客户的档案资料包括的项目有几十个。在图 3-19 中可以看到，由于受到屏幕的限制，只能显示出客户档案的部分项目资料。因此，选择哪些项目在屏幕上显示，就很有必要了。

在图 3-20 中，单击"栏目"按钮，系统弹出"栏目设置"操作界面，如图 3-28 所示。

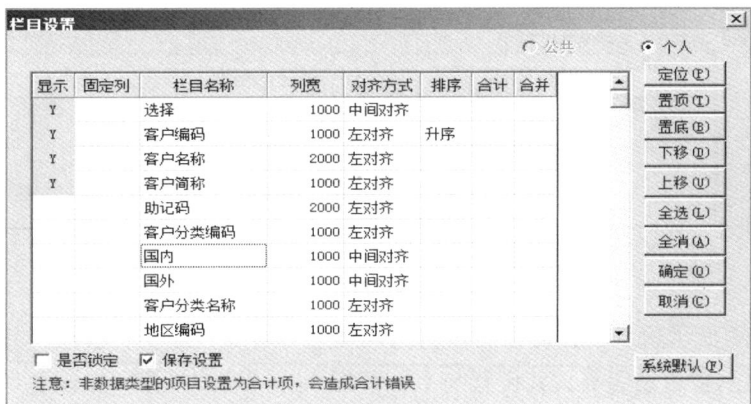

图 3-28 "栏目设置"操作界面

用户单击选中要显示的项目名称后，单击"确定"按钮即可。

八、中山工厂的客户档案资料

在图 3-19 所示窗口中，单击"增加"按钮，按表 3-6 所示逐一输入中山工厂的客户档案。在各选项卡中，只需输入表中提供的项目内容，表中没有提供的其他栏目内容可不输入，也可以自行设计输入。

表 3-6 中山工厂客户档案

客户编号	客户名称	行业编码	所属行业	纳税人登记号	地址	电话
K001	甲公司	1	制造企业			
K002	乙公司	1	制造企业			
K003	丙公司	2	商业企业			
K004	明生工厂	1	制造企业			
K005	南口公司	3	房地产企业			
K006	丁公司	2	商业企业			
K007	阳万公司	1	制造企业			
K008	梅江公司	2	商业企业			

第八节　供应商档案设置

建立供应商档案主要是为企业的采购管理、库存管理、应付账款管理服务的。在填制采购入库单、采购发票，进行采购结算、应付款结算，以及有关供货单位统计时都会用到供货单位信息，因此必须先建立供应商档案，以便减少工作差错。在输入单据时，如果单据上的供货单位不在供应商档案中，则必须在此建立该供应商的档案。

在图 3-1 中，单击"基础设置"→"基础档案"→"客商信息"→"供应商档案"项，进入"供应商档案"的操作窗口，如图 3-29 所示。

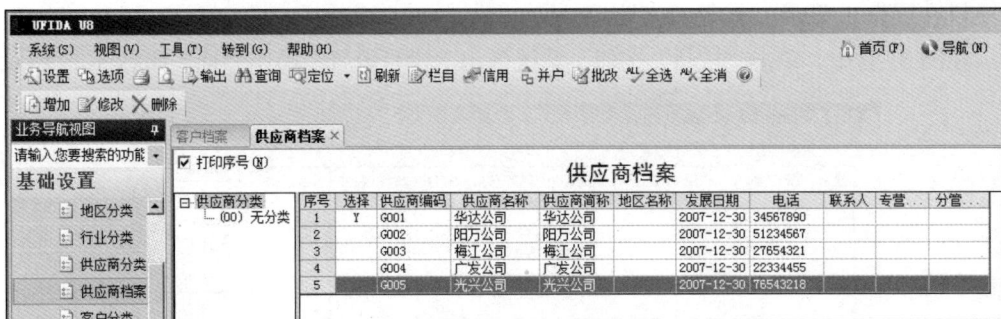

图 3-29　"供应商档案"操作窗口

在图 3-29 所示窗口中，可以对供应商档案进行增加、修改、删除、并户、信誉维护、过滤、显示项目设置等，其设置与上一节图 3-19"客户档案"操作窗口中，对客户档案的增加、修改、删除、并户、信誉维护、过滤、显示项目等设置基本相同，用户可参照上一节"客户档案设置"的相关内容，在此不再阐述。

在图 3-29 所示窗口中，单击"增加"按钮，按表 3-7 所示逐一增加中山工厂的供应商档案资料。在各选项卡中，只需输入表中提供的项目内容，表中没有提供的其他栏目内容可不输入，也可以自行设计输入。

表 3-7　中山工厂供应商档案

供应商编号	供应商名称	行业代码	所属行业	纳税人登记号	地址	电话
G001	华达公司	1	制造企业			
G002	阳万公司	1	制造企业			
G003	梅江公司	2	商业企业			
G004	广发公司	1	制造企业			
G005	光兴公司	1	制造企业			

第九节　录入期初余额

录入期初余额，是指首次使用总账系统时需由用户手工录入的期初余额。在开始使用总账系统的填制凭证功能前,应先将各账户的当年1月至启用当月上一个月间的借方累计发生额和贷方累计发生额,以及启用当月的月初余额,输入至总账系统中,系统将根据以上数据计算并显示年初余额。若有辅助核算,还应输入各辅助项目的期初余额。余额录入完毕后,还需核对期初余额,并进行试算平衡。

一、科目余额录入

在图3-1所示窗口中,单击"业务工作"→"财务会计"→"总账"→"设置"→"期初余额"项,系统将打开"期初余额录入"窗口,如图3-30所示。

在余额输入栏中,系统显示三种颜色,其表达的含义及录入的方法是不同的。白色底输入框为末级科目,需用户将金额直接输入;灰色底输入框为非末级科目,其金额不需用户输入,将由系统根据其下级科目的金额自动计算得出;浅黄色底输入框为辅助账科目,其金额不能直接输入,可双击某末级科目的浅黄色底输入框,系统弹出该科目所属辅助账类型的期初余额操作界面,并在此输入其金额。

系统只要求录入最末级科目的期初余额、累计借方和累计贷方,上一级科目的期初余额、累计借方和累计贷方将由系统根据科目的上下级关系自动计算得出。

如果是新用户,第一次使用账务处理系统,必须使用此功能输入科目余额。若是从1月份开始建账,则在"期初余额"栏中,直接输入1月1日的期初余额即可。若是年中建账,如是12月1日开始使用账务系统,建账月份为12月,则应录入各科目1—11月的累计借方和累计贷方,还需录入12月的期初余额,系统将自动计算1月1日的年初余额。

期初余额

期初: 2023年12月　　　　　　　　　　□ 末级科目 □ 非末级科目 □ 辅助科目

科目名称	方向	币别/计量	年初余额	累计借方	累计贷方	期初余额
库存现金	借		800.00			800.00
银行存款	借		137,200.25			137,200.25
工商银行	借		137,200.25			137,200.25
东区支行	借		137,200.25			137,200.25
其他货币资金	借		11,500.00			11,500.00
外埠存款	借		11,500.00			11,500.00
银行本票	借					
银行汇票	借					
信用卡	借					
信用证保证金	借					
存出投资款	借					
交易性金融资产	借		30,000.00			30,000.00
股票	借					
债券	借		30,000.00			30,000.00
基金	借					
其他	借					
应收票据	借		63,500.00			63,500.00
甲公司	借		50,000.00			50,000.00
乙公司	借		13,500.00			13,500.00
应收账款	借		159,630.00			159,630.00

图3-30　"期初余额录入"窗口

如果是老用户，在 1 月 1 日建年度新账时，系统中已有上年的数据，在执行"系统管理"→"年度账"→"结转上年数据"命令后，上年各账户余额将自动结转到本年 1 月 1 日，不需用户再行录入。

如果某科目为数量核算，则需录入期初数量和余额。

如果某科目为外币核算，则需录入期初外币余额，但必须先录入本位币余额，再录入外币余额。

在录入辅助核算的期初余额之前，必须先设置各辅助核算目录。

若客户往来款项由"应收账款"子系统核算，则在客户往来科目中，各客户的期初余额应在"应收账款"子系统中录入，在总账系统中只能录入科目期初余额。若科目既有客户往来核算，又有部门（或项目）核算，则在总账系统中只能录入该科目下各部门（或项目）的期初余额。

若供应商往来款项由"应付账款"子系统核算，则在供应商往来科目中，各供应商的期初余额应在"应付账款"子系统中录入，在总账系统中只能录入科目的期初余额。若科目既有供应商往来核算，又有部门（或项目）核算，则在总账系统中只能录入该科目下各部门（或项目）的期初余额。

若用户已经使用本系统记过账，则不能再录入、修改期初余额，也不能执行"结转上年余额"功能。

二、辅助账科目余额录入

在图 3-3 所示"会计科目"窗口中，将某科目设置成辅助账（部门核算、个人往来、客户往来、供应商往来、项目核算）科目，则必须按辅助项录入其期初余额，往来科目（指个人往来、客户往来、供应商往来账类的科目）应录入期初的未达项。

在图 3-30 所示窗口中，双击某辅助账类末级科目的浅黄色底输入框，系统弹出该科目所属辅助账类型的期初余额的"期初往来明细"操作窗口，如图 3-31 所示。

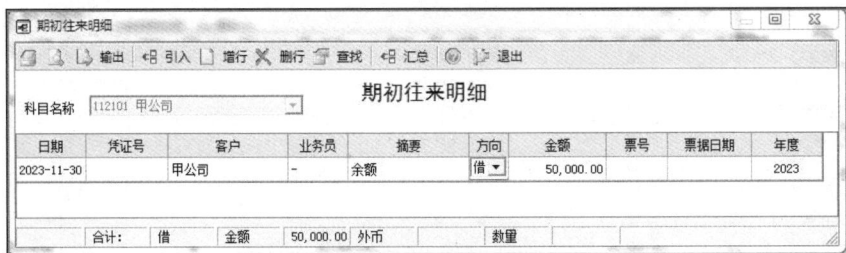

图 3-31　"期初往来明细"操作窗口

在图 3-31 所示窗口中，单击"增行"按钮，屏幕增加一条新的期初明细，用户可按顺序输入各项内容，若要改变借贷方向，双击"借"或"贷"框，则可选择借贷方向。如果输入过程中发现某项输入错误，可按"Esc"键取消当前项的输入，将光标移到需要修改的编辑项上，直接输入正确的数据即可。如果想放弃整行数据增加，在取消当前输入后，再按"Esc"键即可。

若用户使用了"应收系统"和"应付系统",并且在"选项"中将客户往来或供应商往来设为由"应收系统"和"应付系统"核算,那么,应该到"应收系统"和"应付系统"中录入含客户、供应商账类的科目的期初余额明细,在总账系统中,只能录入这些科目的总余额。若这些科目还有其他辅助核算,如部门核算或项目核算,则只能录入这些科目下各部门的总余额或各项目的总余额。

三、调整余额方向

每个科目的余额方向由科目性质确定,资产、共同、成本、费用类科目的余额方向为借方,负债、权益和收入类科目的余额方向为贷方。单击"方向"按钮可修改科目的余额方向(即科目性质)。只能调整一级科目的余额方向,且该科目及其下级科目尚未录入期初余额。当一级科目余额方向调整后,其下级科目也随一级科目相应调整余额方向。

四、对账

初次使用系统时,由于对系统不太熟悉,用户在进行期初设置时一些不经意的修改,可能会导致总账与辅助账、总账与明细账的核对有误。系统提供对期初余额进行对账的功能,可以及时做到账账核对,并可尽快修正错误的账务数据。

在图 3-30 所示"期初余额录入"窗口中,单击"对账"按钮,系统弹出"期初对账"对话框,如图 3-32 所示。单击"开始"按钮,系统对当前期初余额进行对账,核对方法为在总账上下级、总账与辅助账、辅助账与明细账之间进行对账。对账完毕后,如果发现有错误,可单击"对账错误"按钮,系统将把对账中发现的问题列出来。如果无误,"对账错误"按钮则为灰显而不可按。

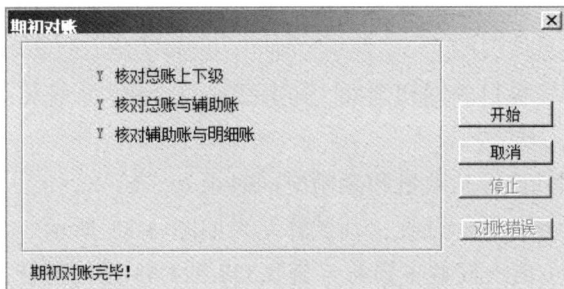

图 3-32　"期初对账"对话框

五、期初余额试算

所有余额录入完毕后,要进行试算,检验期初余额是否平衡。期初余额试算不平衡,将不能进行"记账"操作,但可以填制凭证。

所有余额录入完毕后,在图 3-30 所示"期初余额录入"窗口中,单击"试算"按钮,系统将快速进行试算,并显示试算结果。中山工厂的期初余额试算结果如图 3-33 所示。

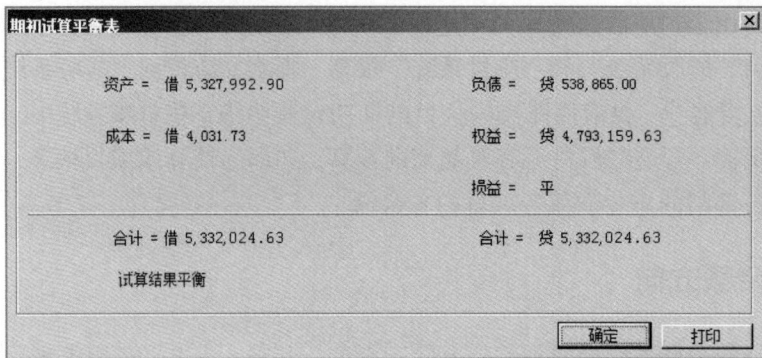

图 3-33　中山工厂的期初余额试算结果

在图 3-33 所示界面中，可显示中山工厂的期初余额试算平衡表，检验期初余额是否平衡。

六、期初余额的输出

期初余额录入完毕后，可以通过"预览"功能将期初余额表输出在屏幕上，通过"打印"功能可输出到打印机上打印，通过"设置"功能可设置各项打印参数。

期初余额表的"预览""打印"和"设置"功能操作，可参照本章会计科目表的"预览""打印"和"设置"功能的相关操作，在此不再阐述。

七、中山工厂的期初余额录入

表 3-8 所示为中山工厂 2023 年 12 月 1 日的科目余额表。请用户在图 3-30 所示"期初余额录入"窗口中，比照上述录入方法，逐一录入对应科目的期初余额栏。

这里有几点需要具体说明。

一是仅需录入末级科目的期初余额，其上级科目余额，系统将会自动根据其下级科目的余额汇总得到。

二是带有数量的科目，其数量和余额应同时录入。

三是录入完毕后务必进行试算，其试算结果如图 3-33 所示。金额：资产＋成本＝借 5,332,024.63 元，负债＋权益＋损益＝贷 5,332,024.63 元，借贷方结果应平衡。但在图 3-1 中单击"业务"→"财务会计"→"总账"→"账表"→"科目账"→"余额表"中显示的期初余额，借方和贷方均为 5,859,725.93 元，与试算结果相差 527,701.30 元。产生此差额的原因是：有三个属资产类科目的余额为贷方所致，分别是坏账准备（1231）贷方余额 638.52 元、预付账款（1123）贷方余额 4,500.00 元、累计折旧（1602）贷方余额 522,562.78 元，三者合计正好是 527,701.30 元。这主要是由于在"期初余额录入"中的试算金额是按借贷方汇总的，而在"账表"→"科目账"→"余额表"中的期初借贷方是按科目属性来汇总的，汇总的根据不一，得出的结果当然也就存在差额了。因此，期初余额录入完毕后，只要保证在"业务工作"→"财务会计"→"总账"→"设置"→"期初余额"→"试算"的试算结果借贷方均为 5,332,024.63 元，并在"业务工作"→

"财务会计"→"总账"→"账表"→"科目表"→"余额表"中显示的期初余额借方和贷方均为 5,859,725.93 元时，说明用户期初余额录入的结果是正确的。

表 3-8　中山工厂总账及明细账 2023 年 12 月 1 日科目余额表

科目名称（代码）	方向	计量单位	年初余额	累计借方	累计贷方	期初余额
库存现金（1001）	借		800.00			800.00
银行存款（1002）	借		137,200.25			137,200.25
工商银行（100201）	借		137,200.25			137,200.25
东区支行（10020101）	借		137,200.25			137,200.25
其他货币资金（1012）	借		11,500.00			11,500.00
外埠存款（101201）	借		11,500.00			11,500.00
交易性金融资产（1101）	借		30,000.00			30,000.00
债券（110102）	借		30,000.00			30,000.00
应收票据（1121）	借		63,500.00			63,500.00
甲公司（112101）	借		50,000.00			50,000.00
乙公司（112102）	借		13,500.00			13,500.00
应收账款（1122）	借		159,630.00			159,630.00
甲公司（112201）	借		73,230.00			73,230.00
乙公司（112202）	借		70,000.00			70,000.00
丙公司（112203）	借		16,400.00			16,400.00
预付账款（1123）	借		−4,500.00			−4,500.00
光兴公司（112301）	借		−4,500.00			−4,500.00
其他应收款（1221）	借		2,355.00			2,355.00
李文（122101）	借		1,700.00			1,700.00
家属医药费（122102）	借		244.00			244.00
水电费（122103）	借		411.00			411.00
坏账准备（1231）	贷		638.52			638.52
材料采购（1401）	借		49,255.00			49,255.00
A 材料（140101）	借		7,962.50			7,962.50
	借	千克				
B 材料（140102）	借		10,692.50			10,692.50
	借	千克				
C 材料（140103）	借		23,100.00			23,100.00
	借	千克				
燃料（140104）	借		3,000.00			3,000.00
	借	吨				
其他材料（140105）	借		4,500.00			4,500.00
原材料（1403）	借		403,800.00			403,800.00
A 材料（140301）	借		44,800.00			44,800.00
	借	千克	20,000.00			20,000.00
B 材料（140302）	借		49,200.00			49,200.00
	借	千克	30,000.00			30,000.00

续表

科目名称（代码）	方向	计量单位	年初余额	累计借方	累计贷方	期初余额
C 材料（140303）	借		240,000.00			240,000.00
	借	千克	15,000.00			15,000.00
修理用备件（140304）	借		21,700.00			21,700.00
	借	件	15,500.00			15,500.00
其他材料（140306）	借		48,100.00			48,100.00
材料成本差异（1404）	借		10,964.32			10,964.32
原材料（140401）	借		10,622.32			10,622.32
A 材料（14040101）	借		1,124.48			1,124.48
B 材料（14040102）	借		1,234.92			1,234.92
C 材料（14040103）	借		6,024.00			6,024.00
修理用备件（14040104）	借		1,031.61			1,031.61
其他材料（14040106）	借		1,207.31			1,207.31
周转材料（140402）	借		342.00			342.00
包装物（14040201）	借		-50.00			-50.00
低值易耗品（14040202）	借		392.00			392.00
库存商品（1405）	借		449,960.00			449,960.00
A 产品（140501）	借		99,000.00			99,000.00
	借	件	5,000.00			5,000.00
B 产品（140502）	借		350,960.00			350,960.00
	借	件	6,560.00			6,560.00
周转材料（1411）	借		63,720.00			63,720.00
包装物（141101）	借		10,000.00			10,000.00
在库包装物（14110101）	借		10,000.00			10,000.00
	借	千克				
低值易耗品（141102）	借		53,720.00			53,720.00
在库低值易耗品（14110201）	借		39,200.00			39,200.00
	借	千克				
在用低值易耗品（14110202）	借		14,520.00			14,520.00
	借	千克				
持有至到期投资（1501）	借		50,000.00			50,000.00
债券投资（150101）	借		50,000.00			50,000.00
成本（15010101）	借		50,000.00			50,000.00
固定资产（1601）	借		4,123,320.00			4,123,320.00
生产用固定资产（160101）	借		1,827,254.00			1,827,254.00
非生产用固定资产（160102）	借		2,017,866.00			2,017,866.00
不需用固定资产（160103）	借		278,200.00			278,200.00
累计折旧（1602）	贷		522,562.78			522,562.78
在建工程（1604）	借		50,000.00			50,000.00
机床大修工程（160401）	借		50,000.00			50,000.00
固定资产清理（1606）	借		1,800.00			1,800.00

续表

科目名称（代码）	方向	计量单位	年初余额	累计借方	累计贷方	期初余额
无形资产（1701）	借		243,430.00			243,430.00
专利权（170101）	借		210,000.00			210,000.00
专有技术（170102）	借		33,430.00			33,430.00
递延所得税资产（1811）	借		159.63			159.63
待处理财产损溢（1901）	借		4,300.00			4,300.00
待处理非流动资产损溢（190102）	借		4,300.00			4,300.00
资产小计	借		5,327,992.90			5,327,992.90
短期借款（2001）	贷		277,210.44			277,210.44
生产周转借款（200101）	贷		277,210.44			277,210.44
应付票据（2201）	贷		3,000.00			3,000.00
华达公司（220101）	贷		3,000.00			3,000.00
预收账款（2203）	贷		2,000.00			2,000.00
阳万公司（220301）	贷		−4,000.00			−4,000.00
梅江公司（220302）	贷		6,000.00			6,000.00
应付职工薪酬（2211）	贷		10,000.00			10,000.00
职工教育经费（221106）	贷		10,000.00			10,000.00
应交税费（2221）	贷		27,454.56			27,454.56
未交增值税（222102）	贷		11,078.76			11,078.76
应交所得税（222105）	贷		15,026.88			15,026.88
应交城市维护建设税（222108）	贷		1,105.24			1,105.24
应交教育费附加（222113）	贷		243.68			243.68
应付利息（2231）	贷		9,000.00			9,000.00
其他应付款（2241）	贷		3,200.00			3,200.00
广发公司（224101）	贷		3,200.00			3,200.00
长期借款（2501）	贷		122,000.00			122,000.00
专用借款（250101）	贷		102,000.00			102,000.00
基建借款（250102）	贷		20,000.00			20,000.00
长期应付款（2701）	贷		85,000.00			85,000.00
应付设备款（270101）	贷		85,000.00			85,000.00
负债小计	贷		538,865.00			538,865.00
实收资本（4001）	贷		4,470,000.00			4,470,000.00
国家投资（400101）	贷		2,830,000.00			2,830,000.00
京都公司投资（400102）	贷		1,640,000.00			1,640,000.00
资本公积（4002）	贷		42,000.00			42,000.00
资本溢价（400201）	贷		42,000.00			42,000.00
盈余公积（4101）	贷		278,000.00			278,000.00
法定盈余公积（410101）	贷		268,000.00			268,000.00
任意盈余公积（410102）	贷		10,000.00			10,000.00
利润分配（4104）	贷		3,159.63			3,159.63
未分配利润（410410）	贷		3,159.63			3,159.63

续表

科目名称（代码）	方向	计量单位	年初余额	累计借方	累计贷方	期初余额
所有者权益小计	贷		4,793,159.63			4,793,159.63
生产成本（5001）	借		4,031.73			4,031.73
基本生产成本（500101）	借		4,031.73			4,031.73
A产品（50010101）	借		1,576.07			1,576.07
	借	件	80.00			80.00
直接材料（5001010101）	借		841.42			841.42
	借	千克	80.00			80.00
直接工资（5001010102）	借		212.21			212.21
制造费用（5001010103）	借		522.44			522.44
B产品（50010102）	借		2,455.66			2,455.66
	借	件	80.00			80.00
直接材料（5001010201）	借		1,616.90			1,616.90
	借	千克	80.00			80.00
直接工资（5001010202）	借		210.19			210.19
制造费用（5001010203）	借		628.57			628.57
成本小计	借		4,031.73			4,031.73
合计	借		5,332,024.63			5,332,024.63
	贷		5,332,024.63			5,332,024.63

第十节　自定义项目设置

在总账系统中，对单据、客户、供应商、存货、项目等除以上几节中介绍的设置项外，有时还需设置一些特殊的项目信息，如对单据设置另一个合同号、存货的颜色等。那么本节的"自定义项目设置"则对各类原始单据和常用基础信息的自定义项和自由项进行设置，这样可以让用户方便地设置一些特殊信息。

在图3-1中，单击"基础设置"→"基础档案"→"其他"→"自定义项"，进入"自定义项档案"操作窗口，如图3-34所示。

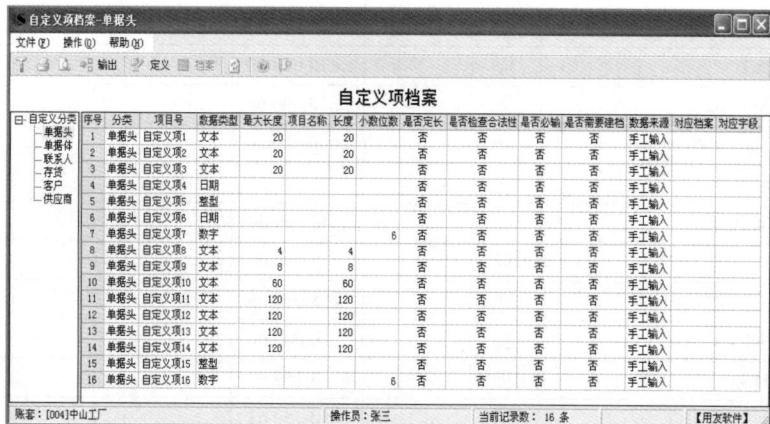

图3-34　"自定义项档案"操作窗口

有关项目内容的说明如下。

分类：包括单据头、单据体、存货、客户和供应商等五个类型。其中，单据指本系统中的各类原始单据，例如发票、凭证、出入库单等。本系统为原始单据提供了 10 个自定义项字段，可以在此为每个自定义项字段定义名称，然后在单据设计中，为每类原始单据选择其所需要的自定义项。例如，用户需要在发票中增加关于合同号码、签字人、公证人、合同签字日期、合同到期日期等信息，则可以将单据中自定义项 1、2、3、4、6 的名称分别定义为"合同号码""签字人""公证人""合同签字日期""合同到期日期"，然后在发票的设计中增加这 5 项自定义项，则以后在发票上就有合同号码、签字人、公证人、合同签字日期、合同到期日期等的信息了。客户是指客户档案中的客户。系统在客户档案中提供了 3 个自定义项字段，可以在此输入这些字段的名称，以定义一些在客户档案中没有提供但又特殊需要的信息。例如，需要记录每个客户的规模、单位负责人，则可以将客户的自定义项定义为"规模""单位负责人"，这样在客户档案中录入客户信息时，就可以录入每个客户的规模和单位负责人的信息了。供应商指供应商档案中的供应商。系统在供应商档案中提供了 3 个自定义项字段，可以在此输入这些字段的名称，以定义一些在供应商档案中没有提供但又特殊需要的信息。例如，需要记录每个供应商的规模、单位负责人，则可以将供应商的自定义项分别定义为"单位规模""单位负责人"，这样在供应商档案中录入供应商信息时，就可以录入每个供应商的单位规模和单位负责人信息了。存货指存货档案中的存货。系统在存货档案中提供了 3 个自定义项字段和 2 个自由项字段，可以在此输入这些字段的名称，以定义一些在存货档案中没有提供但又特殊需要的信息。例如，需要记录每个存货的颜色信息，则可以将存货的一个自由项的名称定义为"颜色"，这样在存货档案中录入存货信息时，就可以录入每个存货的颜色信息了。

项目号：包括自定义项和自由项，系统已编排了自定义项的序号。其中，自定义项指单据、客户、供应商或存货的一个附加属性，一张单据或一个客户、供应商、存货的一个自定义项只能有一个值。例如，上例中一张发票只能有一个合同号；一个客户只能有一种规模；一个供应商只能有一种规模。自由项也是一个属性，但一种存货可以有多个自由项。

数据类型：包括文本型、数值型和日期型三种。

最大长度：该项目的最大显示宽度。

项目名称：输入要定义的名称。如上例中的合同编号、签字人、公证人、签字日期、规模、颜色等。

输入宽度：设置用户需要的显示宽度，可自行修改显示的字符宽度值。

设置时，在图 3-34 所示"自定义项档案"操作窗口中，单击选中用户要定义的栏目，并在"项目名称"一栏里输入该项的名称，在"长度"一栏里输入用户希望显示的宽度值。设置完成后，单击"保存"图标按钮即完成了自定义项的设置。

中山工厂的自定义项可由用户根据需要自行设置。

第十一节　明细权限设置

单位实现会计电算化后，财务系统的数据全部都集中在账套中，因此设置操作员、分配操作权限、设置操作员的明细权限是实行会计分工、保证数据安全和完整的重要措施。系统设计了"数据级权限控制设置""数据级权限设置"和"金额级权限设置"功能，对除账套主管外的其他操作员设置明细权限。因为账套主管拥有至高无上的权限，所以对账套主管不需要设置其明细权限，系统自动分配给账套主管所有明细权限。此节权限设置由账套主管 SYSTEM 操作。

中山工厂的明细权限设置为：仅对"科目"和"用户"进行权限控制；对用户张三开放所有科目的权限；对用户李四设置成可对用户张三填制的凭证进行查询、审核和弃审；对用户王五设置成可对张三填制的凭证进行查询、审核（出纳签字）和弃审。不设置金额级权限。

一、数据级权限控制设置

本功能是数据级权限设置的前提，用户可以根据需要先在数据级权限默认设置表中选择需要进行权限控制的对象，系统将自动根据该表中的选择在数据级权限设置中显示所选对象。

以账套主管的身份登录到图 3-1 中，单击"系统服务"→"权限"→"数据权限控制设置"命令，进入"数据权限控制设置"对话框，如图 3-35 所示。

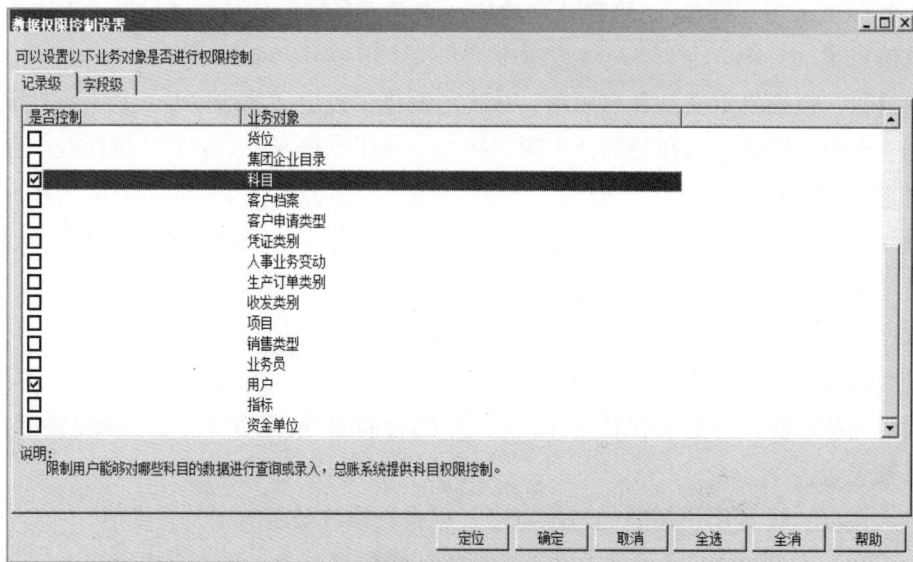

图 3-35　"数据权限控制设置"对话框

对 25 个记录级业务对象和 26 个字段级业务对象，选择是否进行控制，要进行控制则勾选相应的复选框。

根据中山工厂数据级权限设置的实际情况,可只选"科目"和"用户"两个对象进行控制。

二、数据级权限分配

在图 3-1 中,单击"系统服务"→"权限"→"数据权限分配"命令,进入"权限浏览"操作窗口,如图 3-36 所示。

图 3-36 "权限浏览"操作窗口

数据级权限分配包括记录权限分配和字段权限分配。

记录权限分配:是指对具体业务对象进行权限分配。

字段权限分配:是对单据中包含的字段进行权限分配。

在图 3-36 中,数据权限设置的操作步骤:①在右侧框中选择"记录"或"字段"数据权限类型;②在"业务对象"列表框中选择相应的业务对象名称;③在"用户及角色"栏选择要设置或查看的用户或角色名称;④单击"授权"按钮;⑤在"记录权限设置"界面中选择分配对象后分别设置明细权限。

请用户在各自账套中,对张三的记录权限进行如下设置:①在右框左上角选择"记录"页;②在"业务对象"列表框中选择"科目";③在左框"用户及角色"栏中选择"01 张三";④单击"授权"按钮;⑤在打开的"记录权限设置"对话框(如图 3-37 所示)中选择业务对象为"科目";⑥单击">>"按钮将左边"禁用"列表框中的所有科目全部移至右边"可用"列表框中;⑦单击"保存"按钮。

用户李四的记录权限设置步骤:①在图 3-36 中,在右框左上角选择"记录"页;②在"业务对象"列表框中选择"用户";③在左框"用户及角色"栏中选择"02 李四";④单击"授权"按钮;⑤在"记录权限设置"对话框(如图 3-38 所示)中选择业务对象为"用户"；⑥将左边"禁用"列表框中的"01 张三"移至右边"可用"列表框中；
⑦勾选"查询""审核"和"弃审"复选框；⑧单击"保存"按钮。

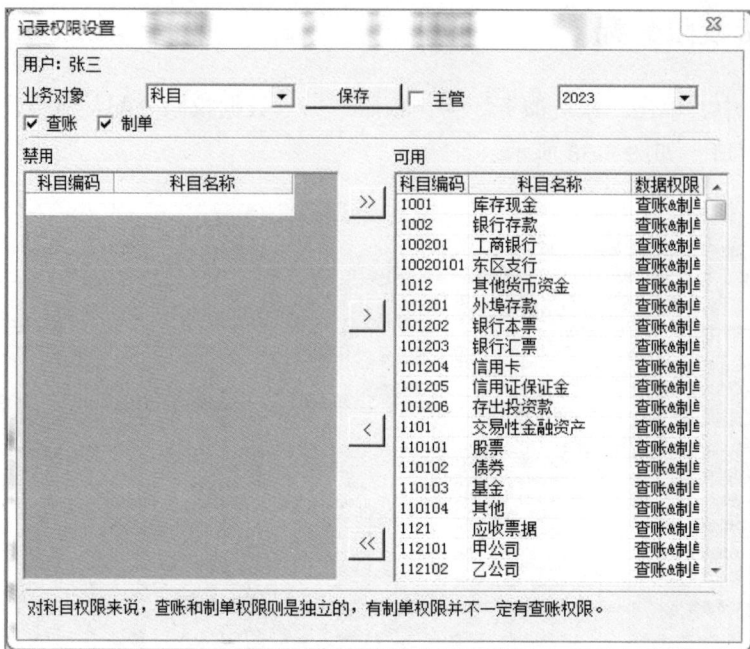

图 3-37 "记录权限设置"对话框（一）

图 3-38 "记录权限设置"对话框（二）

用户王五的记录权限设置与李四基本相同。

如果没有设置数据级权限，用户张三则不能使用科目编制凭证，李四则不能审核张三编制的记账凭证，王五则不能对张三编制的收款、付款凭证进行出纳签字。

要求用户在中山工厂账套中设置张三、李四、王五的数据级权限。

三、金额级权限设置

本功能用于设置各用户可使用的金额级别，对科目的制单金额额度和采购订单的金额审核额度等业务对象提供金额级别权限设置。在设置这两个金额级别权限之前必须先设定对应的金额级别。

在图 3-1 中，单击"系统服务"→"权限"→"金额权限分配"命令，进入"金额权限设置"操作窗口，如图 3-39 所示。

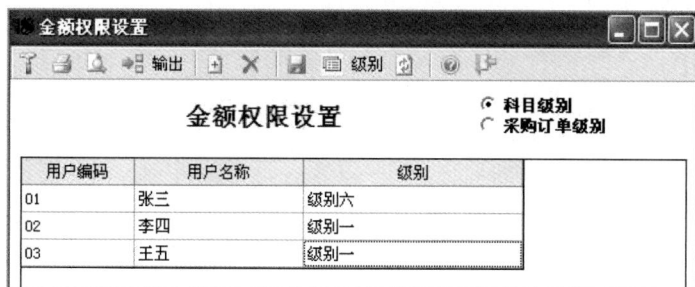

图 3-39 "金额权限设置"操作窗口

设置科目级别时，当对一个用户设置了一个级别后，相当于该用户对所有的科目均具有相同的级别，若该科目没有设置金额级别，即表示该科目不受金额级别控制。

设置金额级权限前需要先分别设置金额级别，级别总共分六级。对于科目来说，可以根据需要设置对应科目的金额级别，可以直接对上级科目设置级别，也可以明细到末级进行级别设置，但不允许对有上下级关系的科目同时进行级别设置。采购订单的金额审核级别设置一条记录即可。

从级别一至级别六，金额必须逐级递增，不允许有中间为空的情况，但允许最后有不设置的级别存在。

只能直接对用户进行授权。对于一个对象，一个用户只能有一条记录存在。

在需要进行金额级权限控制时，若申请权限的用户还没有金额级权限记录，则作为没有任何金额级权限处理。

但以下三种情况将不受已设置的金额级权限的控制：一是调用常用凭证生成的凭证；二是期末转账结转生成的凭证；三是在外部系统生成的凭证，如果超出金额级权限，保存凭证时不受限制。

中山工厂不设置金额级权限，故用户在中山工厂账套中无须设置金额级权限。

第十二节 选 项 设 置

在建立新的账套后，由于业务变更等具体情况需要，原来账套中设置的有些信息与现行的核算内容不一致，则可以通过账簿"选项"进行调整和查看。

中山工厂的各项选项，比照图 3-40～图 3-47 中所显示的选项进行选择设置或输入相应的数值，中山工厂用户请自行在各自的账套中设置。

在图 3-1 中，单击"基础设置"→"业务参数"→"财务会计"→"总账"→"选项"命令，打开"选项"对话框，如图 3-40 所示。

在图 3-40 中有"凭证""账簿""凭证打印""预算控制""权限""会计日历""其他"和"自定义项核算"八个选项卡，选择其中一个选项卡，即可进行相应信息的设置。

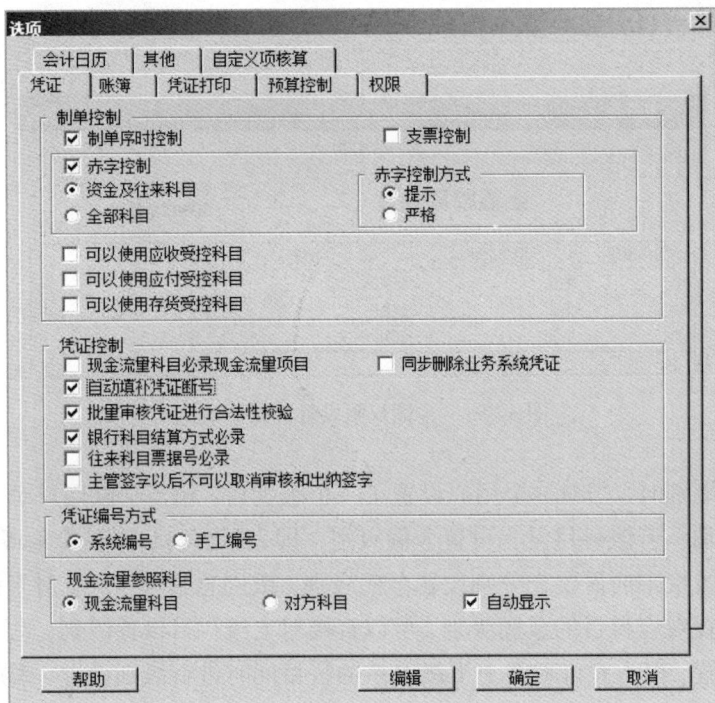

图 3-40 "选项"对话框

1. "凭证"选项卡

切换到"凭证"选项卡，系统打开有关凭证信息的各种选项，供用户查看或修改，如图 3-40 所示。有关项目说明如下。

（1）制单控制。

①制单序时控制：此项和"系统编号"选项联用，制单时凭证编号必须按日期顺序排列，如 12 月 3 日编至 6 号凭证，则 12 月 3 日只能开始编制 7 号凭证。如果要在已有的凭证编号前插入凭证编号，则不勾选此项。

②支票控制：勾选此项，在制单时使用银行科目编制凭证，系统将针对票据管理的结算方式进行登记，如果录入支票号在支票登记簿中已存，系统提供登记支票报销的功能；否则，系统提供登记支票登记簿的功能。

③赤字控制：勾选此项，则在制单时，当"资金及往来科目"或"全部科目"的最新余额出现负数时，系统将予以提示。系统提供"提示"和"严格"两种赤字控制方式供用户选择。

④可以使用应收（或应付、或存货）受控科目：若科目为应收（或应付、或存货）系统的受控科目，为了防止重复制单，只允许应收（或应付、或存货）系统使用此科目进行制单，总账系统是不能使用此科目制单的。所以如果希望在总账系统中也能使用这些科目填制凭证，则应勾选此项。注意：总账系统和其他业务系统使用了受控科目会引起应收（或应付、或存货）系统与总账对账不平。

（2）凭证控制。

①管理流程方面设置：如要求出纳签字、审核后才可对凭证执行领导签字，则勾选

"主管签字以后不可以取消审核和出纳签字"。

②现金流量科目必录现金流量项目：在录入凭证时如果使用现金流量科目则必须输入现金流量项目及金额。

③自动填补凭证断号：如果选择凭证编号方式为"系统编号"，则在新增凭证时，系统按凭证类别自动查询本月的第一个断号并将其默认为本次新增凭证的编号。如无断号则为新号，与原编号规则一致。

④批量审核凭证进行合法性校验：批量审核凭证时针对凭证进行二次审核，提高凭证输入的正确率，合法性校验与保存凭证时的合法性校验相同。

⑤银行科目结算方式必录：勾选该选项，填制凭证时结算方式必须录入。录入的结算方式如果勾选"是否票据管理"，则票据号也控制为必录；录入的结算方式如果不勾选"是否票据管理"，则票据号不控制为必录。不勾选该选项，则结算方式和票据号都不控制为必录。

⑥往来科目票据号必录：填制凭证时往来科目必须录入票据号。

⑦同步删除外部系统凭证：外部系统删除凭证时相应地将总账的凭证同步删除。否则，将总账凭证作废，不予删除。

（3）凭证编号方式。

①系统编号：在填制凭证时，系统按照凭证类别分别按月自动编制凭证编号。

②手工编号：在填制凭证时，可手工录入凭证编号。

（4）现金流量参照科目。用来设置现金流量录入界面的参照内容和方式。

①现金流量科目：系统只参照凭证中的现金流量科目。

②对方科目：系统只显示凭证中的非现金流量科目。

③自动显示：系统依据前两个选项将现金流量科目或对方科目自动显示在指定现金流量项目界面中，否则需要手工参照选择。

2．"账簿"选项卡

切换到"账簿"选项卡，系统打开有关账簿信息的各种选项，供用户查看或修改，如图3-41所示。

有关项目说明如下。

（1）打印位数宽度（包括小数点及小数位，老打印控件适用）。定义正式账簿打印时各栏目的宽度，包括摘要、金额、外币、汇率、数量、单价。

说明：不勾选"使用新打印控件打印（凭证、账簿、U8套打）"时适用。

（2）凭证、账簿套打。凭证、账簿套打是用友U8软件专门为用户设计的，适用于用各种打印机输出管理用表单与账簿。系统提供了以下四种套打纸。

①U8：用友U8.X版本软件使用的标准版套打纸［纸型分U8针打（连续）和A4激光（非连续）］。

②账簿通（兼容上海版）：上海地区专用的套打纸［纸型分U8针打（连续）和A4激光（非连续）］。

③用友6.0：原用友DOS 6.03版本软件使用的套打纸［纸型只有针打（连续）］。

④用友7.0：原用友Windows 7.21版本软件使用的套打纸［纸型分针打（连续）和

A4 激光（非连续）]。

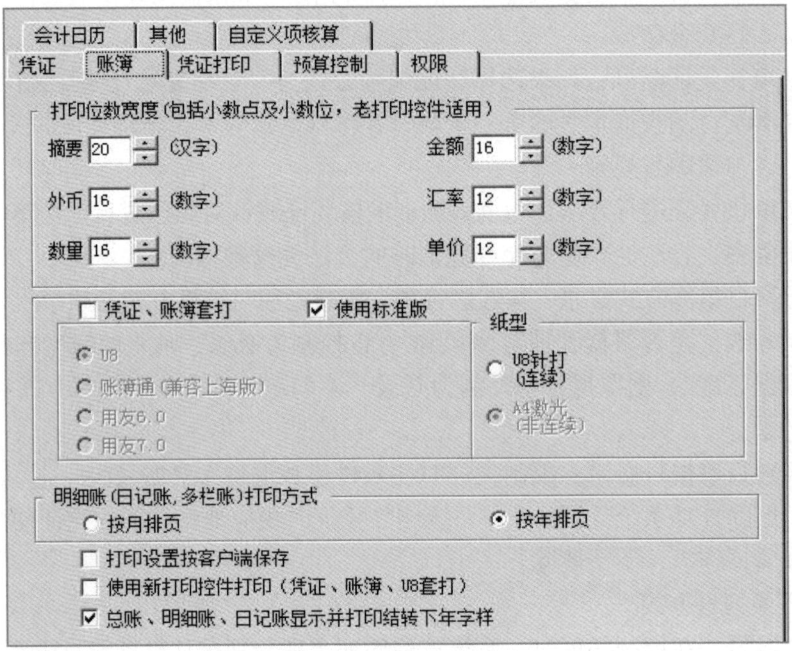

图 3-41 "账簿"选项卡

套打内容有以下四种。

凭证套打：分为金额式和外币数量式凭证。

明细账套打：分为金额式明细账、外币式明细账、数量式明细账。

日记账套打：分为金额式日记账、外币金额式日记账。

多栏账套打：只有金额式多栏账。

说明：账簿套打模板以 REP 文件形式保存在 UFSOFT\ZW\REP 下、凭证套打模板以 REP 文件形式保存在 UFSOFT\UFCOMSQL\GLREP 下，在总账打印工具—总账套打工具（老打印控件适用）中选择账簿及其类型后，系统自动显示表头模板名称、表尾模板名称。

（3）明细账（日记账、多栏账）打印方式。打印正式明细账、日记账或多栏账时，分为按年排页和按月排页。

按月排页：打印时从所选月份范围的起始月份开始将明细账顺序排页，再从第一页开始将其打印，打印起始页号为"第 1 页"。这样，若所选月份范围不是第一个月，则打印结果的页号必然从"第 1 页"开始排。

按年排页：打印时从本会计年度的第一个会计月开始将明细账顺序排页，再将打印月份范围所在的页打印输出，打印起始页号为所打月份在全年总排页中的页号。这样，若所选月份范围不是第一个月，则打印结果的页号有可能不是从"第 1 页"开始排。

（4）打印设置按客户端保存。当有多个用户使用多台不同型号的打印机时，选择此项则按照每个用户自己的打印机类型和打印选项设置来打印凭证和账簿。

（5）使用新打印控件打印（凭证、账簿、U8 套打）。勾选此项时，凭证、账簿非套打适用新打印控件打印。

与 U8 套打同时选中时，凭证、账簿的套打、非套打使用新打印控件打印。

与账簿通（兼容上海版）套打、用友 6.0 套打、用友 7.0 套打同时选中时，凭证、账簿的非套打使用新打印控件打印，套打使用老打印控件打印。

使用新打印控件打印时，在所选择的账簿中，单击"设置"或在预览时设置并保存页边距、栏目宽度、字体大小、每页打印行数等，不需要在选项中再设置打印位数宽度、每页打印行数。

（6）总账、明细账、日记账显示并打印"结转下年"字样。勾选此项时，则在本年度末的总账、明细账、日记账的末行显示"结转下年"字样。

3. "凭证打印"选项卡

切换到"凭证打印"选项卡，系统打开有关凭证打印的各项选项，供用户查看或修改，如图 3-42 所示。

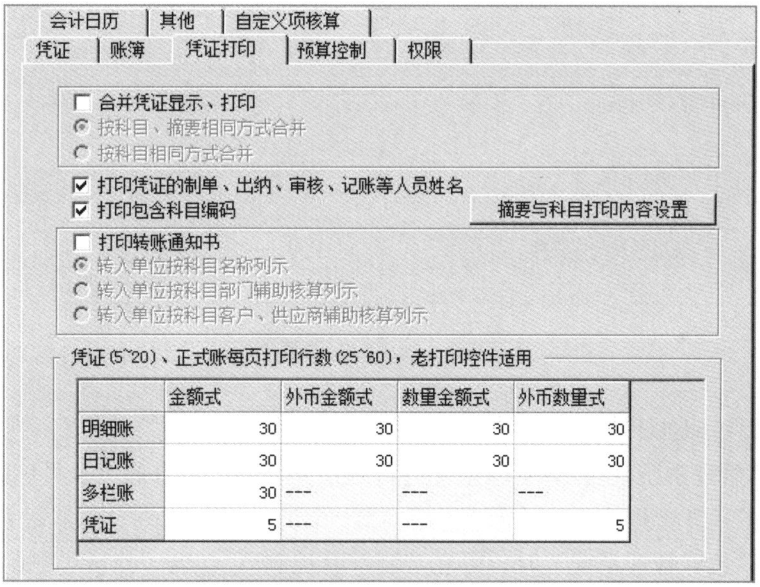

图 3-42 "凭证打印"选项卡

有关项目说明如下。

（1）合并凭证显示、打印：勾选此项，则在填制凭证、查询凭证、出纳签字和凭证审核时，以系统选项中的设置显示；在科目明细账显示或打印时凭证按照"按科目、摘要相同方式合并"或"按科目相同方式合并"显示，并在明细账显示界面提供是否"合并显示"的选项。

（2）打印凭证的制单、出纳、审核、记账等人员姓名：在打印凭证时，是否自动打印制单人、出纳人、审核人、记账人的姓名。

（3）打印包含科目编码：在打印凭证时，是否自动打印科目编码。

（4）打印转账通知单：只有勾选了此项，才能够在科目编辑时指定可打印的科目，在凭证中可打印转账通知单。

（5）凭证、正式账每页打印行数：对凭证和明细账、日记账、多栏账每页打印行数进行设置。双击表格相应位置可以直接输入行数。

4．"预算控制"选项卡

切换到"预算控制"选项卡，系统打开预算控制的各项选项，供用户查看或修改，如图3-43所示。

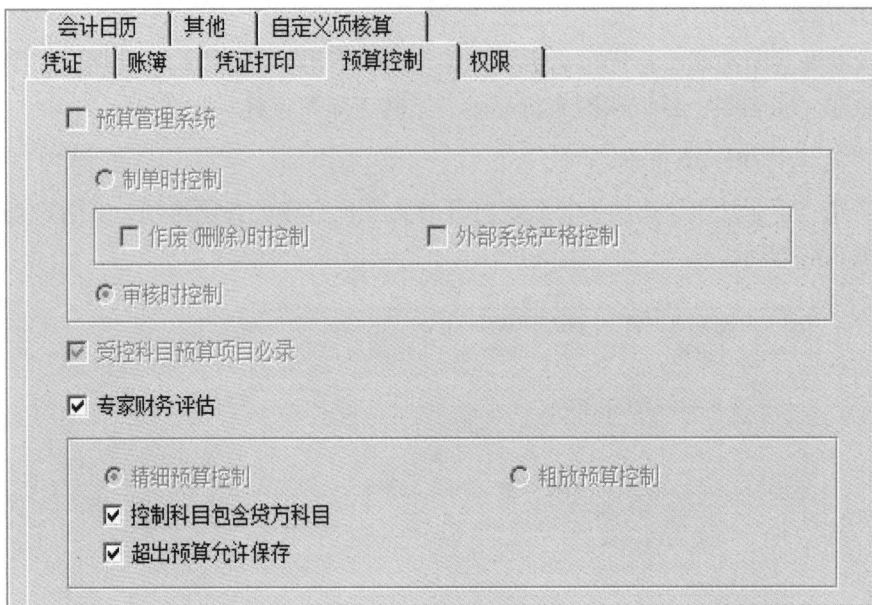

图3-43 "预算控制"选项卡

有关项目说明如下。

（1）预算管理系统。由预算管理系统进行的预算控制是否有效以及具体的控制方式，与是否安装了预算管理系统有关。

当勾选"预算管理系统"时，可在"制单时控制"［包含"作废（删除）时控制"和"外部系统严格控制"］和"审核时控制"中选择一项。当选择"制单时控制"时就不可以选择"审核时控制"，但可以同时选择"作废（删除）时控制"。

（2）专家财务评估。勾选此项，从专家财务评估中获取预算数，如果制单输入分录时超过预算也可以保存超预算分录，否则不予保存。

专家财务评估的预算控制点在凭证录入时，当某一科目下的实际发生数导致多个科目及辅助项的发生数及余额总数超过预算数与报警数的差额时，则报警。

专家财务评估的预算报警只针对总账录入的凭证。

可以对资产类和负债类科目进行预算控制。

5．"权限"选项卡

切换到"权限"选项卡，系统打开权限的各项选项，如图3-44所示。

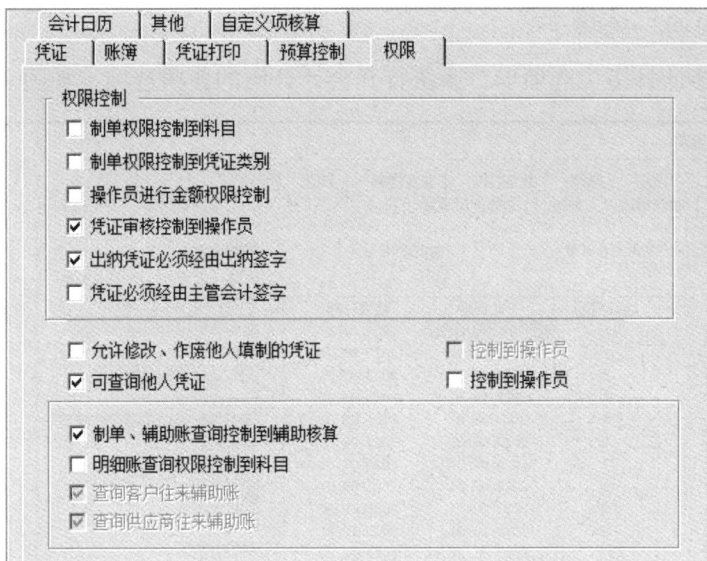

图 3-44　"权限"选项卡

有关项目说明如下。

（1）制单权限控制到科目：应先在"系统管理"→"权限"中设置科目权限，再勾选此项，权限设置才有效。勾选此项，则在制单时，操作员只能使用具有相应制单权限的科目进行制单。

（2）制单权限控制到凭证类别：应先在"系统管理"→"权限"中设置凭证类别权限，再勾选此项，权限设置才有效。勾选此项，则在制单时，只显示此操作员有权限的凭证类别。

（3）操作员进行金额权限控制：勾选此项，可以对不同级别的人员进行金额大小的控制。由常用凭证调用生成的凭证和总账系统以外的凭证以及结转凭证，如果对凭证中的金额不作修改而直接保存凭证，则不作金额控制。

（4）凭证审核控制到操作员：勾选此项，可以指定凭证审核员只审核某个凭证录入员填制的凭证。

（5）出纳凭证必须经由出纳签字：勾选此项，则要求有库存现金和银行存款科目的凭证必须由出纳人员审核签字后才能记账。

（6）凭证必须经由主管会计签字：勾选此项，则要求所有凭证必须由主管签字后才能记账。

（7）允许修改、作废他人填制的凭证：勾选此项，在制单时可修改或作废他人填制的凭证。

（8）可查询他人凭证：勾选此项，则允许查询他人填制的凭证。

（9）制单、辅助账查询控制到辅助核算：勾选此项，制单时才能使用有辅助核算属性的科目录入分录，辅助账查询时只能查询有权限的辅助项内容。

（10）明细账查询权限控制到科目：首先在"系统管理"→"权限"中设置明细账查询权限，然后勾选此项，则可以对明细账的查询控制到指定的科目。

6. "会计日历"选项卡

切换到"会计日历"选项卡，系统打开会计日历的各项选项，如图 3-45 所示。

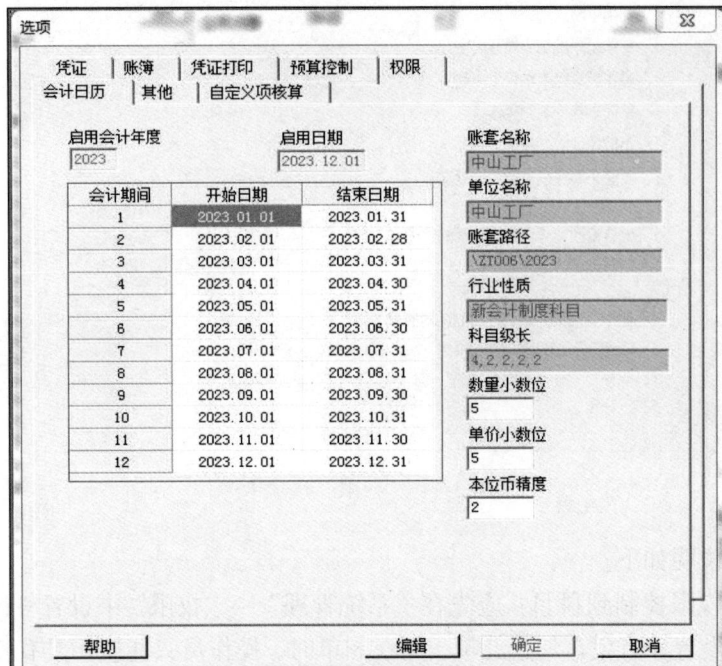

图 3-45 "会计日历"选项卡

有关项目说明如下。

在"会计日历"选项卡中可查看启用会计年度和启用日期，以及各会计期间的开始日期与结束日期。需注意的是，总账系统的启用日期不能在系统的启用日期之前；已录入汇率后不能修改总账系统的启用日期；总账系统中已录入期初余额则不能修改总账系统的启用日期；总账系统中已制单的月份不能修改总账系统的启用日期；其他系统中已制单的月份不能修改总账系统的启用日期；第二年进入系统，不能修改总账系统的启用日期。

在"会计日历"选项卡中还可以查看账套名称、单位名称、账套路径、行业性质和科目级长等账套信息。此外，还可以对在建立账套时设置的数量小数位、单价小数位和本位币精度进行修改。

7. "其他"选项卡

切换到"其他"选项卡，系统打开其他选项，如图 3-46 所示。

有关项目说明如下。

（1）外币核算：如果有外币业务，则应选择相应的汇率方式——固定汇率或浮动汇率。选择"固定汇率"，则在制单时，一个月只按当月 1 日的汇率折算本位币金额；选择"浮动汇率"，则在制单时，按当日汇率折算本位币金额。

（2）本位币：输入核算本位币的币符和币名。

（3）部门排序方式：在查询部门账或参照部门目录时，选择按编码还是按名称对部门进行排序显示。

（4）个人排序方式：在查询人员账或参照人员目录时，选择按编码还是按名称对人员进行排序显示。

（5）项目排序方式：在查询项目账或参照项目目录时，选择按编码还是按名称对项目进行排序显示。

（6）分销联查凭证 IP 地址：在这里输入分销系统的网址，可以联查分销系统的单据。

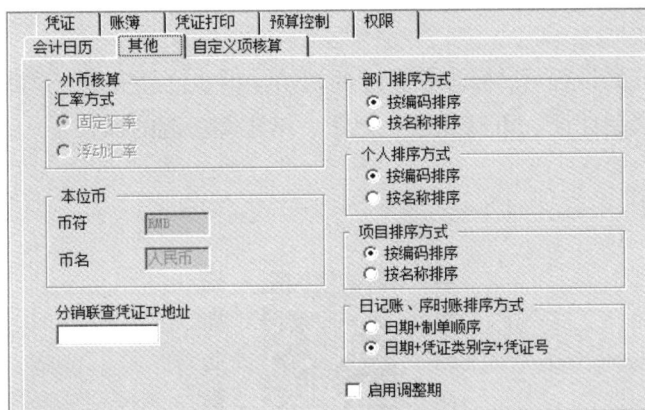

图 3-46 "其他"选项卡

8. "自定义项核算"选项卡

切换到"自定义项核算"选项卡，系统打开自定义项作为辅助核算选项，如图 3-47 所示。

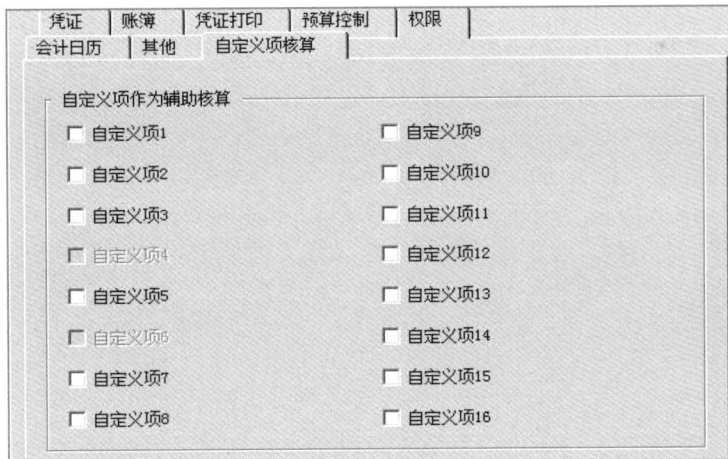

图 3-47 "自定义项核算"选项卡

自定义项作为辅助核算：勾选相应的自定义项，则可以按自定义项组合录入期初余额，可以按科目自定义项组合结转年度科目期末余额。

如果系统提供的个人、部门、项目、供应商、客户等辅助核算项不够时，可在此将某些自定义项设置为辅助核算。针对设置为辅助核算的自定义项提供期初录入、凭证录入的必录控制，提供自定义转账、汇兑损益、期间损益、销售成本等结转按自定义项结转，提供对账及多辅助账查询。其余没有设置为辅助核算的自定义项，只在凭证中作为备注信息录入，查询多辅助账时只能作为栏目项显示，不提供小计。

在科目档案中，指定哪些科目需要跟踪自定义项信息。

在总账系统"自定义项核算"选项卡中指定科目涉及的自定义项。其余没有选中并与科目关联的自定义项，在录入凭证时，只作为备注信息录入。

以上 8 个选项卡均设置完毕后，单击"确定"按钮予以保存；单击"放弃"按钮则放弃对选项的操作。

经过本章各节的设置后，标志着系统的初始化设置已经完成，总账系统则可以交付使用，可以进行填制凭证、审核凭证、记账、结账等功能的操作了。

即 测 即 练

自学自测　　扫描此码

第 四 章

凭证的填制和审核

填制记账凭证是计算机处理会计数据的开始，也是总账系统交付使用的标志。

初始化设置工作完成后，系统就可以填制记账凭证了。在未录入期初余额或虽然录入了期初余额但试算不平衡的情况下，仍可以填制记账凭证，但不能进行记账操作。

本章主要阐述在总账系统中，根据原始凭证填制记账凭证，并对记账凭证进行审核和出纳签字，以及修改凭证、删除凭证、填制红字凭证、生成和调用常用凭证等。

第一节　填制记账凭证

凭证填制操作员根据所取得的原始凭证，在总账系统中，通过调用"填制凭证"功能填制记账凭证。在此处填制的记账凭证是总账系统用于登记日记账、明细账、总分类账和各类辅助账所必需的各类记账凭证。这里所称的记账凭证是指在第三章第三节"凭证类别设置"中已设置的收款凭证、付款凭证和转账凭证，这三种不同类型的记账凭证均采用同一种屏幕格式进行填制。

记账凭证是登记账簿的依据，在实行计算机处理账务后，电子账簿的准确性与完整性完全依赖于记账凭证，因而要求操作者确保记账凭证的输入要准确和完整。

在实际工作中，有以下两种制单方式。

一种是前台制单处理，是直接在总账系统中调用"填制凭证"功能，根据审核无误而准予入账的原始凭证填制记账凭证。

另一种是后台制单处理，是先手工填制记账凭证，而后调用"填制凭证"功能进行集中录入凭证。

用户采用哪种制单方式应根据本单位的实际情况，一般来说业务量不多，或用户的应用基础较好，或使用网络版的用户可以采用前台制单处理方式，而在第一年使用期间，或在手工与计算机并行阶段，则比较适合采用后台制单处理方式。

在图 3-1 窗口中，选择"业务工作"选项卡，单击"财务会计"→"总账"→"凭证"→"填制凭证"项，打开"填制凭证"操作窗口，如图 4-1 所示。

在图 4-1 中，主体部分是记账凭证的格式，可分成五个部分：一是凭证头部分，包括凭证名称、凭证字号、制单日期、附单据数及自定义项等；二是凭证的基本内容部分，包括摘要、科目名称、借方金额、贷方金额和合计；三是附注和辅助类账信息，包括银行类科目的结算单据票号、结算方式、日期，数量金额式科目的数量和单价，辅助账的票号和日期等；四是辅助类科目的备注信息，包括项目、部门、个人、客户、业务员等；

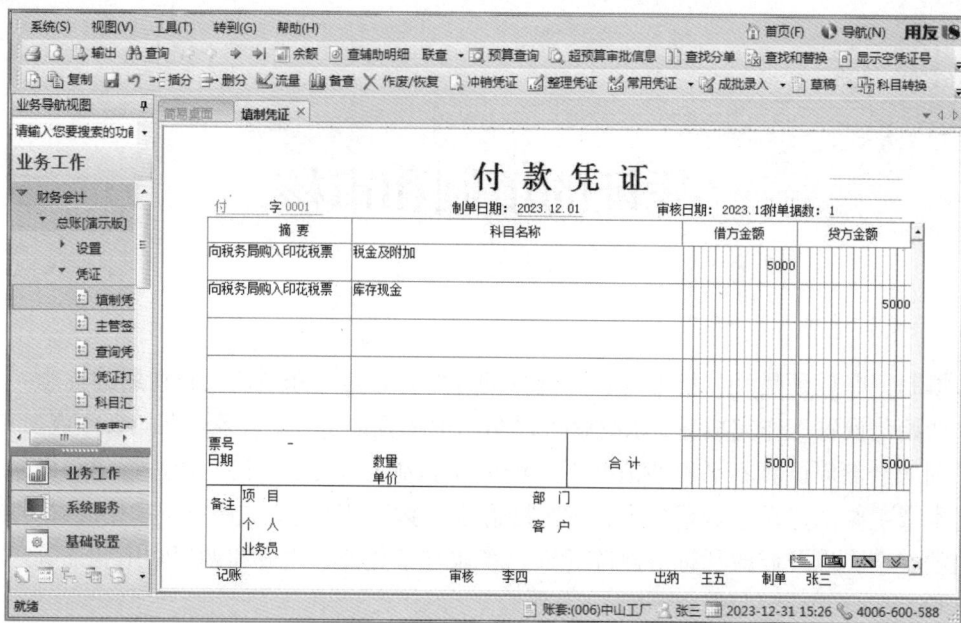

图 4-1 "填制凭证"操作窗口

五是操作员信息，包括记账、审核、出纳和制单等操作员的签章。

"增加"记账凭证可能是总账系统中使用最为频繁的操作功能，此处填制的记账凭证也是总账、明细账、日记账、辅助类账等账簿数据的数据源。因此记账凭证准确无误的输入，是各类账簿数据、报表数据正确性的重要保证。

为此，下面将详细讲解记账凭证的填制步骤，并介绍填制过程中的一些要点。

在图 4-1 中，单击"增加"图标按钮或按"F5"键，增加一张空白凭证，这时光标首先定位在凭证类别上。下面阐述填制记账凭证的顺序及其内容。

1. 输入凭证类别

凭证类别是指收款凭证、付款凭证和转账凭证三者中的一种。系统按照"系统初始化"→"凭证类别"中设置的凭证类别顺序进行显示，显示的第一个记账凭证类别简称"收"。有两种方法可以确定凭证类别：一是直接输入凭证类别的简称"收""付"或"转"；二是单击"收"字右侧的参照按钮或按"F2"键，系统均弹出"凭证类别参照"对话框，如图 4-2 所示。双击要选择的凭证类别项，则选取的凭证类别字将显示出来。

2. 输入凭证编号

有两种方法可以确定凭证编号。

（1）系统自动编号。用户应先在"业务"→"总账"→"设置"→"选项"→"凭证"中的"凭证编号方式"选项组中选择"系统编号"，如图 4-3 所示。

图 4-2 "凭证类别参照"对话框

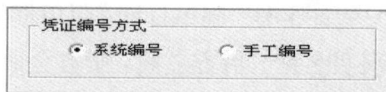

图 4-3 "凭证编号方式"选项组

一般情况下，由系统分类按月自动编制，即每类凭证每月都从 0001 开始依次编号。对于网络版模式，如果是几个操作员同时填制凭证，在凭证的右上角，系统会提示一个参考凭证号，真正的凭证编号只有在凭证已填制并经保存完毕后才能正式给出。如果只有一个操作员在制单或在使用单机版模式下，在制单时凭证右上角显示的凭证号，就是正在填制凭证的正式编号。系统同时也自动管理凭证页，系统规定每页凭证有 5 行分录，当某号凭证有 6 行以上分录时，则凭证不止一页，系统会自动在凭证编号后标上几分之几，例如，本书记账凭证中的中山工厂"转字 0069 号 0003/0006"，表示为转账凭证第 0069 号凭证共有 6 张分单，当前光标行所在的分录在第 3 张分单上。

（2）手工编号。在图 4-3 中，如果将"凭证编号方式"设置为"手工编号"，则用户在图 4-1 所示窗口中，由手工直接录入凭证的编号，系统将不会自动给定编号。

3. 输入制单日期

制单日期是指填制记账凭证的日期，而不是原始凭证中列示的日期，也不是计算机当前的日期。系统默认显示进入总账系统注册时输入的操作日期为记账凭证的填制日期。如果制单日期不符合用户的要求，可直接修改或单击日期参照按钮，系统弹出日历，进行选择确定。

如果在"业务"→"总账"→"设置"→"选项"→"凭证"中的"制单控制"选项组中勾选"制单序时控制"，如图 4-4 所示，则系统默认应按时间顺序填制凭证，即每月内的制单日期不能倒流。例如，在 12 月 18 日转账凭证已填到第 19 号，则填制转账凭证第 20 号以后的凭证时，日期不能为 12 月 1 日至 12 月 17 日的日期，而只能是 12 月 18 日至 12 月 31 日的日期。若系统提示"日期不能滞后于系统日期"，则可能是计算机的系统日期在凭证的制单日期之前，调整计算机的系统日期为实际的日历日期即可消除此提示。

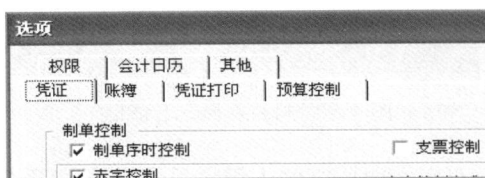

图 4-4 "制单控制"选项组

用户也可解除这种制单控制限制，即取消勾选"制单序时控制"。

4. 输入附单据数

附单据数是指本张记账凭证所附的原始凭证张数。用户可直接输入原始单据的张数，输入完成后按"Enter"键。

5. 输入凭证自定义项

凭证自定义项是用户在"设置"→"基础档案"→"其他"→"自定义项"中设置的凭证补充信息。用户根据需要可以自行定义和输入，系统对这些信息不进行校验，只进行保存。输入方法为：单击记账凭证右上角的文本框后，直接输入有关自定义内容即可。

6. 输入摘要

在摘要栏中，输入本行分录科目的简要业务说明，要求简洁明了。有两种输入方法：一种是直接输入，即在摘要栏中直接输入摘要内容。另一种是单击常用摘要参照按钮选择输入。在日常填制凭证过程中，因为有些经济业务会经常性发生，其摘要完全相同或大致相同，如果能将这些摘要预先定义并存储起来，在填制记账凭证时，可随时调用，必将大大提高业务处理的效率。调用常用摘要，可以在输入摘要时直接输入摘要代码，或按"F2"键或单击常用摘要参照按钮选择。若调用的摘要有不合适之处，可以直接在摘要栏中进行修改。

7. 输入科目名称或科目编码

此处必须输入末级科目名称或科目编码。有两种输入方法：一种是直接输入。在科目名称栏中，直接输入会计科目编码、或科目中文名称、或科目英文名称、或助记码。如果输入的科目名称有重名现象，系统会自动提示所有重名的科目，供用户选择。另一种是在"科目"参照对话框中选取。方法是：当光标在"科目名称"输入栏时，按"F2"键或单击参照按钮，系统将打开"科目参照"对话框，如图 4-5 所示。

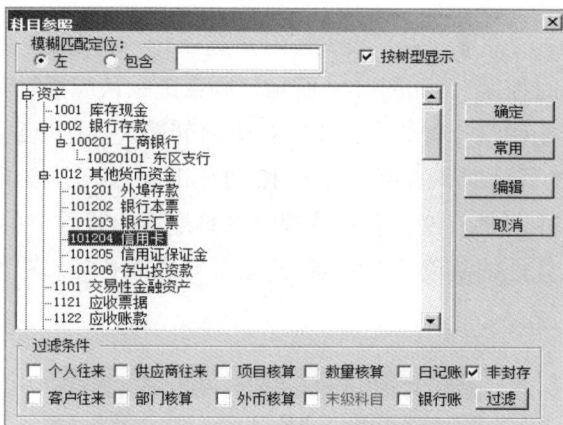

图 4-5 "科目参照"对话框

在图 4-5 中，可通过双击选取所需的末级科目。系统关闭"科目参照"对话框，系统退回到图 4-1 所示的窗口，选取的科目将显示在"科目名称"栏中。

如果在"设置"→"数据权限"→"数据权限设置"中指定了用户的科目权限，那么在制单时不能使用没有指定的科目进行制单。

8. 输入辅助类信息

在图 3-4 所示的"新增会计科目"对话框中，将有些科目设置为银行类、外币金额式、数量金额式、数量外币式、部门核算、个人往来、客户往来、供应商往来、项目核算等属性，则在输入科目后，若系统检查到此科目设置为上述科目之一，则弹出该科目属性的输入窗口，如图 4-6 所示，要求用户输入该辅助类信息。在这里录入的辅助类信息，将在凭证下方显示银行结算信息、数量单价信息以及在"备注"栏中显示辅助信息。

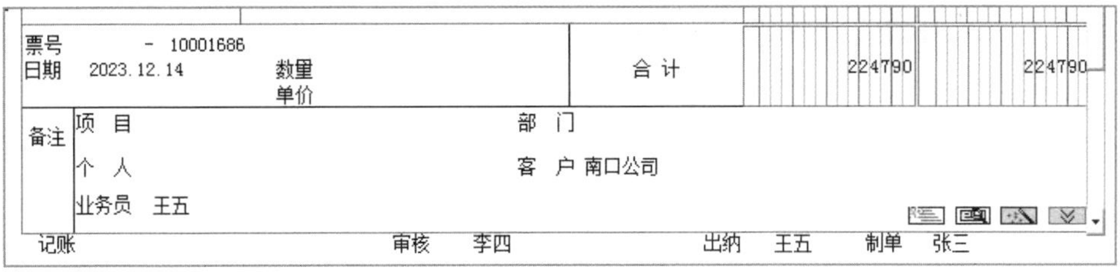

图 4-6 科目属性输入窗口

用户可以对辅助信息进行修改，方法是将光标移至某辅助栏，光标将变形为笔尖形状，然后双击该辅助信息，系统将重新打开"辅助项"信息录入窗口，供用户进行修改。以下分别讲述输入各辅助项信息的方法。

（1）银行科目辅助信息的输入。在图 3-6 所示"指定科目"对话框中，若银行存款科目设置为"银行科目"，系统将弹出"辅助项"对话框，要求用户输入"结算方式""票号"及"发生日期"等信息，如图 4-7 所示。

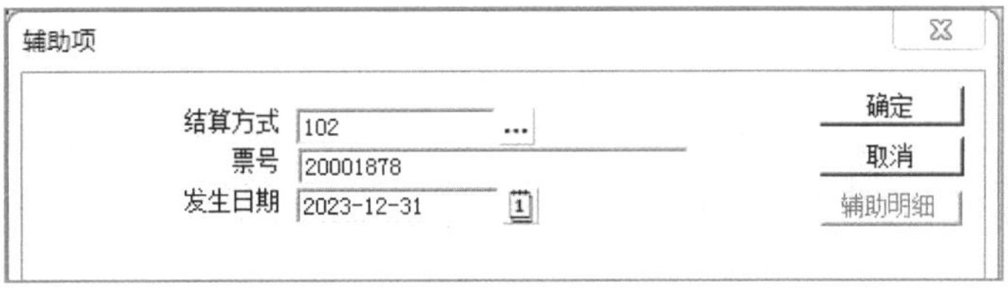

图 4-7 "辅助项"对话框（一）

在图 4-7 中，"结算方式"由用户输入或参照选择结算方式代码；"票号"指该种结算原始结算单据的号码；"发生日期"是指该笔经济业务发生的日期。"发生日期"主要用于日后与银行进行对账。

若在图 4-4 中勾选了"支票控制"，则在制单时，输入支票号码后，系统将会自动核对和勾销支票登记簿中已报销的支票，并在报销日期处填上制单日期。所以在支票领用时，应将支票号码在支票登记簿中予以全部登记，以便系统能自动勾销已报销的支票。若支票登记簿中未登记该支票，系统将显示支票录入窗口，供用户将该支票内容录入到支票登记簿中，同时填上报销日期。

（2）外币科目辅助信息的输入。在图 3-4 所示对话框中，若将科目设置为"外币科目"，则在输入外币科目时，系统自动将凭证格式改为外币金额式，要求输入外币金额和汇率信息。如果系统有其他辅助核算，则先输入其他辅助核算，再输入外币信息。

（3）数量金额式科目辅助信息的输入。在图 3-4 所示对话框中，若科目的账页格式设置为"数量金额式"，系统将弹出"辅助项"对话框，如图 4-8 所示。

输入"数量"和"单价"，系统自动根据"数量×单价＝金额"的公式计算出金额，并将金额先放在借方，如果方向不符，可按空格键调整金额方向为贷方。若数量、单价

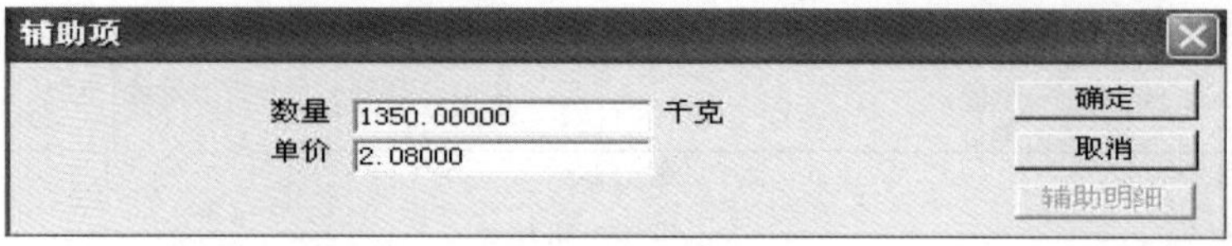

图 4-8 "辅助项"对话框（二）

有一方未录入，系统将根据金额自动计算出单价或数量，从而提高录入效率和准确度。在实际交易中，可能存在按数量和金额成交的情况，则只输入数量和金额，单价则不用手工输入，系统会自动计算出单价。

（4）项目核算科目辅助信息的输入。在图 3-4 所示对话框的"辅助核算"组中，若科目设置为"项目核算"，屏幕提示用户输入"项目"信息，可输入代码或项目名称，也可按"F2"键或单击参照按钮选择输入。项目核算的科目必须先在项目定义中设置相应的项目大类，才能在制单中使用。

（5）部门核算科目辅助信息的输入。在图 3-4 所示对话框的"辅助核算"组中，若科目设置为"部门核算"，屏幕提示用户输入"部门"信息，可输入代码或部门名称，也可按"F2"键或单击参照按钮选择输入。在填制凭证时只能输入末级部门。

（6）个人往来核算科目辅助信息的输入。在图 3-4 所示对话框的"辅助核算"组中，若科目设置为"个人往来"，系统则弹出"辅助项"对话框，如图 4-9 所示。

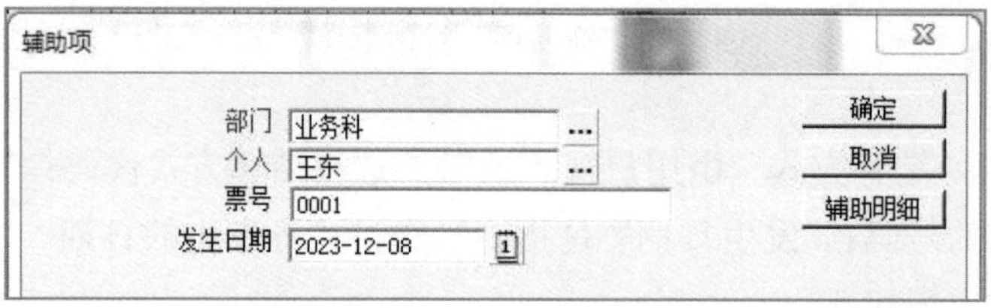

图 4-9 "辅助项"对话框（三）

输入"部门""个人""票号""发生日期"等信息，可输入代码或名称，也可按"F2"键或单击参照按钮选择输入。在录入个人信息时，若不输入"部门"信息只输入"个人"信息，系统将根据所输入个人信息，自动显示该个人所属的部门。

（7）客户往来科目辅助信息的输入。在图 3-4 所示对话框的"辅助核算"组中，若科目设置为"客户往来"，系统则弹出"辅助项"对话框，如图 4-10 所示。

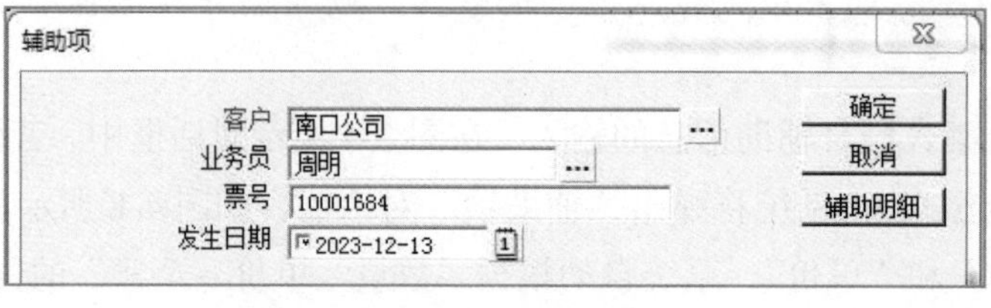

图 4-10 "辅助项"对话框（四）

输入"客户""业务员""票号""发生日期"等信息。"客户"处可输入客户代码或客户简称，也可通过单击参照按钮选择输入。

如果用户同时使用"应收系统"来管理所有客户往来业务，那么在填制凭证时，不能使用纯客户往来的科目，而应到"应收系统"→"日常处理"→"制单"中，进行"制单"功能的操作，从而生成凭证，并传递到总账系统中。若使用部门客户或客户项目的科目，则只能录入部门或项目的发生数。

（8）供应商往来科目辅助信息的输入。在图 3-4 所示对话框的"辅助核算"组中，若科目设置为"供应商往来"，系统则弹出"辅助项"对话框，如图 4-11 所示。

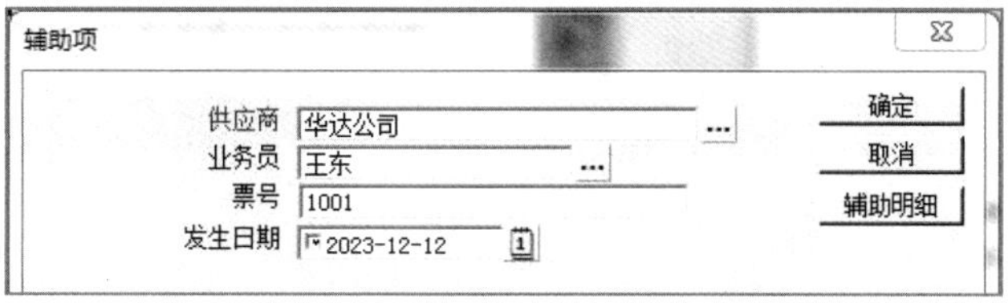

图 4-11　"辅助项"对话框（五）

用户输入"供应商""业务员""票号""发生日期"等信息。"供应商"处可输入供应商代码或供应商简称，也可按"F2"键或单击参照按钮选择输入。"业务员"处可输入该笔业务的采购人员，"票号"处可输入往来业务的单据号码。

如果用户同时使用"应付系统"来管理所有供应商往来业务，那么在填制凭证时，不能使用纯供应商往来的科目，而应到"应付系统"→"日常处理"→"制单"中，进行"制单"功能的操作，从而生成凭证，并传递到总账系统中。若使用部门供应商或供应商项目的科目，则只能录入部门或项目的发生数。

（9）科目自定义项辅助信息的输入。若科目设置了"自定义项"，则屏幕提示用户输入各"科目自定义项"的信息。例如，如商品销售收入科目定义了"销售类型"的科目自定义项，当在凭证中录入主营业务收入科目时，系统提示用户录入"销售类型"，此时可输入"现销""赊销"等辅助信息，并可在查明细账、序时账时按"销售类型"条件进行查询。又如，工程项目科目可设置"料""工""费"等自定义项核算该科目每一笔业务的全部信息。在填制凭证时，自定义项可录入也可不录入。

9. 输入借方金额和贷方金额

当光标在金额栏时，要求输入该笔分录的借方金额或贷方金额。金额不能为零，但可以是红字金额。红字金额应以负数形式输入，输入完负数金额后，系统将负数金额显示为红字金额，但在打印时将红字金额仍打印为负数金额。如果借贷方向不符，可按空格键调整金额方向，即金额若在借方，按空格键后则调整为贷方，同理，金额若在贷方，按空格键后则调整为借方。

输入最后一行金额时，在金额栏按"="键，系统将根据借方和贷方的差额，自动计算此笔分录的金额。例如，填制某张凭证时，前两行分录金额分别为借 300、借 500，在录入第三行分录的金额时，将光标移到贷方，按下"＝"键，系统将会自动填写金额为800。又如，在填制某张凭证时，前两行分录金额分别为借1000、贷600，在录入第三行分录的金额时，将光标移到贷方，按下"＝"键，系统将会自动填写金额为400。

若用户不希望在借方金额和贷方金额栏中显示数据位线（除千分位线外），可按"Ctrl＋L"键取消显示，也可再次按"Ctrl＋L"键恢复显示。

在"选项"→"凭证"→"赤字控制"（如图3-41所示）中若选取了"资金及往来科目"项时，则对资金科目及往来科目在输入借方金额或贷方金额后，系统会自动检查该科目的余额是否为赤字（即负数），不为赤字则无任何提示信息。如系统检查到该科目余额为赤字，则出现凭证赤字提示对话框，如图4-12中分别显示银行存款和应付账款科目的赤字金额提示。

图4-12　凭证赤字提示对话框

系统将提示检查到的科目和赤字金额等信息，询问"是否继续"。如要继续，单击"是"按钮；否则，单击"否"按钮退出，重新检查输入的金额。

输入借方金额和贷方金额后，在记账凭证的"合计"栏，系统将自动累计出本张记账凭证的借方金额合计和贷方金额合计，用户可以以此合计数来进一步检查每行所输金额的正确与否。

若想放弃当前某行未完成的分录，可将光标移至需作删除操作行的任一栏内，然后单击"删行"按钮，或按"Ctrl＋D"键，出现删除提示对话框，如图4-13所示。

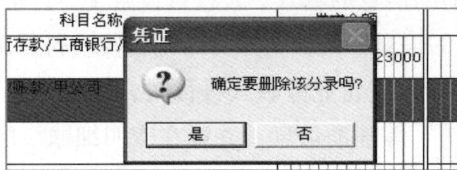

图4-13　删除提示对话框

在图4-13中，若确实要删除该行，则单击"是"按钮，系统将删除当前分录行。

如果用户想在当前若干行分录内插入一行，则应先将光标移到欲插入行的任一栏内，然后单击"增行"按钮，或按"Ctrl+I"键，系统将在指定位置插入一空行，如图4-14所示。

图4-14　在分录内插入一空行

10. 保存凭证

当用户输入完记账凭证的全部录入内容后，若单击"保存"图标按钮或按"F6"键，则可保存这张记账凭证；若单击"放弃"图标按钮，则放弃当前增加的凭证。凭证一旦保存，其凭证类别、凭证编号将不能再修改。

系统在保存凭证时将对借贷方金额的平衡性、凭证类别的正确性等方面进行检验。在图 4-1 所示窗口中，再次单击"增加"图标按钮，则可继续填制下一张记账凭证。中山工厂的原始凭证在本章第九节、记账凭证在本章第十节中分别进行介绍。

第二节　修 改 凭 证

根据上节阐述的方法填制的记账凭证，若发现凭证有差错，则可以对其进行修改。

1. 记账凭证的修改方法

记账凭证在不同的时段有不同的修改方法，主要有以下四种。

（1）对未"审核"的记账凭证，可以由凭证填制操作员（如张三）直接进行修改并保存。

（2）对已"审核"但未"记账"的记账凭证的修改方法：凡已"审核"的记账凭证，不能直接在记账凭证上进行修改。若发现已"审核"的记账凭证确实有错，而需加以修改时，则应首先由审核操作员（如李四）在"总账"→"凭证"→"审核凭证"功能窗口中，进行"取消审核"操作后退出；然后由凭证填制操作员（如张三）进入总账系统，在"填制凭证"功能中，调出该张错误凭证进行修改，修改完成后进行保存并退出；最后由审核操作员（如李四）再次进入总账系统，在"凭证"→"审核凭证"功能窗口中，重新对该张已修改过的凭证进行"审核"操作。

（3）对已"记账"的记账凭证有以下两种修改方法：

第一种是有痕迹的红字冲销法。对已进行"记账"操作的记账凭证，将不能再进行直接修改或取消审核操作。若发现已"记账"的凭证确实有错时，可以编制红字凭证予以冲销，方法是首先由凭证填制操作员（如张三）填制一张与该张错误凭证除金额为红字（即负数）外，其他内容完全一致的红字凭证；然后由审核操作员（如李四）进行"审核凭证"操作；最后由记账操作员（如张三）通过"记账"功能进行"记账"操作，才能达到对该张错误凭证进行冲销和更正。

第二种是无痕迹的取消"记账"直接修改法。方法是首先单击"总账"→"期末"→"对账"项，打开"对账"操作窗口，按"Ctrl＋H"键，即可激活"恢复记账前状态"功能，然后退出"对账"窗口；单击"凭证"→"恢复记账前状态"项（此功能平时不显示，待退出系统后将隐藏而不显示出来），弹出"恢复记账前状态"操作窗口，在"恢复方式"中选择"月初状态"项，然后单击"确定"按钮，系统将恢复为记账前状态。最后按照"对已'审核'但未'记账'的记账凭证的修改方法"，调用错误凭证进行修改，再进行"审核凭证"和"记账"功能操作。

（4）对已"结账"记账凭证的修改方法。若采用无痕迹的修改凭证方法，其流程是先按照第七章第二节的方法取消结账，然后依次进行取消记账、恢复记账前状态、取消审核、取消出纳签字、修改凭证，再进行审核、出纳签字、记账和结账等操作。

如果在图 3-44 所示"权限"选项卡中没有勾选"允许修改、作废他人填制的凭证"项，则不能修改他人填制的凭证。若选取设置了"制单序时"选项，则用户在修改"制单日期"时，不能修改在上一编号凭证的制单日期之前。当然，12 月份填制的凭证不能将制单日期改为 11 月份的日期。

外部系统（即外账套）传过来的记账凭证不能在本账套的总账系统中进行修改，只能在生成该记账凭证的总账系统（即原账套的总账系统）中进行修改。

如果某笔涉及银行科目的分录已录入了支票信息，并对该支票做过报销处理，修改该分录后，不会影响"支票登记簿"中的内容。

2. 记账凭证修改的操作步骤

（1）在图 4-1 所示窗口中，通过单击翻页按钮查找，或单击"查询"按钮，输入查询条件，找到需要修改的记账凭证。

（2）在"制单日期"处，修改制单日期。

（3）若要修改附单据数、摘要、科目、外币、汇率、金额，可直接将光标移到需要修改的相关栏目，进行修改即可。

（4）若要修改某辅助项内容，则将光标移到凭证下方的辅助项信息处并双击，系统弹出显示辅助项的录入对话框，直接在上面修改即可。

（5）若要修改借贷方金额方向，可将光标置于当前金额的相反方向，按空格键，即可调整借贷方向。

（6）若希望将当前分录的金额为其他所有分录的借贷方差额，则光标在金额栏时按"＝"键即可。

（7）单击"增行"按钮或按"Ctrl+I"键，可在当前分录前插入一行。

（8）单击"删行"按钮或按"Ctrl+D"键，可删除当前光标所在行的分录。

（9）将需要修改的内容修改完毕后，单击"保存"图标按钮，则保存当前修改内容；单击"放弃"图标按钮，则放弃对当前凭证的修改。

第三节　作废凭证和恢复凭证

如果有些凭证填错或不再需要，可将该凭证作废。但是作废凭证仍然保留凭证内容及凭证编号，只在凭证左上角显示"作废"字样。作废凭证不能修改、不能审核。在"记账"时，系统不会对作废凭证作数据处理，相当于一张空凭证。在账簿查询时，也查不到作废凭证的数据。

一、作废凭证

在图 4-1 所示窗口中，查找出要作废的记账凭证，然后单击"作废/恢复"按钮，在凭证的左上角将显示"作废"字样，表示已将该记账凭证作废。

二、恢复作废凭证

如果想恢复某张已作废的凭证，再次单击"作废/恢复"按钮，可取消作废标志，并将该作废记账凭证恢复为有效凭证。

第四节　凭证整理（删除作废凭证）

本功能是对那些不想保留的作废凭证，通过"凭证整理"功能将这些作废凭证彻底删除，并对未记账凭证的凭证号进行重新编号，保证凭证号的连续性。

在图 4-1 所示窗口中，单击"整理凭证"按钮，系统弹出"凭证期间选择"对话框，如图 4-15 所示。

在图 4-15 所示对话框中，选择要进行凭证整理的期间，如"2023.12"，然后单击"确定"按钮，屏幕显示"作废凭证表"选择窗口，如图 4-16 所示。

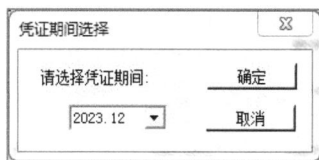

图 4-15　"凭证期间选择"对话框

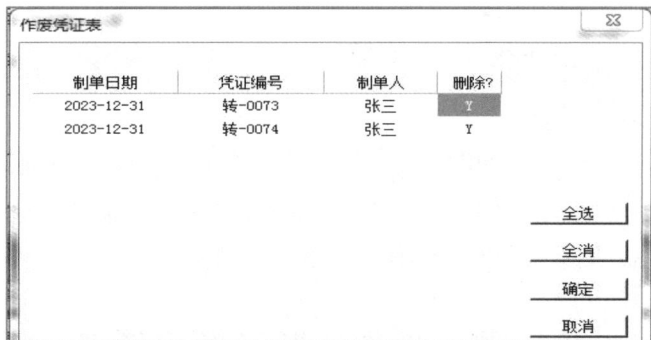

图 4-16　"作废凭证表"选择窗口

在图 4-16 中的"删除"栏内，双击要作真正删除的作废凭证，将显示选中标记"√"，或单击"全选"按钮，所有作废凭证将全部标上选中标记"√"，然后单击"确定"按钮，系统将这些作废凭证从数据库中永久删除。

因作废凭证也曾是一张有效凭证，也占一个凭证号，如将其删除，这个凭证号也被删除了，这样将会使现存的凭证号出现断号现象。系统要求"记账"时凭证号应连续不断，如果凭证号不连续，系统将拒绝进行"记账"操作。因此，系统设计了一个凭证号重排功能。在进行了删除作废凭证操作后，系统将自动对数据库中现有剩余的凭证号进行重新排号，使凭证号连续不断。

例如，现有凭证 5 张，分别是：有效凭证转 1、作废凭证转 2、作废凭证转 3、有效凭证转 4、有效凭证转 5。现进行了"整理凭证"操作，将作废凭证转 2 和作废凭证转 3 删除了，则在数据库中，现有的凭证变为：有效凭证转 1、有效凭证转 4、有效凭证转 5。此时，系统检查并提示用户，要求对凭证编码进行维护，经过凭证编码维护后，转 4 变为转 2，转 5 变为转 3，这样就使凭证编码连续不断号。

如果本月已有凭证作了"记账"操作，那么，已作"记账"操作的凭证将不能进行"整理凭证"操作，只能对其后面的未记账凭证作凭证整理。如果想对已记账的凭证进行凭证整理操作，请参照本章第二节所述的方法，先启用"恢复记账前状态"功能，并恢复到本月月初的记账前状态，按照"取消出纳签字"→"取消审核"→"作废凭证"→"整理凭证"的顺序进行操作，可达到删除已记账凭证的目的。

第五节　快速制作红字凭证

在记账后，若发现某张凭证有错误，如果不采用启动"恢复记账前状态"进行修改操作的方法，则可采用填制红字凭证的方法来冲销错误凭证。但当错误凭证有很多分页时，填制红字凭证的工作量也较大。因此，系统设计了一种能快速填制红字凭证的方法。

在图 4-1 所示窗口中，单击"冲销凭证"按钮，系统打开"冲销凭证"对话框，如图 4-17 所示。

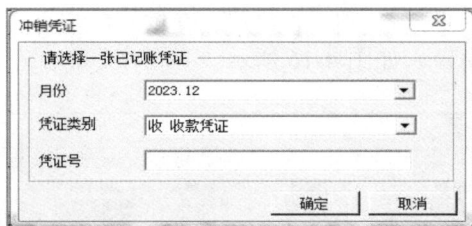

图 4-17　"冲销凭证"对话框

在图 4-17 中，要求用户选择"月份""凭证类别"和"凭证号"信息，输入完毕后，单击"确定"按钮，则系统将自动制作一张红字冲销凭证。

第六节　生成和调用常用凭证

在实际会计工作中，有些经济业务会在一个月内多次发生，或在各个月中都会发生某一种相同或相近的经济业务。那么，根据这些经济业务所取得的原始凭证而填制的记账凭证，将在一个月内或每月进行重复填制。因此，系统设计了常用凭证的填制和调用功能，来减少填制凭证的工作量，从而提高会计工作效率。

一、生成常用凭证

当用户在填制凭证过程中，认为已填制好的某张凭证可作为常用凭证保存时，可在图 4-1 所示窗口中单击"常用凭证"→"生成常用凭证"项，系统弹出"常用凭证生成"对话框，如图 4-18 所示。

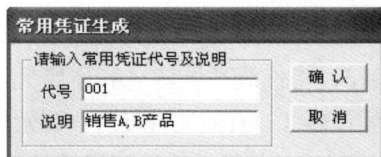

图 4-18　"常用凭证生成"对话框

在图 4-18 中，系统要求用户输入该张常用凭证的代号及说明，然后单击"确认"按钮，该张凭证即被存入常用凭证数据库中。

二、调用常用凭证

如果在"常用凭证"库中已定义了与当前将要填制的凭证类似的记账凭证时，可调用此常用凭证，将会加快凭证的录入速度。调用方法是：在图 4-1 所示窗口中，单击"常用凭证"→"调用常用凭证"项，弹出"调用常用凭证"对话框，如图 4-19 所示。

在图 4-19 所示对话框中，输入需调用的常用凭证代号，或单击"参照"按钮，系统打开"常用凭证"窗口，如图 4-20 所示。

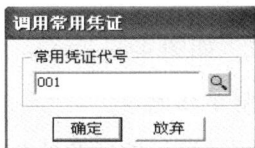

图 4-19 "调用常用凭证"对话框   图 4-20 "常用凭证"窗口

在图 4-20 所示窗口中，显示现有已存的常用凭证清单，单击选择某凭证行，再单击"详细"按钮，系统显示"常用凭证—详细"窗口，如图 4-21 所示。

图 4-21 "常用凭证—详细"窗口

在图 4-21 所示窗口中，可修改该张凭证的内容，完成后单击"退出"按钮，退回至图 4-20 所示窗口。用户单击选择该常用凭证行，然后单击"选入"按钮，则此张常用凭证已自动显示在"填制凭证"操作窗口，其"凭证号"也自动编排了新号。最后，在调入的此张常用凭证上，对不合适之处进行修改和调整。

第七节　查看凭证的其他信息

总账系统的填制凭证功能，不仅是各账簿数据的输入口，同时也提供了强大的信息查询功能。

在图 4-1 所示窗口中，科目、摘要、金额等信息是可直接看到的。但有些信息需要经过某些操作才能间接查看到，例如各分录的辅助信息、光标所在行的当前分录行号、当前科目最新余额、外部系统的制单信息等。下面介绍这些间接信息的查询方法。

1. 显示辅助项信息

当光标在各行栏内移动时，在凭证的备注栏内将动态显示出该行分录的辅助信息。

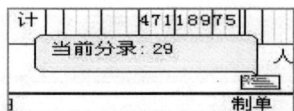

| 计 | | | 471 | 89 | 75 | | | |

当前分录：29

图 4-22　显示当前分录的行号

2. 显示当前分录的行号

单击凭证右下方的 ▤ 图标，屏幕显示当前分录是本张凭证中的第几行分录，如图 4-22 所示。

3. 查询外部系统的制单信息

若当前凭证为外部子系统生成的凭证，可将光标移到记账凭证的标题处并单击，系统将显示当前凭证来自哪个子系统以及凭证反映的业务类型和业务编号等信息。当光标在某行分录上时，单击凭证右下方的 ▤ 图标，则显示生成该分录的原始单据类型、单据日期及单据编号等信息。

4. 查询科目自定义项内容

单击凭证右下方的 ▤ 图标，屏幕将显示当前科目的自定义项内容，如图 4-23 所示。

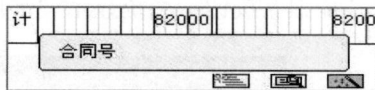

合同号

图 4-23　显示当前科目的自定义项内容

5. 查询当前科目的最新余额

当光标移至某行分录的任一栏内时，单击"余额"按钮，系统将弹出"最新余额一览表"界面，显示当前光标所在行科目包含的所有已保存记账凭证的最新余额，如图 4-24 所示。

最新余额一览表

科　目：A产品(600101)
辅助项：
时　间：2023.12　　计量单位：件　　币种：

	方向	金额	外币	数量
期初余额	平			
本期借方发生		207,360.00		5,120.000
本期贷方发生		207,360.00		5,120.000
借方累计		207,360.00		5,120.000
贷方累计		207,360.00		5,120.000
期末余额	平			

图 4-24　"最新余额一览表"界面

6. 联查明细账

当光标在某行分录上时，单击"联查"→"联查明细账"项，系统将显示该行科目的明细账，其中带有绿色条，或在摘要内容前带星号（*）的行，为未记账凭证的该行科目信息，如图 4-25 所示。

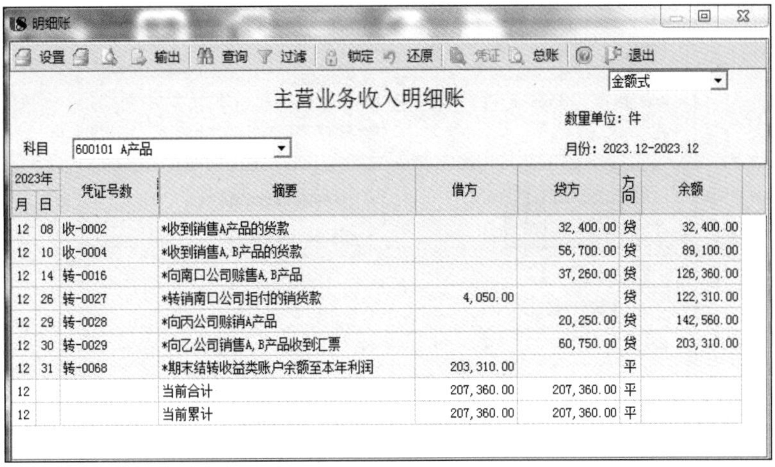

2023年 月	日	凭证号数	摘要	借方	贷方	方向	余额
12	08	收-0002	*收到销售A产品的货款		32,400.00	贷	32,400.00
12	10	收-0004	*收到销售A,B产品的货款		56,700.00	贷	89,100.00
12	14	转-0016	*向南口公司赊售A,B产品		37,260.00	贷	126,360.00
12	26	转-0027	*转销南口公司拒付的销货款	4,050.00		贷	122,310.00
12	29	转-0028	*向丙公司赊销A产品		20,250.00	贷	142,560.00
12	30	转-0029	*向乙公司销售A,B产品收到汇票		60,750.00	贷	203,310.00
12	31	转-0068	*期末结转收益类账户余额至本年利润	203,310.00		平	
12			当前合计	207,360.00	207,360.00	平	
12			当前累计	207,360.00	207,360.00	平	

图 4-25　明细账信息显示

7. 联查原始单据

若当前记账凭证是在外部子系统中制单生成的，那么，单击“联查”→“联查原始单据”项，系统将显示生成这张凭证的原始单据。

8. 查找分单

若当前凭证有多张分单，单击“查找分单”按钮，弹出“查找分单”对话框，如图 4-26 所示。

假定当前凭证为转字第 0069 号，共有 6 张分单，可输入分单页次，如要查找第 3 页，输入“3”，系统将直接切换到该张分单的内容，如图 4-27 所示。

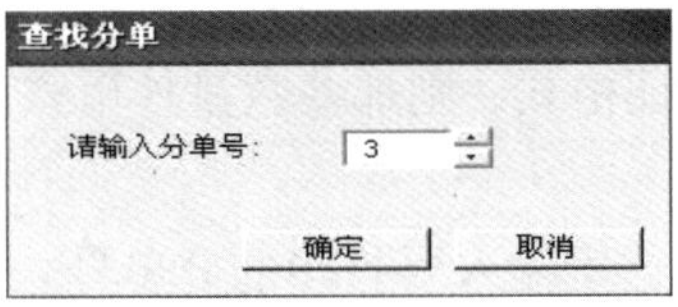

图 4-26　“查找分单”对话框

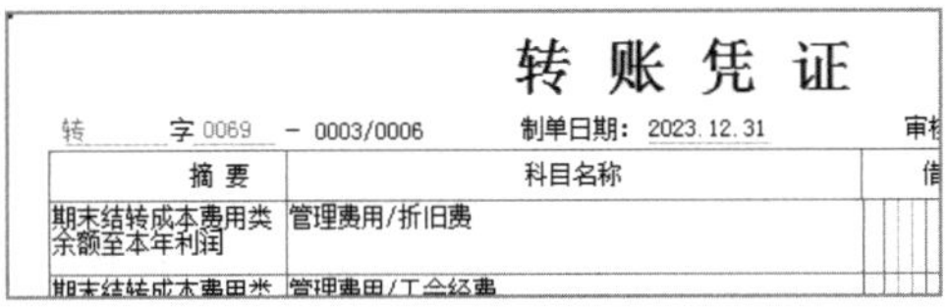

图 4-27　查找的分单内容

第八节　打印和输出记账凭证

在填制凭证后，通常需要将记账凭证打印出来，放在与该记账凭证对应的原始凭证上面，并以记账凭证的制单日期为序进行夹放。本节将阐述记账凭证的打印和输出方法。

一、预览记账凭证

在图 4-1 中，在“财务会计”→“总账”→“凭证”中双击“凭证打印”项，系统弹出“凭证打印”对话框，如图 4-28 所示。

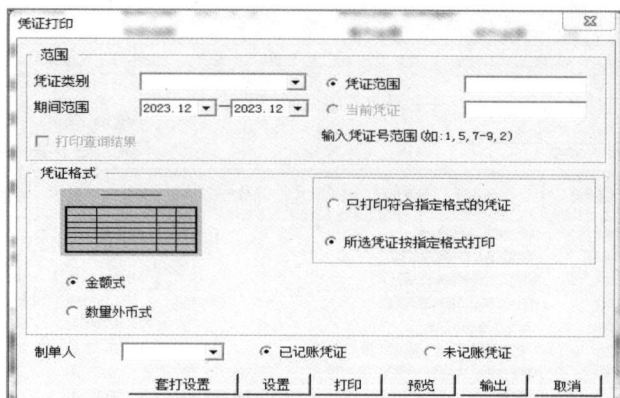

图 4-28 "凭证打印"对话框

在图 4-28 中，有多个选择项可供用户选择。有关栏目的说明如下。

凭证类别：系统提供了按凭证类别进行打印，可以打印某一类别的凭证，也可以打印所有类别的凭证。

凭证范围：可以输入需要打印的凭证号范围，不输入则打印所有凭证。例如，凭证号范围可以输入为"1，3，5-7，9"，表示分别打印 1 号、3 号、5 号、6 号、7 号和 9 号的凭证。

期间范围：可以选择打印凭证的起止年月。

凭证格式：即打印凭证的格式，分为金额式和数量外币式两种。系统提供两个选项：①"只打印符合指定格式的凭证"。意指只打印所选凭证范围内，凭证格式与指定凭证格式相同的凭证。例如，凭证格式选择了"金额式"，则只打印所选凭证范围内的金额式凭证，数量外币式的凭证将不会打印。②"所选凭证按指定格式打印"。意指将所有凭证范围内的凭证均按指定格式打印。例如，假设所选凭证范围内有金额式凭证也有数量外币式凭证，打印时，如选择了"金额式"的凭证格式，则那些数量外币式的凭证也都按金额式打印。

当前凭证：若当前凭证有多页分单时，可以在这里输入要打印的分单号。例如，当前显示的凭证为转字第 0069 号凭证，在"当前凭证"处输入"5-6"，表示预览或打印当前转字第 0069 号凭证的第 5 分单和第 6 分单。

在图 4-28 所示对话框中，单击"设置"按钮，系统弹出"打印"对话框；在"打印"对话框中，单击"属性"按钮，系统弹出"打印机属性"对话框，可对主窗口、打印纸、版面等进行设置；单击"套钉设置"按钮，系统弹出"套钉设置"对话框，可对页边距、打印字体、装订位置、打印方向等进行设置。

以上各项设置完毕后，在图 4-28 所示对话框中，单击"预览"按钮，系统将对选定的凭证按照用户设定的各项打印参数进行显示。

二、打印记账凭证

在图 4-28 所示"凭证打印"对话框中，设置好各项打印参数之后，单击"打印"按钮，可打印凭证。

三、输出记账凭证

本功能可以将总账系统中填制的记账凭证，按用户选择的文件格式，输出到指定的磁盘中保存。

单击图 4-28 所示对话框中的"输出"按钮，系统弹出"另存为"对话框，如图 4-29 所示。

图 4-29　"另存为"对话框

在图 4-29 中，在"保存在"选择输入框中选择保存路径，在"文件名"输入框中输入"中山工厂 2023 年 12 月份记账凭证"，在"保存类型"选择输入框中选择保存文件的扩展名，若选择"UFSoft Report File（*.rep）"，则可在总账系统中进行恢复；选择其他数据库类型，则可在对应的数据库系统中打开查看。一般情况下，用户应选择保存类型为"UFSoft Report File（*.rep）"。选择完成后，单击"保存"按钮，系统开始输出数据，弹出"打印到文件"提示界面，并显示完成比例。

第九节　中山工厂的原始凭证

为帮助用户对用友 U8 V10.1 软件中"总账系统"模块的熟练操作，本书设计了一家中型制造企业中山工厂 2023 年 12 月份发生的经济业务所取得的原始凭证，共有 86 笔经济业务，计 179 张原始凭证。为保证会计电算化操作的真实性和可操作性，本书列示的原始凭证是本书会计电算化系统操作所需的原始资料。

关于原始凭证的说明如下。

（1）中山工厂是一家一般纳税人制造企业，2023 年 12 月份共发生经济业务 86 笔，原始凭证共计 179 张，根据最新的《企业会计准则》和《企业会计准则——应用指南》进行账务处理。

（2）中山工厂的经济业务体现了内容的真实性、全面性和典型性，但原始凭证已是经过印制和加工的。

（3）原始凭证编号的原则：每张原始凭证的左上角均标有"？-？"，第一个"？"表示经济业务笔数的顺序编号，第二个"？"数字表示该张原始凭证在该笔经济业务原始凭证中的顺序号。例如，原始凭证有"1-1"而在其后没有"1-2"，表示该张凭证是第 1 笔经济业务，原始凭证仅有 1 张；再如，"2-1""2-2"则表示第 2 笔经济业务有原始凭证 2 张。

（4）考虑到实习单位有些资料的保密性，在原始凭证中的经办人员签名、经办人员签章、单位公章、业务章等均已删去，单位地址、电话、职员姓名等资料也有所改动或留空白。

在将原始凭证编制成记账凭证过程中，应注意以下几项编制原则。

（1）会计科目及其编码，采用"中山工厂会计科目及编码表"中标示的科目，见表 3-1。

（2）凭证类别，采用中山工厂的凭证类别：收款凭证、付款凭证和转账凭证，见表 3-2。

（3）以财政部颁布的最新《企业会计准则》和《企业会计准则——应用指南》为会计制度依据编制记账凭证。

（4）结算方法，采用中山工厂的结算方式表，见表 3-3。

（5）部门及其编码，采用中山工厂的部门档案，见表 3-4。

（6）职员及其编码，采用中山工厂的人员档案，见表 3-5。

（7）客户及其编码，采用中山工厂的客户档案，见表 3-6。

（8）供应商及其编码，采用中山工厂的供应商档案，见表 3-7。

（9）期初余额，采用中山工厂 2023 年 12 月 1 日期初余额表，见表 3-8。

（10）核算形式，采用中山工厂的核算形式，见第三章的章首部分。

用户对每一笔经济业务，在填制记账凭证时，都应考虑以下几个方面的问题：一是采用哪种类别的记账凭证？二是摘要内容是什么？三是用什么会计科目？其科目编码是什么？四是借方金额和贷方金额各是多少？五是附单据数有多少？六是辅助账信息有哪些？等等。同时，还要特别注意原始凭证与记账凭证的对应关系，有些是 1 张原始凭证需填制 1 张记账凭证，有些是多张原始凭证才需填制 1 张记账凭证，有些是 1 张原始凭证需填制多张记账凭证，这要视原始凭证所反映出来的经济业务内容需要用多少张记账凭证才能反映清楚来决定。

请各用户在各自的核算单位（账套）中，按本章所讲述记账凭证的填制方法，将中山工厂 2023 年 12 月份发生的经济业务所取得的原始凭证，根据所学的会计理论专业知识，综合运用"基础会计""财务会计"和"成本会计"等课程的知识，按照最新的《企业会计准则》和《企业会计准则——应用指南》逐一编制成记账凭证，并在"总账"→"填制凭证"操作功能中录入系统。

中山工厂 2023 年 12 月份发生的 86 笔经济业务所取得的 179 张原始凭证

本书在本章第十节列出了根据中山工厂 2023 年 12 月份原始凭证所编制的记账凭证，供读者参照录入。

因本书中中山工厂的经济业务较为全面和典型，因此，填制凭证的工作量较大，将会使用户耗费大量的时间和精力。为保证记账凭证输入的正确性，尽量减少修改记账凭证的时间，请各用户在填制记账凭证时务必认真，切勿粗心大意。

第十节　中山工厂的记账凭证

为了让用户更好地理解中山工厂原始凭证的内容，根据最新的《企业会计准则》《企业会计准则——应用指南》及相关税法等，依据记账凭证的编制原则，下面列出根据中山工厂 2023 年 12 月份原始凭证编制而成的记账凭证，仅供用户录入记账凭证时参照。

中山工厂 2023 年 12 月份记账凭证清单

本书记账凭证的格式和内容为：

第？笔业务（本笔记账凭证所对应的凭证号）凭证字号　年/月/日　附件张数

　　摘要

　　借：科目编码（中文科目）　　　　　　借方金额（有关的辅助核算）

　　　贷：科目编码（中文科目）　　　　　贷方金额（有关的辅助核算）

第 1 笔业务（1-1）　付 0001　2023/12/1　附件张数 1

　　向税务局购入印花税票

　　借：6403 税金及附加　　　　　　　　　　　　　　　　　50.00

　　　贷：1001 库存现金　　　　　　　　　　　　　　　　　50.00

第 2 笔业务（2-1，2-2）　付 0002　2023/12/3　附件张数 2

　　支付市电视台广告费

　　借：660101 销售费用 – 广告费　　　　　　　　　　　18,867.92

　　借：22210101 应交税费 – 应交增值税 – 进项税额　　　1,132.08

　　　贷：10020101 银行存款 – 工商银行 – 东区支行　　　20,000.00

　　　　　（结算方式：转账支票，票号 10001681，日期 2023.12.03）

第 3 笔业务（3-1，3-2，3-3）　收 0001　2023/12/4　附件张数 3

　　收到发行的债券款存入银行

　　借：10020101 银行存款 – 工商银行 – 东区支行　　　600,000.00

　　　　　（结算方式：委托收款，票号 514015，日期 2023.12.04）

　　　贷：250201 应付债券 – 面值　　　　　　　　　　　500,000.00

　　　贷：250202 应付债券 – 利息调整　　　　　　　　　100,000.00

第 4 笔业务（4-1，4-2）　付 0003　2023/12/5　附件张数 2

　　支付债券印刷费和手续费

　　借：250202 应付债券 – 利息调整　　　　　　　　　　4,716.98

　　借：22210101 应交税费 – 应交增值税 – 进项税额　　　283.02

　　　贷：10020101 银行存款 – 工商银行 – 东区支行　　　5,000.00

　　　　　（结算方式：转账支票，票号 10001682，日期 2023.12.05）

第 5 笔业务（5-1，5-2）　付 0004　2023/12/5　附件张数 2

周明借支差旅费

借：122105 其他应收款 – 周明　　　　　　　　　　　　　　　　700.00

（部门：业务科，个人：周明，票号 0001，日期 2023.12.05）

贷：10020101 银行存款 – 工商银行 – 东区支行　　　　　　　　700.00

（结算方式：现金支票，票号 1013489，日期 2023.12.05）

第 6 笔业务（6-1，6-2）　付 0005　2023/12/6　附件张数 2

拨付业务科备用金

借：122104 其他应收款 – 业务科　　　　　　　　　　　　　1,000.00

（部门：业务科，个人：王东，票号 1001，日期 2023.12.06）

贷：10020101 银行存款 – 工商银行 – 东区支行　　　　　　1,000.00

（结算方式：现金支票，票号 1013488，日期 2023.12.06）

第 7 笔业务（7-1）　付 0006　2023/12/6　附件张数 1

预付光兴公司货款

借：112301 预付账款 – 光兴公司　　　　　　　　　　　　50,000.00

贷：10020101 银行存款 – 工商银行 – 东区支行　　　　　50,000.00

（结算方式：银行信汇，票号 23，日期 2023.12.06）

第 8 笔业务（8-1，8-2）　转 0001　2023/12/6　附件张数 2

采购材料开出汇票

借：140101 材料采购 – A 材料　　　　　　　　　　　　　11,500.00

（数量 5,000，单价 2.30）

借：140102 材料采购 – B 材料　　　　　　　　　　　　　9,000.00

（数量 5,000，单价 1.80）

借：140105 材料采购 – 其他材料　　　　　　　　　　　　1,500.00

借：22210101 应交税费 – 应交增值税 – 进项税额　　　　　2,860.00

贷：220101 应付票据 – 华达公司　　　　　　　　　　　24,860.00

（供应商：华达公司，业务员：王五，票号 20065，日期 2023.12.06）

（8-3）　付 0007　2023/12/6　附件张数 1

支付银行承兑汇票手续费

借：660302 财务费用 – 银行手续费　　　　　　　　　　　　　80.00

贷：10020101 银行存款 – 工商银行 – 东区支行　　　　　　　　80.00

（结算方式：转账支票，票号 10001679，日期 2023.12.06）

第 9 笔业务（9-1）　转 0002　2023/12/7　附件张数 1

验收上月采购的 C 材料入库

借：140303 原材料 – C 材料　　　　22,400.00（数量 1,400，单价 16.00）

贷：140103 材料采购－C 材料　　22,400.00（数量 1,400，单价 16.00）

第 10 笔业务（10-1，10-4，10-6）转 0003，转 0004，转 0005 2023/12/7　附件张数 3
　　以设备对明东公司长期投资

借：1606 固定资产清理　　160,000.00
借：1602 累计折旧　　40,000.00
　贷：160103 固定资产－不需用固定资产　　200,000.00
借：15110201 长期股权投资－其他股权投资－明东公司　　170,000.00
　贷：1606 固定资产清理　　150,442.48
　贷：22210106 应交税费－应交增值税－销项税额　　19,557.52
借：671101 营业外支出－非流动资产处置损失　　9,557.52
　贷：1606 固定资产清理　　9,557.52

（10-2，10-3，10-4，10-7）　转 0006，转 0007　2023/12/7　附件张数 4
　　以 A，B 材料向明东公司长期投资

借：15110201 长期股权投资－其他股权投资－明东公司　　81,085.41
　贷：60510101 其他业务收入－材料销售－A 材料　　30,568.48
　　　（数量 13,312.50，单价 2.29622）
　贷：60510102 其他业务收入－材料销售－B 材料　　41,188.52
　　　（数量 24,500.00，单价 1.68116）
　贷：22210106 应交税费－应交增值税－销项税额　　9,328.41
借：64020101 其他业务成本－材料销售－A 材料　　30,568.48
　　　（数量 13,312.50，单价 2.29622）
借：64020102 其他业务成本－材料销售－B 材料　　41,188.52
　　　（数量 24,500.00，单价 1.68116）
　贷：140301 原材料－A 材料　　29,820.00
　　　（数量 13,312.50，单价 2.24）
　贷：140302 原材料－B 材料　　40,180.00
　　　（数量 24,500.00，单价 1.64）
　贷：14040101 材料成本差异－原材料－A 材料　　748.48
　贷：14040102 材料成本差异－原材料－B 材料　　1,008.52

（10-4，10-5）　付 0008　2023/12/7　附件张数 2
　　以人民币向明东公司长期投资

借：15110201 长期股权投资－其他股权投资－明东公司　　100,000.00
　贷：10020101 银行存款－工商银行－东区支行　　100,000.00
　　　（结算方式：转账支票，票号 10001680，日期 2023.12.07）

第 11 笔业务（11-1）　转 0008　2023/12/8　附件张数 1
　　验收汽油入库

借：140305 原材料－燃料　　　　　　2,600.00（数量 2，单价 1,300.00）

　　贷：140104 材料采购－燃料　　　　　2,600.00（数量 2，单价 1,300.00）

第 12 笔业务（12-1，12-2）　　收 0002　2023/12/8　附件张数 2

收到销售 A、B 产品的货款

借：10020101 银行存款－工商银行－东区支行　　　　　51,980.00

　　　（结算方式：转账支票，票号 20001878，日期 2023.12.08）

　　贷：600101 主营业务收入－A 产品　　　　　32,400.00

　　　　（数量 800，单价 40.50）

　　贷：600102 主营业务收入－B 产品　　　　　13,600.00

　　　　（数量 200，单价 68.00）

　　贷：22210106 应交税费－应交增值税－销项税额　　　5,980.00

第 13 笔业务（13-1，13-2，13-3，13-4）　付 0009　2023/12/8　附件张数 4

支付 A、B 材料款

借：140101 材料采购－A 材料　　　　　11,275.00

　　　（数量 5,000，单价 2.255）

借：140102 材料采购－B 材料　　　　　8,275.00

　　　（数量 5,000，单价 1.655）

借：22210101 应交税费－应交增值税－进项税额　　2,470.00

　　贷：10020101 银行存款－工商银行－东区支行　　22,020.00

　　　（结算方式：异地托收承付，票号 0002，日期 2023.12.08）

（13-5）　转 0009　2023/12/8　附件张数 1

验收 A、B 材料入库

借：140301 原材料－A 材料　　11,200.00（数量 5,000，单价 2.24）

借：140302 原材料－B 材料　　8,200.00（数量 5,000，单价 1.64）

　　贷：140101 材料采购－A 材料　　11,200.00（数量 5,000，单价 2.24）

　　贷：140102 材料采购－B 材料　　8,200.00（数量 5,000，单价 1.64）

第 14 笔业务（14-1）　转 0010　2023/12/8　附件张数 1

计提本月固定资产折旧

借：510101 制造费用－折旧费　　　　　11,526.00

借：50010201 生产成本－辅助生产成本－修配车间　　765.00

借：50010202 生产成本－辅助生产成本－动力车间　　284.00

借：660201 管理费用－折旧费　　　　　4,344.00

　　贷：1602 累计折旧　　　　　16,919.00

第 15 笔业务（15-1）　收 0003　2023/12/8　附件张数 1

收到甲公司上月的销货款

借：10020101 银行存款－工商银行－东区支行   73,230.00

（结算方式：异地托收承付，票号 0003，日期 2023.12.08）

贷：112201 应收账款－甲公司   73,230.00

（单位：甲公司，业务员：王五，票号 0003，日期 2023.12.08）

第 16 笔业务 （16-1，16-2） 转 0011 2023/12/8 附件张数 2

提取工会经费和职工教育经费

借：660202 管理费用－工会经费   1,013.68

借：660203 管理费用－职工教育经费   760.26

贷：221105 应付职工薪酬－工会经费   1,013.68

贷：221106 应付职工薪酬－职工教育经费   760.26

（16-3，16-4） 付 0010 2023/12/8 附件张数 2

支付工会经费

借：221105 应付职工薪酬－工会经费   1,013.68

贷：10020101 银行存款－工商银行－东区支行   1,013.68

（结算方式：转账支票，票号 10001683，日期 2023.12.08）

第 17 笔业务（17-1） 转 0012 2023/12/9 附件张数 1

验收上月采购的其他材料

借：140306 原材料－其他材料   4,460.00

贷：140105 材料采购－其他材料   4,460.00

第 18 笔业务（18-1） 付 0011 2023/12/9 附件张数 1

缴交税金

借：222102 应交税费－未交增值税   11,078.76

借：222108 应交税费－应交城市维护建设税   1,105.24

借：222113 应交税费－应交教育费附加   243.68

贷：10020101 银行存款－工商银行－东区支行   12,427.68

（结算方式：委托付款，票号 00194525，日期 2023.12.09）

第 19 笔业务（19-1） 付 0012 2023/12/9 附件张数 1

代明生工厂垫付运杂费

借：112204 应收账款－明生工厂   200.00

（客户：明生工厂，业务员：王五，票号 10001684，日期 2023.12.09）

贷：10020101 银行存款－工商银行－东区支行   200.00

（结算方式：转账支票，票号 10001684，日期 2023.12.09）

（19-2，19-3，19-4） 转 0013 2023/12/9 附件张数 3

向明生工厂销售 C 材料

　　借：112204 应收账款－明生工厂　　　　　　　　　　　　　4,407.00

　　　　　（客户：明生工厂，业务员：王五，票号 0004，日期 2023.12.09）

　　　　贷：60510103 其他业务收入－材料销售－C 材料　　　　3,900.00

　　　　　　　　　　　　　　　　　　　（数量 200，单价 19.50）

　　　　贷：22210106 应交税费－应交增值税－销项税额　　　　507.00

第 20 笔业务（20-1，20-2）　　收 0004　2023/12/10　附件张数 2

　　收到销售 A、B 产品的货款

　　借：10020101 银行存款－工商银行－东区支行　　　　271,539.00

　　　　　（结算方式：现金缴款，票号 514016，日期 2023.12.10）

　　　　贷：600101 主营业务收入－A 产品　　　　　　　56,700.00

　　　　　　　　　　　　　　　　　（数量 1,400，单价 40.50）

　　　　贷：600102 主营业务收入－B 产品　　　　　　183,600.00

　　　　　　　　　　　　　　　　　（数量 2,700，单价 68.00）

　　　　贷：22210106 应交税费－应交增值税－销项税额　　31,239.00

第 21 笔业务（21-1，21-2，21-3）　　付 0013　2023/12/11　附件张数 3

　　支付职工医药费

　　借：660214 管理费用－福利费用　　　　　　　　　　　1,262.00

　　借：122102 其他应收款－家属医药费　　　　　　　　　　200.00

　　　　　（部门：办公室，个人：家属医药费，票号 42486，日期 2023.12.11）

　　　　贷：10020101 银行存款－工商银行－东区支行　　　1,462.00

　　　　　（结算方式：转账支票，票号 10001692，日期 2023.12.11）

第 22 笔业务（22-1）　　转 0014　2023/12/11　附件张数 1

　　验收上月采购的 A、B 材料入库

　　借：140301 原材料－A 材料　　　7,840.00（数量 3,500，单价 2.24）

　　借：140302 原材料－B 材料　　10,660.00（数量 6,500，单价 1.64）

　　　　贷：140101 材料采购－A 材料　　7,840.00（数量 3,500，单价 2.24）

　　　　贷：140102 材料采购－B 材料　10,660.00（数量 6,500，单价 1.64）

第 23 笔业务（23-1，23-2，23-3，23-4）　　付 0014　2023/12/12　附件张数 4

　　支付采购华达公司 A，B 材料款

　　借：140101 材料采购－A 材料　　　　　　　　　　　　6,675.00

　　　　　　　　　　　　　　　　　（数量 3,000，单价 2.225）

　　借：140102 材料采购－B 材料　　　　　　　　　　　　4,725.00

　　　　　　　　　　　　　　　　　（数量 3,000，单价 1.575）

　　借：22210101 应交税费－应交增值税－进项税额　　　　1,423.50

　　　　贷：10020101 银行存款－工商银行－东区支行　　　　　　　12,823.50

　　　　　　（结算方式：异地托收承付，票号 0005，日期 2023.12.12）

第 24 笔业务（24-1）　转 0015　2023/12/13　附件张数 1

　　发料委托文东厂加工

　　借：140801 委托加工物资－文东厂　　　　　　　　　　　　4,848.72

　　　贷：140301 原材料－A 材料　　　　　　　　　　　　　　4,480.00

　　　　　　　　　　　　　　　　　　　（数量 2,000，单价 2.24）

　　　贷：140306 原材料－其他材料　　　　　　　　　　　　　250.00

　　　贷：14040101 材料成本差异－原材料－A 材料　　　　　　112.45

　　　贷：14040106 材料成本差异－原材料－其他材料　　　　　6.27

（24-2，24-3）　付 0015　2023/12/13　附件张数 2

　　支付委托加工材料的运杂费

　　借：140801 委托加工物资－文东厂　　　　　　　　　　　　160.00

　　　贷：10020101 银行存款－工商银行－东区支行　　　　　　160.00

　　　　　　（结算方式：转账支票，票号 10001685，日期 2023.12.13）

第 25 笔业务（25-1，25-2）　转 0016　2023/12/14　附件张数 2

　　向南口公司赊售 A、B 产品

　　借：112205 应收账款－南口公司　　　　　　　　　203,467.80

　　　　（单位：南口公司，业务员：王五，票号 0006，日期 2023.12.14）

　　　贷：600101 主营业务收入－A 产品　　　　　　　　37,260.00

　　　　　　　　　　　　　　　　　　　（数量 920，单价 40.50）

　　　贷：600102 主营业务收入－B 产品　　　　　　　142,800.00

　　　　　　　　　　　　　　　　　　（数量 2,100,单价 68.00）

　　　贷：22210106 应交税费－应交增值税－销项税额　　　23,407.80

（25-3，25-4）　付 0016　2023/12/14　附件张数 2

　　代南口公司垫付运杂费

　　借：112205 应收账款－南口公司　　　　　　　　　　　2,247.90

　　　　（单位：南口公司，业务员：王五，票号 10001686，日期 2023.12.14）

　　　贷：10020101 银行存款－工商银行－东区支行　　　　2,247.90

　　　　　　（结算方式：转账支票，票号 10001686，日期 2023.12.14）

第 26 笔业务（26-1）　收 0005　2023/12/14　附件张数 1

　　收到乙公司上月到期票据的面值款

　　借：10020101 银行存款－工商银行－东区支行　　　　13,500.00

　　　　　　（结算方式：商业承兑汇票，票号 20001979，日期 2023.12.14）

    贷：112102 应收票据 – 乙公司   13,500.00

      （单位：乙公司，业务员：王五，票号 20001979，日期 2023.12.14）

第 27 笔业务（27-1，27-3） 付 0017 2023/12/14 附件张数 2

  补付光兴公司材料款

  借：112301 预付账款 – 光兴公司   20,439.00

     （单位：光兴公司，业务员：王五，票号 0007，日期 2023.12.14）

    贷：10020101 银行存款 – 工商银行 – 东区支行   20,439.00

      （结算方式：异地托收承付，票号 0007，日期 2023.12.14）

  （27-2，27-4，27-6） 转 0017 2023/12/14 附件张数 3

  向光兴公司采购 A、C 材料

  借：140101 材料采购 – A 材料   5,237.67

             （数量 2,500，单价 2.09507）

  借：140103 材料采购 – C 材料   53,162.33

           （数量 3,500，单价 15.18924）

  借：22210101 应交税费 – 应交增值税 – 进项税额   7,539.00

    贷：112301 预付账款 – 光兴公司   65,939.00

      （单位：光兴公司，业务员：王五，票号 0757644，日期 2023.12.14）

  （27-5） 转 0018 2023/12/14 附件张数 1

  验收 A、C 材料入库

  借：140301 原材料 – A 材料   5,600.00（数量 2,500，单价 2.24）

  借：140303 原材料 – C 材料   56,000.00（数量 3,500，单价 16.00）

    贷：140101 材料采购 – A 材料   5,600.00（数量 2,500，单价 2.24）

    贷：140103 材料采购 – C 材料   56,000.00（数量 3,500，单价 16.00）

第 28 笔业务（28-1，28-2） 付 0018 2023/12/15 附件张数 2

  支付购入短期债券款及手续费

  借：110102 交易性金融资产 – 债券   50,000.00

  借：6111 投资收益   250.00

    贷：10020101 银行存款 – 工商银行 – 东区支行   50,250.00

      （结算方式：转账支票，票号 10001687，日期 2023.12.15）

第 29 笔业务（29-1，29-2） 付 0019 2023/12/16 附件张数 2

  支付总公司管理费

  借：660216 管理费用 – 其他   5,000.00

    贷：10020101 银行存款 – 工商银行 – 东区支行   5,000.00

      （结算方式：转账支票，票号 10001689，日期 2023.12.16）

第 30 笔业务（30-1，30-2）　付 0020　2023/12/16　附件张数 2

  支付医务室购置药品及器械款

   借：660214 管理费用 – 福利费用　　　　　　　　　　　　3,367.40

    贷：10020101 银行存款 – 工商银行 – 东区支行　　　　　3,367.40

      （结算方式：转账支票，票号 1001690，日期 2023.12.16）

第 31 笔业务（31-1，31-2）　付 0021　2023/12/16　附件张数 2

  支付生产车间扩建工程临时工资

   借：160402 在建工程 – 扩建车间工程　　　　　　　　　350.00

    贷：10020101 银行存款 – 工商银行 – 东区支行　　　　　350.00

      （结算方式：现金支票，票号 1013490，日期 2023.12.16）

第 32 笔业务（32-1）　转 0019　2023/12/17　附件张数 1

  代扣职工费用

   借：221101 应付职工薪酬 – 工资　　　　　　　　　　　1,501.00

    贷：122103 其他应收款 – 水电费　　　　　　　　　　411.00

      （部门：办公室，个人：代扣水电费，日期 2023.12.17）

    贷：122102 其他应收款 – 家属医药费　　　　　　　　244.00

      （部门：办公室，个人：家属医药费，日期 2023.12.17）

    贷：224102 其他应付款 – 职工食堂　　　　　　　　　112.00

    贷：224103 其他应付款 – 代扣代交社会保险费　　　　734.00

（32-2）　付 0022　2023/12/17　附件张数 1

  支付职工工资

   借：221101 应付职工薪酬 – 工资　　　　　　　　　　　47,380.56

    贷：10020101 银行存款 – 工商银行 – 东区支行　　　　　47,380.56

      （结算方式：委托付款，票号 6513，日期 2023.12.17）

第 33 笔业务（33-1，33-2）　付 0023　2023/12/17　附件张数 2

  支付社会保险费

   借：221103 应付职工薪酬 – 社会保险费　　　　　　　　6,615.00

   借：224103 其他应付款 – 代扣代交社会保险费　　　　　734.00

    贷：10020101 银行存款 – 工商银行 – 东区支行　　　　　7,349.00

      （结算方式：转账支票，票号 10001691，日期 2023.12.17）

第 34 笔业务（34-1，34-2）　收 0006　2023/12/17　附件张数 2

  收到销售 A 材料款

   借：10020101 银行存款 – 工商银行 – 东区支行　　　　　5,847.75

      （结算方式：转账支票，票号 20081678，日期 2023.12.17）

　　　　贷：60510101 其他业务收入－材料销售－A 材料　　　　　　5,175.00

　　　　　　　　　　　　　　　　　　　　　　　　（数量 1,500，单价 3.45）

　　　　贷：22210106 应交税费－应交增值税－销项税额　　　　　　672.75

第 35 笔业务（35-1）　付 0024　2023/12/18　附件张数 1

　　支付职工食堂代扣的伙食费

　　借：224102 其他应付款－职工食堂　　　　　　　　　　　　　112.00

　　　　贷：1001 库存现金　　　　　　　　　　　　　　　　　　112.00

第 36 笔业务（36-1，36-2）　付 0025　2023/12/18　附件张数 2

　　业务科报销费用及补足备用金

　　借：660206 管理费用－差旅费　　　　　　　　　　　　　　　76.00

　　借：660207 管理费用－办公费　　　　　　　　　　　　　　320.00

　　借：660216 管理费用－其他　　　　　　　　　　　　　　　　84.00

　　　　贷：10020101 银行存款－工商银行－东区支行　　　　　480.00

　　　　　　（结算方式：现金支票，票号 1013491，日期 2023.12.18）

第 37 笔业务（37-1）　转 0020　2023/12/18　附件张数 1

　　李文报销差旅费

　　借：660102 销售费用－差旅费　　　　　　　　　　　　　1,578.00

　　　　贷：122101 其他应收款－李文　　　　　　　　　　　1,578.00

　　　　　　（部门：销售科，个人：李文，票号：200718，日期 2023.12.18）

（37-2）　收 0007　2023/12/18　附件张数 1

　　收回李文报销差旅费的余款

　　借：1001 库存现金　　　　　　　　　　　　　　　　　　122.00

　　　　贷：122101 其他应收款－李文　　　　　　　　　　　　122.00

　　　　　　（部门：销售科，个人：李文，票号：200718，日期 2023.12.18）

第 38 笔业务（38-1，38-2）　付 0026　2023/12/19　附件张数 2

　　支付职工培训费

　　借：221106 应付职工薪酬－职工教育经费　　　　　　　　　600.00

　　　　贷：10020101 银行存款－工商银行－东区支行　　　　　600.00

　　　　　　（结算方式：转账支票，票号 10001688，日期 2023.12.19）

第 39 笔业务（39-1）　收 0008　2023/12/20　附件张数 1

　　收到甲公司票据贴现款

　　借：10020101 银行存款－工商银行－东区支行　　　　　49,783.33

　　　　　　（结算方式：银行汇票，票号 6，日期 2023.12.20）

　　　　　　贷：112101 应收票据 – 甲公司　　　　　　　　　　　　　49,783.33

　　　　　　　　（单位：甲公司，业务员：王五，票号 6，日期 2023.12.20）

（39-1）　转 0021　2023/12/20　附件张数 0

　　甲公司票据贴现利息入账

　　　　借：660301 财务费用 – 利息费用　　　　　　　　　　　　　216.67

　　　　　　贷：112101 应收票据 – 甲公司　　　　　　　　　　　　216.67

　　　　　　　　（单位：甲公司，业务员：王五，票号 6，日期 2023.12.20）

第 40 笔业务（40-1）　转 0022　2023/12/20　附件张数 1

　　验收 12 日的 A、B 材料入库

　　　　借：140301 原材料 – A 材料　　　6,720.00（数量 3,000，单价 2.24）

　　　　借：140302 原材料 – B 材料　　　4,920.00（数量 3,000，单价 1.64）

　　　　　　贷：140101 材料采购 – A 材料　　6,720.00（数量 3,000，单价 2.24）

　　　　　　贷：140102 材料采购 – B 材料　　4,920.00（数量 3,000，单价 1.64）

第 41 笔业务（41-1，41-2）　付 0027　2023/12/20　附件张数 2

　　支付文东厂加工费及税款

　　　　借：140801 委托加工物资 – 文东厂　　　　　　　　　　　2,920.00

　　　　　　　　　　　　　　　　　　　　　　（数量 5,000，单价 0.584）

　　　　借：22210101 应交税费 – 应交增值税 – 进项税额　　　　　379.60

　　　　　　贷：10020101 银行存款 – 工商银行 – 东区支行　　　　3,299.60

　　　　　　　　（结算方式：转账支票，票号 10001693，日期 2023.12.20）

第 42 笔业务（42-1，42-2）　付 0028　2023/12/21　附件张数 2

　　支付加工备件的运杂费

　　　　借：140801 委托加工物资 – 文东厂　　　　　　　　　　　　200.00

　　　　　　　　　　　　　　　　　　　　　　（数量 5,000，单价 0.04）

　　　　　　贷：10020101 银行存款 – 工商银行 – 东区支行　　　　　200.00

　　　　　　　　（结算方式：转账支票，票号 10001694，日期 2023.12.21）

（42-3）　转 0023　2023/12/21　附件张数 1

　　验收委托文东厂加工的备件入库

　　　　借：140304 原材料 – 修理用备件　　　　　　　　　　　　7,000.00

　　　　　　　　　　　　　　　　　　　　　　（数量 5,000，单价 1.40）

　　　　借：14040104 材料成本差异 – 原材料 – 修理用备件　　　1,128.72

　　　　　　贷：140801 委托加工物资 – 文东厂　　　　　　　　　8,128.72

　　　　　　　　　　　　　　　　　　　　（数量 5,000，单价 1.62574）

第 43 笔业务（43-1）　转 0024　2023/12/21　附件张数 1

　　业务科周明报销差旅费

　　借：660206 管理费用－差旅费　　　　　　　　　　　　700.00

　　　　贷：122105 其他应收款－周明　　　　　　　　　　　　700.00

　　　　　　（部门：业务科，个人：周明，票号：103，日期 2023.12.21）

（43-2）　付 0029　2023/12/21　附件张数 1

补付业务科周明差旅费差额

　　借：660206 管理费用－差旅费　　　　　　　　　　　　50.00

　　　　贷：1001 库存现金　　　　　　　　　　　　　　　　50.00

第 44 笔业务（44-1，44-2）　付 0030　2023/12/22　附件张数 2

业务科报销费用及补足备用金

　　借：660211 管理费用－业务招待费　　　　　　　　　　794.00

　　　　贷：10020101 银行存款－工商银行－东区支行　　　　794.00

　　　　　　（结算方式：现金支票，票号 1013494，日期 2023.12.22）

第 45 笔业务（45-1，45-2）　收 0009　2023/12/22　附件张数 2

收到仓库租金

　　借：10020101 银行存款－工商银行－东区支行　　　　3,000.00

　　　　　　（结算方式：转账支票，票号 200026969，日期 2023.12.22）

　　　　贷：605102 其他业务收入－固定资产出租　　　　　2,857.14

　　　　贷：222102 应交税费－未交增值税　　　　　　　　142.86

第 46 笔业务（46-1，46-2）　付 0031　2023/12/23　附件张数 2

支付专利登记费及律师公证费

　　借：170101 无形资产－专利权　　　　　　　　　　　3,000.00

　　　　贷：10020101 银行存款－工商银行－东区支行　　　3,000.00

　　　　　　（结算方式：转账支票，票号 10001695，日期 2023.12.23）

第 47 笔业务（47-1，47-2，47-3）　付 0032　2023/12/23　附件张数 3

分配本月电费

　　借：5001010103 生产成本－基本生产成本－A 产品－制造费用　7,487.58

　　　　　　（数量 15,594，单价 0.4810578）

　　借：5001010203 生产成本－基本生产成本－B 产品－制造费用　15,461.08

　　　　　　（数量 32,200，单价 0.4810578）

　　借：50010201 生产成本－辅助生产成本－修配车间　　228.08

　　借：50010202 生产成本－辅助生产成本－动力车间　　11.76

　　借：510104 制造费用－水电费　　　　　　　　　　648.21

　　借：660216 管理费用－其他　　　　　　　　　　　495.29

借：22210101 应交税费 – 应交增值税 – 进项税额　　　　　3,163.16

　　贷：10020101 银行存款 – 工商银行 – 东区支行　　　　27,495.16

　　　　（结算方式：委托收款，票号 49473，日期 2023.12.23）

第 48 笔业务（48-1，48-2）　付 0033　2023/12/25　附件张数 2

　　支付车间扩建工程的设计费

　　借：160402 在建工程 – 扩建车间工程　　　　　　　　　825.00

　　　　贷：10020101 银行存款 – 工商银行 – 东区支行　　　825.00

　　　　（结算方式：转账支票，票号 10001697，日期 2023.12.25）

第 49 笔业务（49-1，49-4）　收 0010　2023/12/25　附件张数 1

　　收到出售闲置固定资产款项

　　借：10020101 银行存款 – 工商银行 – 东区支行　　　38,000.00

　　　　（结算方式：转账支票，票号 10001696，日期 2023.12.25）

　　　　贷：1606 固定资产清理　　　　　　　　　　　　33,628.32

　　　　贷：22210106 应交税费 – 应交增值税 – 销项税额　4,371.68

（49-2）　转 0025　2023/12/25　附件张数 1

　　结转出售固定资产的原值和折旧

　　借：1606 固定资产清理　　　　　　　　　　　　　　35,000.00

　　借：1602 累计折旧　　　　　　　　　　　　　　　　15,000.00

　　　　贷：160103 固定资产 – 不需用固定资产　　　　　50,000.00

（49-3）转 0026　2023/12/25　附件张数 1

　　出售闲置固定资产净损益

　　借：671101 营业外支出 – 非流动资产处置损失　　　　1,371.68

　　　　贷：1606 固定资产清理　　　　　　　　　　　　　1,371.68

第 50 笔业务（50-1，50-2）　转 0027　2023/12/26　附件张数 2

　　转销南口公司拒付的销货款

　　借：600101 主营业务收入 – A 产品　　　　　　　　　4,050.00

　　　　　　　　　　　　　　　　（数量 100，单价 40.50）

　　借：600102 主营业务收入 – B 产品　　　　　　　　　6,800.00

　　　　　　　　　　　　　　　　（数量 100，单价 68.00）

　　借：22210106 应交税费 – 应交增值税 – 销项税额　　　1,410.50

　　借：660216 管理费用 – 其他　　　　　　　　　　　　　132.00

　　　　贷：112205 应收账款 – 南口公司　　　　　　　　12,392.50

　　　　（单位：南口公司，业务员：王五，票号 0757610，日期 2023.12.26）

（50-3）　收 0011　2023/12/26　附件张数 1

　　收到南口公司承付部分的销货款

　　　借：10020101 银行存款 – 工商银行 – 东区支行　　　　　　193,323.20

　　　　　（结算方式：2 异地托收承付，票号 018，日期 2023.12.26）

　　　　贷：112205 应收账款 – 南口公司　　　　　　　　　　　193,323.20

　　　　　（单位:南口公司，业务员:王五，票号 018，日期 2023.12.26）

第 51 笔业务（51-1，51-2）　付 0034　2023/12/26　附件张数 2

　　支付扩建车间的包工款

　　　借：160402 在建工程 – 扩建车间工程　　　　　　　　　137,614.68

　　　借：22210101 应交税费 – 应交增值税 – 进项税额　　　　12,385.32

　　　　贷：10020101 银行存款 – 工商银行 – 东区支行　　　　150,000.00

　　　　　（结算方式：转账支票，票号 10001699，日期 2023.12.26）

第 52 笔业务（52-1）　付 0035　2023/12/26　附件张数 1

　　支付职工医药费

　　　借：660214 管理费用 – 福利费用　　　　　　　　　　　　90.00

　　　　贷：1001 库存现金　　　　　　　　　　　　　　　　　　90.00

第 53 笔业务（53-1，53-2）　收 0012　2023/12/27　附件张数 2

　　收到技术转让费

　　　借：10020101 银行存款 – 工商银行 – 东区支行　　　　　　5,000.00

　　　　　（结算方式：转账支票，票号 20003669，日期 2023.12.27）

　　　　贷：605103 其他业务收入 – 技术转让　　　　　　　　　4,700.00

　　　　贷：22210106 应交税费 – 应交增值税 – 销项税额　　　　300.00

第 54 笔业务（54-1，54-2，54-3，54-4）　付 0036　2023/12/27　附件张数 4

　　支付水费及排水设施使用费

　　　借：50010202 生产成本 – 辅助生产成本 – 动力车间　　　　15.60

　　　借：50010201 生产成本 – 辅助生产成本 – 修配车间　　　　23.40

　　　借：510104 制造费用 – 水电费　　　　　　　　　　　　　85.80

　　　借：660216 管理费用 – 其他　　　　　　　　　　　　　437.32

　　　　贷：10020101 银行存款 – 工商银行 – 东区支行　　　　　562.12

　　　　　（结算方式：3 委托收款，票号 47465，日期 2023.12.27）

第 55 笔业务（55-1，55-2）　付 0037　2023/12/28　附件张数 2

　　总务科报销费用及补足备用金

　　　借：660216 管理费用 – 其他　　　　　　　　　　　　　　98.00

借：660207 管理费用 – 办公费　　　　　　　　　　　　272.00

借：660206 管理费用 – 差旅费　　　　　　　　　　　　86.00

　　贷：10020101 银行存款 – 工商银行 – 东区支行　　　　456.00

　　　　（结算方式：现金支票，票号 1013495，日期 2023.12.28）

第 56 笔业务（56-1，56-2）　转 0028　2023/12/29　附件张数 2

向丙公司赊销 A 产品

借：112203 应收账款 – 丙公司　　　　　　　　　　　22,882.50

　　　　（单位：丙公司，业务员：王五，票号 0010，日期 2023.12.29）

　　贷：600101 主营业务收入 – A 产品　　　　　　　　20,250.00

　　　　　　（数量 500，单价 40.50）

　　贷：22210106 应交税费 – 应交增值税 – 销项税额　　2,632.50

（56-3，56-4）　付 0038　2023/12/29　附件张数 2

代垫丙公司运杂费

借：112203 应收账款 – 丙公司　　　　　　　　　　　720.00

　　　　（单位：丙公司，业务员：王五，票号 1013493，日期 2023.12.29）

　　贷：10020101 银行存款 – 工商银行 – 东区支行　　　720.00

　　　　（结算方式：现金支票，票号 1013493，日期 2023.12.29）

第 57 笔业务（57-1，57-2，57-3）　转 0029　2023/12/30　附件张数 3

向乙公司销售 A、B 产品收到汇票

借：112102 应收票据 – 乙公司　　　　　　　　　　　113,522.06

　　　　（单位：乙公司，业务员：王五，票号 30167，日期 2023.12.30）

　　贷：600101 主营业务收入 – A 产品　　　　　　　　60,750.00

　　　　　　（数量 1500，单价 40.50）

　　贷：600102 主营业务收入 – B 产品　　　　　　　　39,712.00

　　　　　　（数量 584，单价 68.00）

　　贷：22210106 应交税费 – 应交增值税 – 销项税额　　13,060.06

第 58 笔业务（58-1）　收 0013　2023/12/30　附件张数 1

收丙公司上月所欠账款

借：10020101 银行存款 – 工商银行 – 东区支行　　　　16,400.00

　　　　（结算方式：银行信汇，票号 30412638，日期 2023.12.30）

　　贷：112203 应收账款 – 丙公司　　　　　　　　　16,400.00

　　　　（单位：丙公司，票号 30412638，日期 2023.12.30）

第 59 笔业务（59-1，59-2）　付 0039　2023/12/31　附件张数 2

支付本季度短期借款利息

借：660301 财务费用 – 利息费用　　　　　　　　　　　4,500.00

借：2231 应付利息　　　　　　　　　　　　　　　　　9,000.00

　　贷：10020101 银行存款 – 工商银行 – 东区支行　　　13,500.00

　　　　（结算方式：其他，票号 5248，日期 2023.12.31）

（59-3）　付 0040　2023/12/31　附件张数 1

支付长期借款 12 月份的利息

　　　借：160401 在建工程 – 机床大修工程　　　　　　1,159.00

　　　贷：10020101 银行存款 – 工商银行 – 东区支行　　1,159.00

　　　　　（结算方式：其他，票号 5451，日期 2023.12.31）

第 60 笔业务（60-1）　收 0014　2023/12/31　附件张数 1

　　收本季度利息收入

　　　借：10020101 银行存款 – 工商银行 – 东区支行　　1,800.00

　　　　　（结算方式：其他，票号 6318，日期 2023.12.31）

　　　贷：660301 财务费用 – 利息费用　　　　　　　　1,800.00

第 61 笔业务（61-1）　转 0030　2023/12/31　附件张数 1

　　本期无形资产摊销

　　　借：660212 管理费用 – 无形资产摊销　　　　　　1,500.00

　　　贷：1702 累计摊销　　　　　　　　　　　　　　1,500.00

第 62 笔业务（62-1）　转 0031　2023/12/31　附件张数 1

　　结转报废仓库的原值和折旧

　　　借：1602 累计折旧　　　　　　　　　　　　　　80,000.00

　　　借：1606 固定资产清理　　　　　　　　　　　　20,000.00

　　　贷：160102 固定资产 – 非生产用固定资产　　　100,000.00

（62-2）　转 0032　2023/12/31　附件张数 1

　　清理仓库的残料入库

　　　借：160501 工程物资 – 专用材料　　　　　　　　25,000.00

　　　贷：1606 固定资产清理　　　　　　　　　　　　25,000.00

第 63 笔业务（63-1，63-2）　转 0033　2023/12/31　附件张数 2

　　分配本月工资费用

　　　借：5001010102 生产成本 – 基本生产成本 – A 产品 – 直接工资　18,867.20

　　　借：5001010202 生产成本 – 基本生产成本 – B 产品 – 直接工资　16,947.20

　　　借：51011001 制造费用 – 废品损失 – A 产品　　　25.60

　　　借：510103 制造费用 – 工资费用　　　　　　　　1,499.56

借：50010201 生产成本－辅助生产成本－修配车间　902.00

借：50010202 生产成本－辅助生产成本－动力车间　762.00

借：640203 其他业务成本－技术转让　1,000.00

借：160401 在建工程－机床大修工程　2,385.00

借：160402 在建工程－扩建车间工程　2,385.00

借：660204 管理费用－工资费用　3,303.00

借：660214 管理费用－福利费用　805.00

　　贷：221101 应付职工薪酬－工资　48,881.56

第 64 笔业务（64-1）　转 0034　2023/12/31　附件张数 1

分配社会保险费

借：5001010102 生产成本－基本生产成本－A 产品－直接工资　2,620.65

借：5001010202 生产成本－基本生产成本－B 产品－直接工资　2,353.97

借：51011001 制造费用－废品损失－A 产品　3.56

借：510109 制造费用－社会保险费　208.29

借：50010201 生产成本－辅助生产成本－修配车间　125.29

借：50010202 生产成本－辅助生产成本－动力车间　105.84

借：160401 在建工程－机床大修工程　331.28

借：160402 在建工程－扩建车间工程　331.28

借：660208 管理费用－社会保险费　458.79

借：660214 管理费用－福利费用　76.05

　　贷：221103 应付职工薪酬－社会保险费　6,615.00

第 65 笔业务（65-2）　转 0035　2023/12/31　附件张数 1

结转 B 产品的废品损失

借：51011002 制造费用－废品损失－B 产品　350.00

　　贷：5001010201 生产成本－基本生产成本－B 产品－直接材料　139.00

　　贷：5001010202 生产成本－基本生产成本－B 产品－直接工资　79.00

　　贷：5001010203 生产成本－基本生产成本－B 产品－制造费用　132.00

（65-1，65-3）　转 0036　2023/12/31　附件张数 2

收 A、B 产品废品残料入库

借：140306 原材料－其他材料　30.00

　　贷：51011001 制造费用－废品损失－A 产品　10.00

　　贷：51011002 制造费用－废品损失－B 产品　20.00

（65-2）转 0037　2023/12/31　附件张数 0

结转 10 件 B 产品废品的净损失

借：5001010204 生产成本－基本生产成本－B 产品－废品损失　330.00

  贷：51011002 制造费用－废品损失－B产品   330.00

第 66 笔业务（66-1，66-2） 转 0038   2023/12/31   附件张数 2
  验收报废低值易耗品的残料入库
  借：140306 原材料－其他材料   559.00
   贷：510106 制造费用－低值易耗品摊销   462.00
   贷：50010202 生产成本－辅助生产成本－动力车间   31.00
   贷：50010201 生产成本－辅助生产成本－修配车间   36.00
   贷：660215 管理费用－低值易耗品摊销   30.00

第 67 笔业务（67-1） 转 0039   2023/12/31   附件张数 1
  汇总结转本月采购材料的超支差异
  借：14040105 材料成本差异－原材料－燃料   400.00
  借：14040106 材料成本差异－原材料－其他材料   40.00
   贷：140104 材料采购－燃料   400.00
   贷：140105 材料采购－其他材料   40.00

（67-1） 转 0040   2023/12/31   附件张数 0
  汇总结转本月采购材料的节约差异
  借：140101 材料采购－A材料   209.83
  借：140102 材料采购－B材料   87.50
  借：140103 材料采购－C材料   2,137.67
   贷：14040101 材料成本差异－原材料－A材料   209.83
   贷：14040102 材料成本差异－原材料－B材料   87.50
   贷：14040103 材料成本差异－原材料－C材料   2,137.67

第 68 笔业务（68-1） 转 0041   2023/12/31   附件张数 1
  汇总结转本月发出材料的计划成本
  借：5001010101 生产成本－基本生产成本－A产品－直接材料   29,333.10
  借：51011001 制造费用－废品损失－A产品   24.98
  借：5001010201 生产成本－基本生产成本－B产品－直接材料   23,136.21
  借：50010202 生产成本－辅助生产成本－动力车间   143.86
  借：50010201 生产成本－辅助生产成本－修配车间   624.39
  借：510107 制造费用－机物料消耗   844.17
  借：510108 制造费用－劳动保护费   2,087.94
  借：660216 管理费用－其他   818.19
  借：640203 其他业务成本－技术转让   699.31
  借：64020101 其他业务成本－材料销售－A材料   8,491.63
  借：660103 销售费用－物料消耗   464.55

借：160402 在建工程 – 扩建车间工程　　　　　　　　784.23

　　贷：140301 原材料 – A 材料　　　　　　　　　　25,288.14

　　贷：140302 原材料 – B 材料　　　　　　　　　　21,482.25

　　贷：140303 原材料 – C 材料　　　　　　　　　　16,228.20

　　贷：140306 原材料 – 其他材料　　　　　　　　　4,453.97

（68-2）　转 0042　2023/12/31　附件张数 1

汇总结转本月发出材料的成本差异

借：5001010101 生产成本 – 基本生产成本 – A 产品 – 直接材料　　173.60

借：51011001 制造费用 – 废品损失 – A 产品　　　　0.15

借：5001010201 生产成本 – 基本生产成本 – B 产品 – 直接材料　　101.45

借：50010202 生产成本 – 辅助生产成本 – 动力车间　　1.57

借：50010201 生产成本 – 辅助生产成本 – 修配车间　　2.62

借：510107 制造费用 – 机物料消耗　　　　　　　　19.80

借：510108 制造费用 – 劳动保护费　　　　　　　　48.98

借：660216 管理费用 – 其他　　　　　　　　　　　19.19

借：640203 其他业务成本 – 技术转让　　　　　　　1.89

借：640201 其他业务成本 – 材料销售 – A 材料　　　45.74

借：660103 销售费用 – 物料消耗　　　　　　　　　10.90

借：160402 在建工程 – 扩建车间工程　　　　　　　4.36

　　贷：14040101 材料成本差异 – 原材料 – A 材料　　　36.91

　　贷：14040102 材料成本差异 – 原材料 – B 材料　　　90.87

　　贷：14040103 材料成本差异 – 原材料 – C 材料　　　197.99

　　贷：14040106 材料成本差异 – 原材料 – 其他材料　　104.48

差异率 = 期末差异/期末计划成本 × 100%

A = –53.72/36860 × 100% = –0.146%　　　B = 138.9/32800 × 100% = 0.423%

C = 3886.33/318400 × 100% = 1.22%　　　其他 = 1241.04/52899 × 100% = 2.346%

（68-3）　转 0043　2023/12/31　附件张数 1

汇总结转本月发出材料的不可抵扣进项税额

借：640203 其他业务成本 – 技术转让　　　　　　　119.20

　　贷：22210108 应交税费 – 应交增值税 – 进项税额转出　　119.20

第 69 笔业务（69-1）　转 0044　2023/12/31　附件张数 1

结转 10 件 A 产品废品的净损失

借：5001010104 生产成本 – 基本生产成本 – A 产品 – 废品损失　　44.29

　　贷：51011001 制造费用 – 废品损失 – A 产品　　　44.29

第 70 笔业务（70-1） 转 0045 2023/12/31 附件张数 1
  汇总结转本月领用包装物计划成本
  借：5001010101 生产成本－基本生产成本－A 产品－直接材料 2,870.00
  借：5001010201 生产成本－基本生产成本－B 产品－直接材料 3,458.00
   贷：14110101 周转材料－包装物－在库包装物 6,328.00

（70-1） 转 0046 2023/12/31 附件张数 0
  汇总结转本月领用包装物成本差异
  借：14040201 材料成本差异－周转材料－包装物 31.64
   贷：5001010101 生产成本－基本生产成本－A 产品－直接材料 14.35
   贷：5001010201 生产成本－基本生产成本－B 产品－直接材料 17.29

（70-1） 转 0047 2023/12/31 附件张数 0
  汇总结转本月燃料的计划成本
  借：50010202 生产成本－辅助生产成本－动力车间 416.34
   贷：140305 原材料－燃料 416.34

（70-1） 转 0048 2023/12/31 附件张数 0
  汇总结转本月领用燃料成本差异
  借：50010202 生产成本－辅助生产成本－动力车间 6.66
   贷：14040105 材料成本差异－原材料－燃料 6.66

第 71 笔业务（71-1） 转 0049 2023/12/31 附件张数 1
  结转上月领用本月应摊销的低值易耗品
  借：510106 制造费用－低值易耗品摊销 576.00
  借：50010202 生产成本－辅助生产成本－动力车间 27.00
  借：660215 管理费用－低值易耗品摊销 21.00
   贷：14110203 周转材料－低值易耗品－低值易耗品摊销 624.00

（71-1） 转 0050 2023/12/31 附件张数 0
  结转本月领用低值易耗品计划成本和差异
  借：14110202 周转材料－低值易耗品－在用低值易耗品 12,454.31
   贷：14110201 周转材料－低值易耗品－在库低值易耗品 12,331.00
   贷：14040202 材料成本差异－周转材料－低值易耗品 123.31

（71-1） 转 0051 2023/12/31 附件张数 0
  结转本月领用应摊销的低值易耗品
  借：510106 制造费用－低值易耗品摊销 2,321.00
  借：50010202 生产成本－辅助生产成本－动力车间 213.00

借：50010201 生产成本－辅助生产成本－修配车间 482.00

借：660215 管理费用－低值易耗品摊销 375.00

　　贷：14110203 周转材料－低值易耗品－低值易耗品摊销 3,391.00

（71-1） 转 0052 2023/12/31 附件张数 0

结转一次摊销低值易耗品的计划成本

借：510106 制造费用－低值易耗品摊销 484.00

借：50010202 生产成本－辅助生产成本－动力车间 18.00

借：50010201 生产成本－辅助生产成本－修配车间 75.00

借：660215 管理费用－低值易耗品摊销 57.00

　　贷：14110201 周转材料－低值易耗品－在库低值易耗品 634.00

（71-1） 转 0053 2023/12/31 附件张数 0

结转一次摊销低值易耗品的成本差异

借：510106 制造费用－低值易耗品摊销 4.84

借：50010202 生产成本－辅助生产成本－动力车间 0.18

借：50010201 生产成本－辅助生产成本－修配车间 0.75

借：660215 管理费用－低值易耗品摊销 0.57

　　贷：14040202 材料成本差异－周转材料－低值易耗品 6.34

第 72 笔业务（72-1，72-2） 转 0054 2023/12/31 附件张数 2

月末分配修配车间辅助生产费用

借：5001010103 生产成本－基本生产成本－A 产品－制造费用 1,117.39

借：5001010203 生产成本－基本生产成本－B 产品－制造费用 1,277.01

借：510102 制造费用－修理费 159.63

借：660216 管理费用－其他 319.25

借：160402 在建工程－扩建车间工程 319.25

　　贷：50010201 生产成本－辅助生产成本－修配车间 3,192.53

（72-1，72-2） 转 0055 2023/12/31 附件张数 0

结转分配动力车间辅助生产费用

借：5001010103 生产成本－基本生产成本－A 产品－制造费用 750.43

借：5001010203 生产成本－基本生产成本－B 产品－制造费用 987.41

借：510104 制造费用－水电费 118.49

借：660216 管理费用－其他 39.50

借：160402 在建工程－扩建车间工程 78.98

　　贷：50010202 生产成本－辅助生产成本－动力车间 1,974.81

第 73 笔业务（73-1）　转 0056　2023/12/31　附件张数 1
结转盘亏 A 材料的成本及差异
借：660216 管理费用 – 其他　　　　　　　　　　　　　224.33
　贷：140301 原材料 – A 材料　　　　　　　　　　　　224.00
　　　　　　　　　　　　　（数量 100，单价 2.24）
　贷：14040101 材料成本差异 – 原材料 – A 材料　　　　0.33

（73-1）　转 0057　2023/12/31　附件张数 0
结转盘盈 B 材料的成本及差异
借：140302 原材料 – B 材料　　　　　　　　　　　　　820.00
　　　　　　　　　　　　　（数量 500，单价 1.64）
借：14040102 材料成本差异 – 原材料 – B 材料　　　　　3.47
　贷：660216 管理费用 – 其他　　　　　　　　　　　　823.47

第 74 笔业务（74-1）　转 0058　2023/12/31　附件张数 1
年末计提坏账准备金
借：1231 坏账准备　　　　　　　　　　　　　　　　　241.82
　贷：6701 资产减值损失　　　　　　　　　　　　　　241.82

第 75 笔业务（75-1）　转 0059　2023/12/31　附件张数 1
转销应付已解散的广发公司账款
借：224101 其他应付款 – 广发公司　　　　　　　　　3,200.00
　　　　（供应商：广发公司，业务员：张三，日期 2023.12.31）
　贷：630103 营业外收入 – 坏账收入　　　　　　　　3,200.00

第 76 笔业务（76-1）　转 0060　2023/12/31　附件张数 1
转销上月盘亏和报废设备的成本
借：671102 营业外支出 – 盘亏损失　　　　　　　　　4,300.00
借：671101 营业外支出 – 非流动资产处置损失　　　　1,800.00
　贷：190102 待处理财产损溢 – 待处理非流动资产损溢　4,300.00
　贷：1606 固定资产清理　　　　　　　　　　　　　1,800.00

第 77 笔业务（77-1）　转 0061 2023/12/31　附件张数 1
月末分配基本生产车间制造费用
借：5001010103 生产成本 – 基本生产成本 – A 产品 – 制造费用　10,632.85
借：5001010203 生产成本 – 基本生产成本 – B 产品 – 制造费用　9,537.86
　贷：510101 制造费用 – 折旧费　　　　　　　　　　11,526.00
　贷：510102 制造费用 – 修理费　　　　　　　　　　159.63

　　　　贷：510103 制造费用－工资费用　　　　　　　　　　　　　1,499.56

　　　　贷：510104 制造费用－水电费　　　　　　　　　　　　　　852.50

　　　　贷：510106 制造费用－低值易耗品摊销　　　　　　　　　2,923.84

　　　　贷：510107 制造费用－机物料消耗　　　　　　　　　　　　863.97

　　　　贷：510108 制造费用－劳动保护费　　　　　　　　　　　2,136.92

　　　　贷：510109 制造费用－社会保险费　　　　　　　　　　　　208.29

第 78 笔业务（78-1，78-2，78-3）　转 0062　2023/12/31　附件张数 3

　　结转本月完工 A 产品入库成本

　　借：140501 库存商品－A 产品　　　　　　　　　　　68,494.29

　　　　　　　　　　　　　　　　　（数量 3,500，单价 19.56980）

　　　　贷：5001010101 生产成本－基本生产成本－A 产品－直接材料　29,053.30

　　　　　　　　　　　　　　　　　（数量 3,500，单价 8.30094）

　　　　贷：5001010102 生产成本－基本生产成本－A 产品－直接工资　20,253.39

　　　　贷：5001010103 生产成本－基本生产成本－A 产品－制造费用　19,143.31

　　　　贷：5001010104 生产成本－基本生产成本－A 产品－废品损失　44.29

　　注：完工产品成本＝总成本（期初＋本月发生）/总产量（完工产量＋在产约当产量）×完工产量

　　原材料一次投料，分配时不用计算约当产量，废品损失由完工产品负担

　　生产成本本月发生额：

　　A 产品：直接材料 32362.35，直接人工 21487.85，制造费用 19988.25

　　B 产品：直接材料 26539.37，直接人工 19222.17，制造费用 27131.36

（78-4）　转 0063　2023/12/31　附件张数 1

　　结转本月完工 B 产品入库成本

　　借：140502 库存商品－B 产品　　　　　　　　　　　72,396.46

　　　　　　　　　　　　　　　　　（数量 1,500，单价 48.26431）

　　　　贷：5001010201 生产成本－基本生产成本－B 产品－直接材料　26,396.50

　　　　　　　　　　　　　　　　　（数量 1,500，单价 17.59767）

　　　　贷：5001010202 生产成本－基本生产成本－B 产品－直接工资　18,805.51

　　　　贷：5001010203 生产成本－基本生产成本－B 产品－制造费用　26,864.45

　　　　贷：5001010204 生产成本－基本生产成本－B 产品－废品损失　330.00

第 79 笔业务（79-1）　转 0064　2023/12/31　　附件张数 1

　　汇总结转本月 A、B 产品的销售成本

　　借：640101 主营业务成本－A 产品　　　　　　　　　　98,920.10

　　　　　　　　　　　　　　　　　（数量 5,020，单位成本 19.70520）

　　借：640102 主营业务成本－B 产品　　　　　　　　　288,050.39

　　　　　　　　　　　　　　　　　（数量 5,484，单位成本 52.52560）

  贷：140501 库存商品 – A 产品   98,920.10

        （数量 5,020，单位成本 19.70520）

  贷：140502 库存商品 – B 产品   288,050.39

        （数量 5,484，单位成本 52.52560）

注：销售成本 = 销售数量 × 单位成本（总成本/总数量）

  A 产品：19.70520，B 产品：52.52560

第 80 笔业务（80-1） 付 0041 2023/12/31 附件张数 1

  支付固定资产清理费用

  借：1606 固定资产清理   1,000.00

   贷：10020101 银行存款 – 工商银行 – 东区支行   1,000.00

     （结算方式：现金支票，票号 0013496，日期 2023.12.31）

（80-2） 转 0065 2023/12/31 附件张数 1

  结转固定资产清理净收益

  借：1606 固定资产清理   4,000.00

   贷：630101 营业外收入 – 处理固定资产净收益   4,000.00

第 81 笔业务（81-1） 转 0066 2023/12/31 附件张数 1

  注：增值税：销项税额 = 109646.22 进项税额 = 31635.68 进项税额转出 = 119.20

  应交增值税 = 109646.22 − 31635.68 + 119.20 = 78129.74

  计算本月应交的增值税

  借：22210103 应交税费 – 应交增值税（转出未交增值税） 78,129.74

   贷：222102 应交税费 – 未交增值税 78,129.74

（81-2） 转 0067 2023/12/31 附件张数 1

  计算本月的城建税及教育费附加

  借：6403 税金及附加   9,375.57

   贷：222108 应交税费 – 应交城市维护建设税   5,469.08

   贷：222113 应交税费 – 应交教育费附加   3,906.49

注：城市维护建设税 = 78129.74 × 7% = 5469.08

  教育费附加 = 78129.74 × 5% = 3906.49

第 82 笔业务（82-1） 转 0068 2023/12/31 附件张数 1

  期末结转收益类账户余额至本年利润

  借：600101 主营业务收入 – A 产品   203,310.00

            （数量 5,020，单价 40.50）

  借：600102 主营业务收入 – B 产品   372,912.00

            （数量 5,484，单价 68.00）

借：630101 营业外收入 – 处理固定资产净收益　　　　　　4,000.00

借：630103 营业外收入 – 坏账收入　　　　　　　　　　　3,200.00

借：60510101 其他业务收入 – 材料销售 – A 材料　　　　35,743.48

　　　　　　　　　　　　　数量 14,812.5，单价 2.41306）

借：60510102 其他业务收入 – 材料销售 – B 材料　　　　41,188.52

　　　　　　　　　　　　　（数量 24,500，单价 1.68116）

借：60510103 其他业务收入 – 材料销售 – C 材料　　　　　3,900.00

　　　　　　　　　　　　　（数量 200，单价 19.50）

借：605102 其他业务收入 – 固定资产出租　　　　　　　　2,857.14

借：605103 其他业务收入 – 技术转让　　　　　　　　　　4,700.00

借：6701 资产减值损失 – 坏账损失　　　　　　　　　　　　241.82

　　贷：4103 本年利润　　　　　　　　　　　　　　　672,052.96

（82-2）　转 0069　2023/12/31　附件张数 1

期末结转成本费用类余额至本年利润

借：4103 本年利润　　　　　　　　　　　　　　　　546,253.42

　　贷：640101 主营业务成本 – A 产品　　　　　　　　98,920.10

　　　　　　　　　　　　　（数量 5,020，单位成本 19.70520）

　　贷：640102 主营业务成本 – B 产品　　　　　　　288,050.39

　　　　　　　　　　　　　（数量 5,484，单位成本 52.52560）

　　贷：660101 销售费用 – 广告费　　　　　　　　　18,867.92

　　贷：660102 销售费用 – 差旅费　　　　　　　　　　1,578.00

　　贷：660103 销售费用 – 物料消耗　　　　　　　　　　475.45

　　贷：6403 税金及附加　　　　　　　　　　　　　　9,425.57

　　贷：64020101 其他业务成本 – 材料销售 – A 材料　　39,105.85

　　　　　　　　　　　　　（数量 13,312.50，单价 2.93753）

　　贷：64020102 其他业务成本 – 材料销售 – B 材料　　41,188.52

　　　　　　　　　　　　　（数量 24,500，单价 1.68116）

　　贷：640203 其他业务成本 – 技术转让　　　　　　　1,820.40

　　贷：660201 管理费用 – 折旧费　　　　　　　　　　4,344.00

　　贷：660202 管理费用 – 工会经费　　　　　　　　　1,013.68

　　贷：660203 管理费用 – 职工教育经费　　　　　　　　760.26

　　贷：660204 管理费用 – 工资费用　　　　　　　　　3,303.00

　　贷：660206 管理费用 – 差旅费　　　　　　　　　　　912.00

　　贷：660207 管理费用 – 办公费　　　　　　　　　　　592.00

　　贷：660208 管理费用 – 社会保险费　　　　　　　　　458.79

　　贷：660211 管理费用 – 业务招待费　　　　　　　　　794.00

贷：660212 管理费用 – 无形资产摊销		1,500.00
贷：660214 管理费用 – 福利费用		5,600.45
贷：660215 管理费用 – 低值易耗品摊销		423.57
贷：660216 管理费用 – 其他		6,843.60
贷：660301 财务费用 – 利息费用		2,916.67
贷：660302 财务费用 – 银行手续费		80.00
贷：671101 营业外支出 – 非流动资产处置损失		12,729.20
贷：671102 营业外支出 – 盘亏损失		4,300.00
贷：6111 投资收益		250.00

第 83 笔业务（83-1）　转 0070　2023/12/31　附件张数 1
计算 12 月应预缴的所得税额

借：6801 所得税费用	30,729.99
借：1811 递延所得税资产	2.05
贷：222105 应交税费 – 应交所得税	30,732.04

注：会计利润 = 672,052.96 − 546,253.42 = 125,799.54

应纳税所得额 =（会计利润 – 技术转让所得）× 税率 =［125,799.54 −（4,700 − 1,820.40）］× 25% = 30,729.99

递延所得税资产 =（坏账准备变动额 + 投资收益）× 税率 =（241.82 − 250.00）× 25% = 2.05

（83-1）　转 0071　2023/12/31　附件张数 0
结转本年所得税额至本年利润

借：4103 本年利润	30,729.99
贷：6801 所得税费用	30,729.99

第 84 笔业务（84-1）　转 0072　2023/12/31　附件张数 1
结转本年净利润至利润分配账户

借：4103 本年利润	95,069.55
贷：410410 利润分配 – 未分配利润	95,069.55

第 85 笔业务（85-1）　转 0073　2023/12/31　附件张数 1
年末利润分配

借：410401 利润分配 – 提取法定盈余公积	9,506.96
借：410402 利润分配 – 提取任意盈余公积	4,753.48
借：410407 利润分配 – 应付股利或利润	38,027.82
贷：410101 盈余公积 – 法定盈余公积	9,506.96
贷：410102 盈余公积 – 任意盈余公积	4,753.48

　　　　贷：2232 应付股利　　　　　　　　　　　　　　　　　38,027.82

第 86 笔业务（86-1）　转 0074　2023/12/31　附件张数 1
　　　结转利润分配余额至未分配利润
　　　借：410410 利润分配 – 未分配利润　　　　　　　　　　　52,288.26
　　　　　贷：410401 利润分配 – 提取法定盈余公积　　　　　　　9,506.96
　　　　　贷：410402 利润分配 – 提取任意盈余公积　　　　　　　4,753.48
　　　　　贷：410407 利润分配 – 应付股利或利润　　　　　　　38,027.82

第十一节　科 目 汇 总

　　账务处理程序包括记账凭证账务处理程序、科目汇总表账务处理程序、汇总记账凭证账务处理程序等，其中记账凭证账务处理程序是基本的方法，后两种方法是由基本方法演变而来的，目的是为了简化会计核算工作量。在会计实务中，科目汇总表账务处理程序被企业广泛地采用。实现会计电算化之后，利用计算机快速、准确的运算和数据传递功能，财务软件系统通常采用记账凭证账务处理程序进行记账。在实现会计电算化的人机并行阶段，利用财务软件的科目汇总功能，可进一步检验手工记账和财务软件结果的正确性。科目汇总功能可按照用户设置的汇总条件对记账凭证进行汇总，并生成科目汇总表。

　　选择"业务工作"→"财务会计"→"总账"→"凭证"→"科目汇总"菜单，弹出"科目汇总"对话框，如图 4-30 所示。

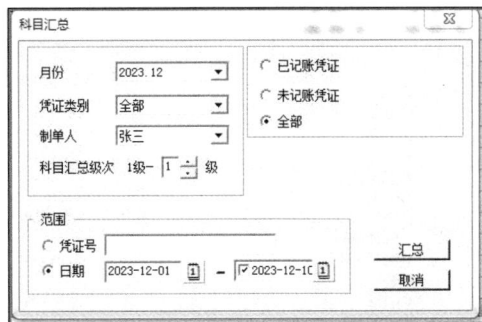

图 4-30　"科目汇总"对话框

　　在"科目汇总"对话框中可输入一些汇总条件。

　　月份：选择输入要汇总记账凭证的会计年度和月份。

　　凭证类别：若按凭证类别查询时，可选择需要汇总的凭证类别，分别按收款凭证、付款凭证和转账凭证进行汇总。如果选择类别为"全部"，则汇总所有凭证类别的记账凭证。

　　科目汇总级次：指科目汇总表的科目级次，一般应选择汇总 1 级科目。

　　凭证号：当指定按某种凭证类别进行汇总时，输入要汇总的起止凭证号。

日期：可输入凭证汇总的起止日期，如汇总上旬的记账凭证，则用户输入"2023.12.01-2023.12.10"。

凭证汇总范围：系统提供了未记账凭证、已记账凭证、全部三种汇总范围。选择"未记账凭证"时，只汇总未记账的凭证，已记账的凭证则不参与汇总；选择"已记账凭证"时，未记账凭证则不参与汇总；选择"全部"时，则"未记账凭证"和"已记账凭证"一起参与汇总。用户可选择所需的汇总方式。

用户输入汇总条件后，单击"汇总"按钮，系统将显示根据用户选择的汇总条件，汇总出的科目汇总表。

在此处，要求用户汇总出中山工厂 2023 年 12 月上旬、中旬、下旬和全月的科目汇总表。下面分别讲解汇总的步骤。

一、中山工厂上旬科目汇总

在图 4-30 所示对话框中，若要汇总 2023 年 12 月上旬的一级科目汇总表，则输入以下汇总条件：月份选"2023.12"；凭证类别选"全部"；制单人选"张三"；科目汇总级次选"1 级-1 级"；日期选"2023.12.01-2023.12.10"；凭证范围选"全部"。选择完毕后，单击"汇总"按钮，系统按照用户给定的条件，从数据库中抽取相关数据进行汇总，并在屏幕中央显示汇总的进度。

数据汇总完成后，系统弹出"科目汇总表"，如图 4-31 所示。

图 4-31　科目汇总表

在"科目汇总表"中，可以显示上旬科目的发生额汇总结果，使本币金额、外币金额和数量合计同屏显示，最后一行还显示上旬的本币金额借贷方合计数。

下面是中山工厂 2023 年 12 月上旬科目汇总表，供参照，如表 4-1 所示。

表 4-1 中山工厂 2023 年 12 月上旬科目汇总表

汇总日期：2023.12.01-2023.12.10 共 29 张凭证，其中作废凭证 0 张，原始单据 48 张

科目编码	科目名称	金额合计借方	金额合计贷方
1001	库存现金	–	50.00
1002	银行存款	996,749.00	212,441.36
1122	应收账款	4,607.00	73,230.00
1123	预付账款	50,000.00	–
1221	其他应收款	1,700.00	
1401	材料采购	41,550.00	48,860.00
1403	原材料	48,860.00	70,000.00
1404	材料成本差异	–	1,757.00
1511	长期股权投资	351,085.41	–
1601	固定资产	–	200,000.00
1602	累计折旧	40,000.00	16,919.00
1606	固定资产清理	160,000.00	160,000.00
资产 小计		1,694,551.41	783,257.36
2201	应付票据	–	24,860.00
2211	应付职工薪酬	1,013.68	1,773.94
2221	应交税费	19,172.78	66,611.93
2502	应付债券	4,716.98	600,000.00
负债 小计		24,903.44	693,245.87
5001	生产成本	1,049.00	–
5101	制造费用	11,526.00	–
成本 小计		12,575.00	
6001	主营业务收入	–	286,300.00
6051	其他业务收入	–	75,657.00
6402	其他业务成本	71,757.00	
6403	税金及附加	50.00	
6601	销售费用	18,867.92	
6602	管理费用	6,117.94	
6603	财务费用	80.00	
6711	营业外支出	9,557.52	
损益 小计		106,430.38	361,957.00
合计		1,838,460.23	1,838,460.23

二、中山工厂中旬科目汇总

在图 4-30 所示对话框中，若要汇总 2023 年 12 月中旬的一级科目汇总表，则输入以下汇总条件：月份选"2023.12"；凭证类别选"全部"；制单人选"张三"；科目汇总

级次选"1级-1级"；日期选"2023.12.11-2023.12.20"；凭证范围选"全部"。选择完毕后，单击"汇总"按钮，系统按照用户给定的条件，从数据库中抽取相关数据进行汇总。

下面是中山工厂2023年12月中旬科目汇总表，供参照，如表4-2所示。

表4-2　中山工厂2023年12月中旬科目汇总表

汇总日期：2023.12.11-2023.12.20　　　共28张凭证，其中作废凭证0张，原始单据47张

科目编码	科目名称	金额合计借方	金额合计贷方
1001	库存现金	122.00	112.00
1002	银行存款	69,131.08	155,208.96
1101	交易性金融资产	50,000.00	–
1121	应收票据	–	63,500.00
1122	应收账款	205,715.70	
1123	预付账款	20,439.00	65,939.00
1221	其他应收款	200.00	2,355.00
1401	材料采购	69,800.00	91,740.00
1403	原材料	91,740.00	4,730.00
1404	材料成本差异	–	118.72
1408	委托加工物资	7,928.72	
1604	在建工程	350.00	
资产 小计		515,426.50	383,703.68
2211	应付职工薪酬	56,096.56	–
2221	应交税费	9,342.10	24,080.55
2241	其他应付款	846.00	846.00
负债 小计		66,284.66	24,926.55
6001	主营业务收入	–	180,060.00
6051	其他业务收入	–	5,175.00
6111	投资收益	250.00	–
6601	销售费用	1,578.00	–
6602	管理费用	10,109.40	–
6603	财务费用	216.67	–
损益 小计		12,154.07	185,235.00
合计		593,865.23	593,865.23

三、中山工厂下旬科目汇总

在图4-30所示对话框中，若要汇总2023年12月下旬的一级科目汇总表，则输入以下汇总条件：月份选"2023.12"；凭证类别选"全部"；制单人选"张三"；科目汇总级次选"1级-1级"；日期选"2023.12.21-2023.12.31"；凭证范围选"全部"。选择完毕后，单击"汇总"按钮，系统按照用户给定的条件，从数据库中抽取相关数据进行汇总。

下面是中山工厂2023年12月下旬的一级科目汇总表，供参照，如表4-3所示。

表 4-3　中山工厂 2023 年 12 月下旬科目汇总表

汇总日期：2023.12.21-2023.12.31　　共 72 张凭证，其中作废凭证 0 张，原始单据 84 张

科目编码	科目名称	金额合计借方	金额合计贷方
1001	库存现金	–	140.00
1002	银行存款	257,523.20	199,711.28
1121	应收票据	113,522.06	–
1122	应收账款	23,602.50	222,115.70
1221	其他应收款	–	700.00
1231	坏账准备	241.82	–
1401	材料采购	2,435.00	440.00
1403	原材料	8,409.00	68,092.90
1404	材料成本差异	1,603.83	3,001.89
1405	库存商品	140,890.75	386,970.49
1408	委托加工物资	200.00	8,128.72
1411	周转材料	12,454.31	23,308.00
1601	固定资产	–	150,000.00
1602	累计折旧	95,000.00	–
1604	在建工程	146,218.06	–
1605	工程物资	25,000.00	–
1606	固定资产清理	60,000.00	61,800.00
1701	无形资产	3,000.00	–
1702	累计摊销	–	1,500.00
1811	递延所得税资产	2.05	–
1901	待处理财产损溢	–	4,300.00
资产 小计		890,102.58	1,130,208.98
2211	应付职工薪酬	–	55,496.56
2221	应交税费	95,088.72	138,863.65
2231	应付利息	9,000.00	–
2232	应付股利	–	38,027.82
2241	其他应付款	3,200.00	–
负债 小计		107,288.72	232,388.03
4101	盈余公积	–	14,260.44
4103	本年利润	672,052.96	672,052.96
4104	利润分配	104,576.52	147,357.81
权益 小计		776,629.48	833,671.21
5001	生产成本	151,672.62	146,506.73
5101	制造费用	9,511.00	21,037.00
成本 小计		161,183.62	167,543.73
6001	主营业务收入	587,072.00	120,712.00
6051	其他业务收入	88,389.14	7,557.14
6111	投资收益	–	250.00
6301	营业外收入	7,200.00	7,200.00
6401	主营业务成本	386,970.49	386,970.49

续表

科目编码	科目名称	金额合计借方	金额合计贷方
6402	其他业务成本	10,357.77	82,114.77
6403	税金及附加	9,375.57	9,425.57
6601	销售费用	475.45	20,921.37
6602	管理费用	11,171.48	27,398.82
6603	财务费用	4,500.00	4,796.67
6701	资产减值损失	241.82	241.82
6711	营业外支出	7,471.68	17,029.20
6801	所得税费用	30,729.99	30,729.99
损益 小计		1,143,955.39	715,347.84
合计		3,079,159.79	3,079,159.79

四、中山工厂全月科目汇总

在图 4-30 所示对话框中，若要汇总 2023 年 12 月全月的一级科目汇总表，则输入以下汇总条件：月份选"2023.12"；凭证类别选"全部"；制单人选"张三"；科目汇总级次选"1 级-1 级"；日期选"2023.12.01-2023.12.31"；凭证范围选"全部"。选择完毕后，单击"汇总"按钮，系统按照用户给定的条件，从数据库中抽取相关数据进行汇总。

下面是中山工厂 2023 年 12 月全月科目汇总表，供参照，如表 4-4 所示。

表 4-4　中山工厂 2023 年 12 月全月科目汇总表

汇总日期：2023.12.01-2023.12.31　　共 129 张凭证，其中作废凭证 0 张，原始单据 179 张

科目编码	科目名称	金额合计借方	金额合计贷方
1001	库存现金	122.00	302.00
1002	银行存款	1,323,403.28	567,361.60
1101	交易性金融资产	50,000.00	-
1121	应收票据	113,522.06	63,500.00
1122	应收账款	233,925.20	295,345.70
1123	预付账款	70,439.00	65,939.00
1221	其他应收款	1,900.00	3,055.00
1231	坏账准备	241.82	-
1401	材料采购	113,785.00	141,040.00
1403	原材料	149,009.00	142,822.90
1404	材料成本差异	1,603.83	4,877.61
1405	库存商品	140,890.75	386,970.49
1408	委托加工物资	8,128.72	8,128.72
1411	周转材料	12,454.31	23,308.00
1511	长期股权投资	351,085.41	-
1601	固定资产	—	350,000.00
1602	累计折旧	135,000.00	16,919.00

续表

科目编码	科目名称	金额合计借方	金额合计贷方
1604	在建工程	146,568.06	–
1605	工程物资	25,000.00	–
1606	固定资产清理	220,000.00	221,800.00
1701	无形资产	3,000.00	–
1702	累计摊销	–	1,500.00
1811	递延所得税资产	2.05	–
1901	待处理财产损溢	–	4,300.00
资产 小计		3,100,080.49	2,297,170.02
2201	应付票据	–	24,860.00
2211	应付职工薪酬	57,110.24	57,270.50
2221	应交税费	123,603.60	229,556.13
2231	应付利息	9,000.00	–
2232	应付股利	–	38,027.82
2241	其他应付款	4,046.00	846.00
2502	应付债券	4,716.98	600,000.00
负债 小计		198,476.82	950,560.45
4101	盈余公积	–	14,260.44
4103	本年利润	672,052.96	672,052.96
4104	利润分配	104,576.52	147,357.81
权益 小计		776,629.48	833,671.21
5001	生产成本	152,721.62	146,506.73
5101	制造费用	21,037.00	21,037.00
成本 小计		173,758.62	167,543.73
6001	主营业务收入	587,072.00	587,072.00
6051	其他业务收入	88,389.14	88,389.14
6111	投资收益	250.00	250.00
6301	营业外收入	7,200.00	7,200.00
6401	主营业务成本	386,970.49	386,970.49
6402	其他业务成本	82,114.77	82,114.77
6403	税金及附加	9,425.57	9,425.57
6601	销售费用	20,921.37	20,921.37
6602	管理费用	27,398.82	27,398.82
6603	财务费用	4,796.67	4,796.67
6701	资产减值损失	241.82	241.82
6711	营业外支出	17,029.20	17,029.20
6801	所得税费用	30,729.99	30,729.99
损益 小计		1,262,539.84	1,262,539.84
合计		5,511,485.25	5,511,485.25

第十二节　审核记账凭证

本节主要介绍出纳操作员（王五）对收款凭证、付款凭证进行出纳签字，以及审核操作员（李四）对所有记账凭证进行审核等功能的操作方法。

一、出纳签字

在记账凭证中，凡有"1001 现金"或"1002 银行存款"科目的记账凭证，称之为出纳凭证。出纳凭证由于涉及企业现金和银行存款的收入与支出，应加强对出纳凭证的管理。

因出纳操作员经管着现金和银行存款，并且登记"现金日记账"和"银行存款日记账"，出纳操作员可通过"出纳签字"功能，对填制凭证操作员填制的、带有现金和银行存款科目的凭证进行核对，主要核对出纳凭证中有关出纳科目的金额是否正确。如果审查认为错误或有异议的出纳凭证，应交与凭证制单操作员进行修改后再核对。

在图 3-44 中，选中"出纳凭证必须经由出纳签字"复选框，才可以将出纳凭证进行出纳签字，否则，出纳凭证不能由出纳操作员进行"出纳签字"操作。

企业可根据实际需要，决定是否对出纳凭证进行出纳签字管理，若不需要此功能，则不选中"出纳凭证必须经由出纳签字"复选框。

凭证一经出纳签字，就不能被修改、删除，只有被取消出纳签字后才可以进行修改或删除。取消出纳签字，只能由出纳操作员本人进行。

出纳签字的操作步骤：

首先应在图 2-10 设置出纳操作员（王五），并在图 2-20"操作员权限"窗口中，设置出纳操作员（王五）的出纳签字权限、在图 3-6 指定现金科目和银行科目。

然后由出纳操作员（王五）注册进入，登录到图 4-1 所示窗口中，单击"总账"→"凭证"→"出纳签字"项，弹出"出纳签字"对话框，如图 4-32 所示。

图 4-32　"出纳签字"对话框

在图 4-32 中，输入要由出纳签字的出纳凭证条件。例如可将凭证类别选择为空（表示选择所有收款凭证和付款凭证）；月份选"2023.12"；凭证范围选择"全部"，其他项不选。条件选择完成后，然后单击"确认"按钮，系统弹出显示出纳签字列表，如图 4-33 所示。

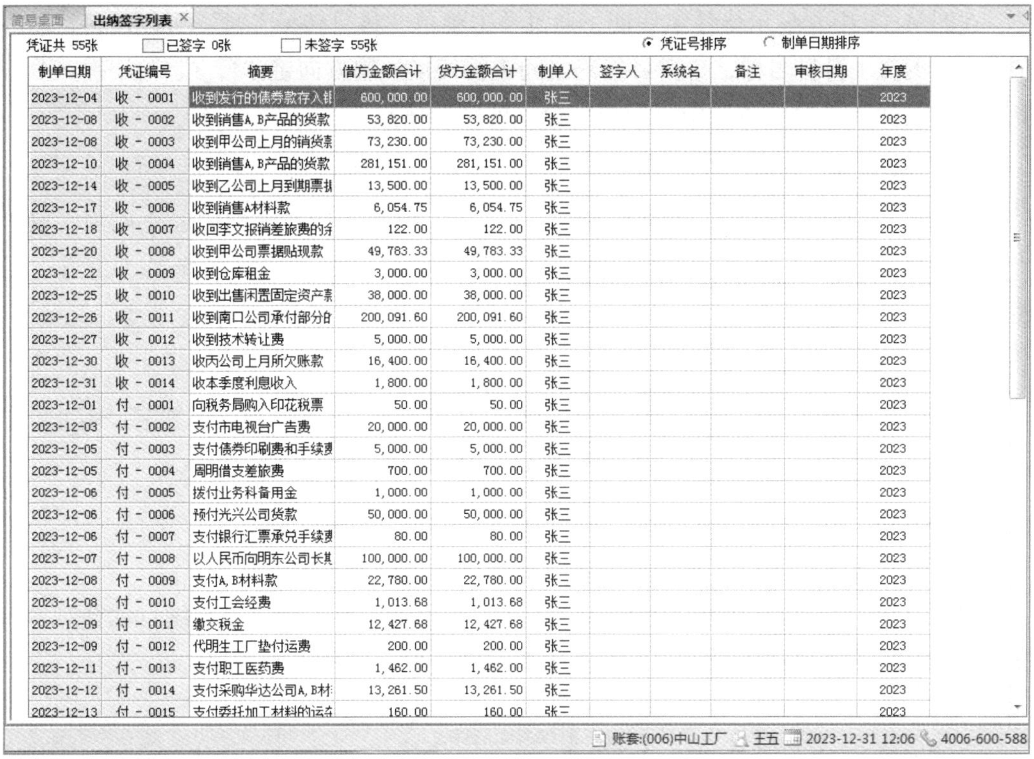

简易桌面　出纳签字列表

凭证共 55张　□已签字 0张　□未签字 55张　◉ 凭证号排序　○ 制单日期排序

制单日期	凭证编号	摘要	借方金额合计	贷方金额合计	制单人	签字人	系统名	备注	审核日期	年度
2023-12-04	收 - 0001	收到发行的债券款存入银	600,000.00	600,000.00	张三					2023
2023-12-08	收 - 0002	收到销售A, B产品的货款	53,820.00	53,820.00	张三					2023
2023-12-08	收 - 0003	收到甲公司上月的销货款	73,230.00	73,230.00	张三					2023
2023-12-10	收 - 0004	收到销售A, B产品的货款	281,151.00	281,151.00	张三					2023
2023-12-14	收 - 0005	收到乙公司上月到期票据	13,500.00	13,500.00	张三					2023
2023-12-17	收 - 0006	收到销售A材料款	6,054.75	6,054.75	张三					2023
2023-12-18	收 - 0007	收回李文报销差旅费的余	122.00	122.00	张三					2023
2023-12-20	收 - 0008	收到甲公司票据贴现款	49,783.33	49,783.33	张三					2023
2023-12-22	收 - 0009	收到仓库租金	3,000.00	3,000.00	张三					2023
2023-12-25	收 - 0010	收到出售闲置固定资产款	38,000.00	38,000.00	张三					2023
2023-12-26	收 - 0011	收到南口公司承付部分的	200,091.60	200,091.60	张三					2023
2023-12-27	收 - 0012	收到技术转让费	5,000.00	5,000.00	张三					2023
2023-12-30	收 - 0013	收丙公司上月所欠账款	16,400.00	16,400.00	张三					2023
2023-12-31	收 - 0014	收本季度利息收入	1,800.00	1,800.00	张三					2023
2023-12-01	付 - 0001	向税务局购入印花税票	50.00	50.00	张三					2023
2023-12-03	付 - 0002	支付市电视台广告费	20,000.00	20,000.00	张三					2023
2023-12-05	付 - 0003	支付债券印刷费和手续费	5,000.00	5,000.00	张三					2023
2023-12-05	付 - 0004	周明借支差旅费	700.00	700.00	张三					2023
2023-12-06	付 - 0005	拨付业务科备用金	1,000.00	1,000.00	张三					2023
2023-12-06	付 - 0006	预付光兴公司货款	50,000.00	50,000.00	张三					2023
2023-12-06	付 - 0007	支付银行汇票承兑手续费	80.00	80.00	张三					2023
2023-12-07	付 - 0008	以人民币向明东公司长期	100,000.00	100,000.00	张三					2023
2023-12-08	付 - 0009	支付A, B材料款	22,780.00	22,780.00	张三					2023
2023-12-08	付 - 0010	支付工会经费	1,013.68	1,013.68	张三					2023
2023-12-09	付 - 0011	缴交税金	12,427.68	12,427.68	张三					2023
2023-12-09	付 - 0012	代明生工厂垫付运费	200.00	200.00	张三					2023
2023-12-11	付 - 0013	支付职工医药费	1,462.00	1,462.00	张三					2023
2023-12-12	付 - 0014	支付采购华达公司A, B材	13,261.50	13,261.50	张三					2023
2023-12-13	付 - 0015	支付委托加工材料的运杂	160.00	160.00	张三					2023

账套:(006)中山工厂　王五　2023-12-31 12:06　4006-600-588

图 4-33　出纳签字列表

在图 4-33 所示对话框，系统显示本次选取的 2023 年 12 月份的全部收款凭证和付款凭证，并显示选取的未签字凭证共 56 张（其中收款凭证 14 张，付款凭证 41 张）。

双击某张出纳凭证行，或单击“确定”按钮，则系统打开“出纳签字”的签字操作窗口，如图 4-34 所示。

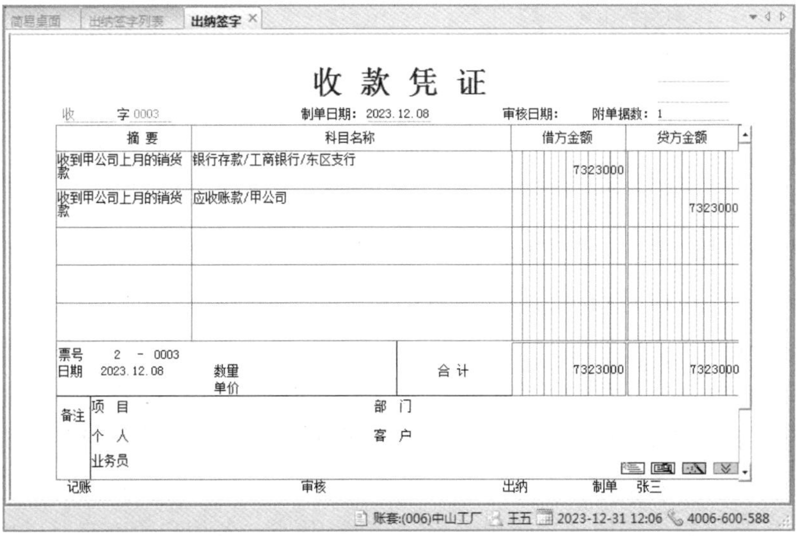

图 4-34　出纳签字

在图 4-34 中，显示待签字凭证，通过单击菜单"科目转换"项，可以使科目名称在中文（英文）科目名称，与科目编码之间进行切换。用方向键"↑"或"↓"键在分录中移动时，凭证下边的备注中显示当前分录的辅助信息。

1. 单张签字

在图 4-34 所示窗口中，出纳操作员（王五），在确认该张出纳凭证正确后，单击"签字"按钮，将在凭证下边的出纳签字处，系统自动签上出纳操作员（王五）的姓名。

2. 单张取消签字

若想对已签字的出纳凭证取消签字，则单击"取消"按钮进行取消签字；还可单击方向按钮进行翻页查找或单击"查询"按钮，输入条件进行查找。

3. 成批签字

出纳操作员还可以对本次选择的所有出纳凭证进行成批签字。

在图 4-34 中，单击菜单"批处理"→"成批出纳签字"项，则系统自动会对本次选择的所有未签字凭证执行签字，并显示签字的进度，如图 4-35 所示。

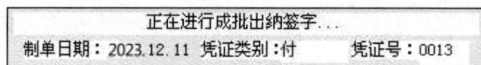

图 4-35　成批出纳签字进度

成批签字操作完成后，系统显示"成批出纳签字结果表"，报告本次成批出纳签字的有关凭证张数等信息，如图 4-36 所示。

图 4-36　成批出纳签字凭证

4. 成批取消签字

出纳操作员也可以对本次选择的所有已签字的出纳凭证进行成批取消签字。

方法是单击菜单"批处理"→"成批取消签字"项，则系统自动会对本次选择的所有已签字的出纳凭证执行取消签字，并显示成批取消签字的进度。成批取消签字操作完成后，系统显示"成批取消出纳签字结果表"，报告本次成批取消签字的有关凭证张数等信息。

中山工厂要求对出纳凭证进行出纳签字管理，因此，各用户可在自己的账套中按照上述方法，对记账凭证进行出纳签字。

二、审核凭证

审核凭证，主要是对通过本章第一节"填制凭证"功能进行填制的记账凭证进行审核。

根据会计分工和内部控制的要求，应由凭证审核员，对填制凭证操作员输入的记账凭证进行审核，旨在检验记账凭证的正确性，减少记账凭证编制的差错，保证能以审核无误的记账凭证用于登记总账、日记账、明细账和辅助账等账簿。

审核凭证是审核员按照财会制度，对凭证制单员填制的记账凭证进行检查核对，主要审核记账凭证所填的内容是否与原始凭证相符，对记账凭证中的凭证字号、日期、附件、摘要、会计科目、借方金额、贷方金额、辅助类信息等进行全面的核对，对审核无误的凭证进行签章确认。对审查认为有错误或有异议的凭证，应交与凭证填制操作员修改后，再进行审核。只有审核权的操作员才能使用本功能。

审核操作员（李四）除了要具有审核权限以外，还需要有对某制单操作员（张三），所填制的记账凭证的审核权，这个审核权限可在图 3-38"记录权限设置"中进行设置。

凭证一经审核，就不能被修改和删除，只有让审核操作员再次取消审核签字后才可以进行修改或删除。

采用手工填制凭证而后输入至"总账系统"的用户，在纸质记账凭证上审核完后，还需要对记账凭证进行审核凭证。

对标有"作废"字样的作废凭证不能被审核，也不能被标错。

对标有"有错"字样的标错凭证不能被审核，若想审核，则应先单击"取消"按钮，取消标错后才能参与凭证审核。

在会计实务工作中，根据会计工作内部控制的要求，记账凭证的输入与审核工作应有明确分工，审核操作员和制单操作员不能是同一个人。为此，填制凭证操作员不能担任审核工作，审核工作应由非填制凭证操作员来担任。

但对于学生用户，因为每一位学生用户均设置有一个独立的核算账套，为此可让每两位学生用户分为一组，互相审核对方输入的记账凭证。

如果感到互审凭证方法过于麻烦，也可以按本书第二章第二节中所述的方法，在同一个学生用户核算账套中，设置两个不同姓名的操作员：张三和李四。权限设置为其中一个用户（张三）可填制凭证但不能进行审核，另一个用户（李四）不能填制凭证而能够进行审核。这样，就可以实现由同一个学生用户分别以两个不同操作员的身份，进入到自己的核算账套中，分别做记账凭证的填制和审核工作了。

审核凭证的操作方法：

首先应在图 2-10"系统服务"→"系统管理"→"权限"→"用户"→"用户管理"窗口中，设置审核操作员（李四），并在图 2-20"操作员权限"窗口中，设置审核操作员（李四）对张三填制的凭证有审核权限。

然后由审核操作员（李四）注册进入，登录图 4-1 所示窗口中，选择"财务会计"→"总账"→"凭证"→"审核凭证"命令，弹出"凭证审核"对话框，如图 4-37 所示。

图 4-37 "凭证审核"对话框

在图 4-37 "凭证审核"对话框中，用户可根据本次需进行审核的凭证输入或选择相应条件，选择凭证范围；选择后，单击"确认"按钮，弹出凭证审核列表，如图 4-38 所示。

图 4-38 凭证审核列表

在凭证审核列表中，能预览到本次选择的、待作审核操作的全部凭证，提示凭证的总数、已审核凭证的张数、未审核凭证的张数等信息。双击某凭证行，或单击"确定"按钮，系统进入"审核凭证"的操作窗口，显示每一张凭证的详细内容。审核操作员在确认某张凭证正确后，单击"审核"按钮，系统将在审核签章处，自动签上审核操作员的姓名，表示该张凭证已审核完毕，系统自动显示下一张待审核的凭证。

在审核过程中，如果审核操作员发现该凭证有错误，可单击"标错"按钮，对凭证进行标错，则在该张凭证的左上角出现"有错"字样，以便于制单操作员可以对其进行修改。若再单击一次"标错"按钮，则可取消"有错"字样。凭证填制操作员应将标有"有错"字样的凭证进行检查和修改，进行修改并经过"保存"操作后，凭证左上角的"有错"字样将自动消失。

审核操作员可采用单张审核和成批审核本次选择的所有记账凭证。操作方法与"出纳签字"基本相同,在此不再阐述。

通过"出纳签字"和"审核"操作的记账凭证,是合法有效的记账凭证,可以进行"记账"操作,以登记账簿。

即测即练

自学自测　　扫描此码

第五章

记　账

记账凭证经过"出纳签字"（可选项）和"审核"（必选项）功能操作后，即可通过"记账"操作，用来登记总账、明细账、日记账、部门账、个人账、项目账、往来账以及备查账等。

本章主要介绍总账系统的"记账"以及"取消记账"功能。

第一节　记　账　概　述

系统采用向导方式，引导用户进行"记账"操作，使记账过程更加明确。

特别提示：因利润表损益类科目的取数公式是按借贷方相抵后的差额进行定义的，因此，为正确生成利润表，应分两次记账并生成相关报表。

（1）第一次记账：对除损益类科目及利润分配科目期末结转以外的记账凭证（如中山工厂的收 0001—收 0014、付 0001—付 0041、转 0001—转 0067、转 0070）先进行记账，然后生成利润表并将该利润表设置为"表页不计算"以防利润表被重新计算。

（2）第二次记账：对上述未记账的损益类科目及利润分配科目期末结转的记账凭证（如中山工厂的转 0068、转 0069、转 0071—转 0074）进行记账，生成资产负债表、所有者权益变动表等其他静态报表。

若所有凭证采用一次记账，因利润表各损益类科目的借方、贷方金额是相同的，此时生成的利润表的结果则均显示为零。

在图 4-1 中，选择"业务工作"→"财务会计"→"总账"→"凭证"→"记账"项，系统启动记账向导程序，出现"记账"对话框，报告本次选择的凭证范围，如图 5-1 所示。

在图 5-1 所示对话框中，列出了各会计期间各类凭证的未记账凭证、已审核凭证以及记账范围等栏目。如果凭证的编号不连续，则用逗号分隔；若显示宽度不够，可用鼠标拖动表头调整列宽查看。

记账凭证全部输入完成后，可以采用月末一次性记账。为保证账簿数据的准确性和实时性，也可以在月份内将记账凭证多次记账，甚至可以每天实行"记账"操作。这样，在账簿中查询到的数据将是截至查询当日的最新实时数据。

系统要求用户输入本次记账的范围，例如中山工厂 2023 年 12 月的记账凭证，采用月末一次性记账，则显示未记账凭证范围是：收 1—收 14、付 1—付 41、转 1—转 74；已审核凭证范围同样是：收 1—收 14、付 1—付 41、转 1—转 74。

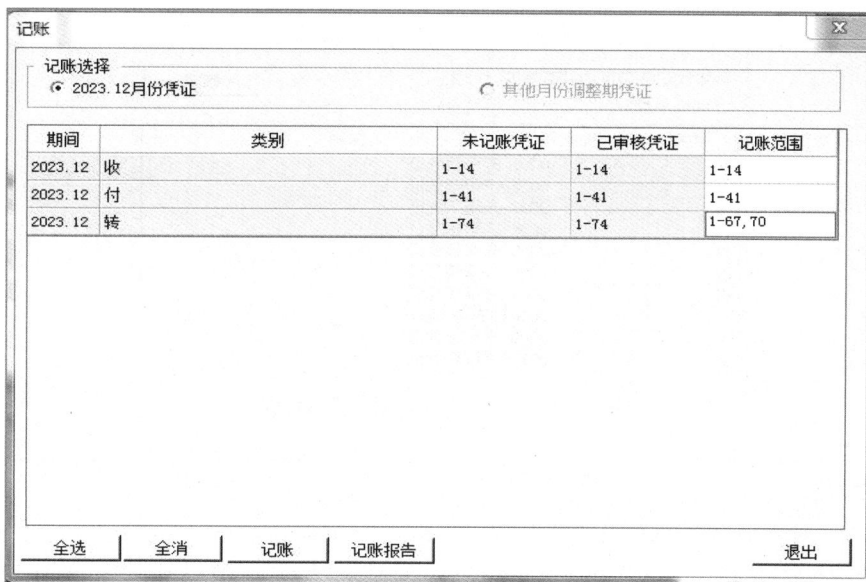

图 5-1 "记账"对话框（一）

用户在"记账范围"栏目区内输入各类凭证的记账范围。若是将本次选择的未记账凭证全部一次性进行记账，则可不输入记账范围；若是将部分凭证进行记账，则应输入记账范围。

记账范围的输入采用范围列示方式，可以输入数字、连接号"-"和逗号","（注：均为半角状态下输入）进行组合。例如，在收款凭证的记账范围区内输入"3-6,9,13-20"，则表示所选的记账范围是：收 3 至收 6、收 9、收 13 至收 20 的收款凭证，共 13 张记账凭证。

在本书中，中山工厂应采用月末两次记账。第一次记账时，收款凭证、付款凭证和转账凭证的记账范围应分别输入为：0001-0014、0001-0041、0001-0067、0070，记账后，先生成利润表。第二次记账时，转账凭证的范围为：0068-0069、0071-0074，记账后，再生成除利润表以外的其他报表。

在图 5-1 所示对话框中输入记账范围后，单击"下一步"按钮，系统首先对选定的凭证进行合法性检查，如果发现有不合法凭证，系统将提示错误。对所选范围内的凭证，若有未审核的凭证时，系统提示是否只记已审核凭证或重选记账范围。系统检测到有未经过"出纳签字"（可选项）或未"审核"（必选项）的凭证时，则出现"不能汇总记账凭证"对话框，如图 5-2 所示。

若未发现有不合法凭证，系统将打开"记账"对话框，显示所选凭证的总数以及汇总的结果，供用户进行核对，如图 5-3 所示。

在图 5-3 中，单击"记账"按钮，系统将在正式记账前进行试算平衡，并弹出所选凭证的"期初试算平衡表"界面，如图 5-4 所示。

在第一次记账时，若期初余额试算不平衡，系统将不允许记账。所选范围内的凭证若有不平衡凭证，系统将列出错误凭证，并要求重选记账范围。只有试算结果平衡，才允许进行"记账"操作。

图 5-2 "不能汇总记账凭证"对话框

图 5-3 "记账"对话框（二）

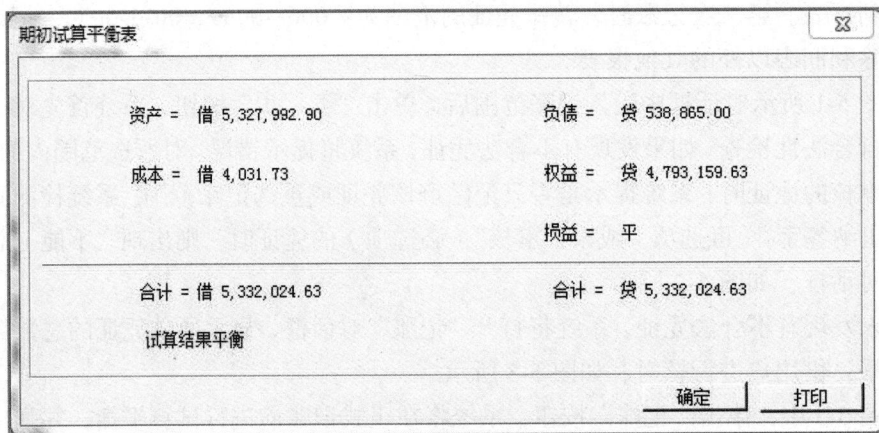

图 5-4 "期初试算平衡表"界面

在图 5-4 中单击"打印"按钮，可打印出"期初试算平衡表"。用户在保证试算结果平衡并且核对无误后，单击"确定"按钮，则系统进入"记账"界面，正式进行"记账"操作，并显示记账的进度表。

记账的过程，就是系统将所选记账凭证的数据逐一录入到有关账簿的数据库中，包括正式总账与明细账、数量总账与明细账、外币总账与明细账、项目总账与明细账、部门总账与明细账、个人往来总账与明细账、客户往来总账与明细账、供应商往来总账与明细账、银行往来账等有关账簿。

在记账过程中，不得中断退出。记账过程一旦遇到断电或其他原因造成中断，待再次进入总账系统时，系统将自动调用"恢复记账前状态"功能恢复数据，然后用户再次调用"记账"功能进行重新记账。

记账顺利完成后，系统将弹出提示对话框，提示"记账完毕！"，如图 5-5 所示。

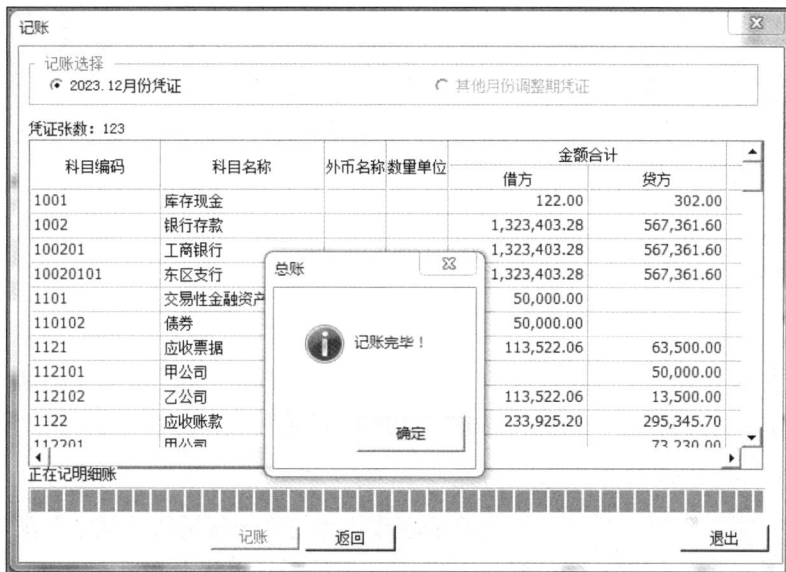

图 5-5　提示"记账完毕！"对话框

记账凭证通过"记账"操作成功记账后，记账凭证的信息就已转至有关账簿数据库中，用户就可查询到各种账簿数据。

第二节　取　消　记　账

记账凭证经过"记账"操作后，如果发现已记账凭证的错误较多，或其他原因，可以采用"取消记账"功能，将已记账的记账凭证数据重新从总账、明细账、日记账、部门账、个人账、项目账、往来账以及备查账等账簿中退出，恢复到记账前状态，对记账凭证的错误之处进行修改等操作。

要实现取消记账，首先应启动"恢复记账前状态"功能。此操作功能在用友 U8 V10.1 软件中属于隐蔽性功能，在未激活"恢复记账前状态"功能时，该功能呈隐蔽状态，只有被激活后才能显示其菜单条，调用后进入可操作状态。

下面介绍"取消记账"功能的操作过程。

1. 激活"恢复记账前状态"功能

（1）以账套主管（如 SYSTEM）登录"企业应用平台"，选择"业务工作"→"财务会计"→"总账"→"期末"→"对账"项。在"对账"操作窗口中，按"Ctrl+H"键，将出现"恢复记账前状态功能已被激活"的提示，如图 5-6 所示。

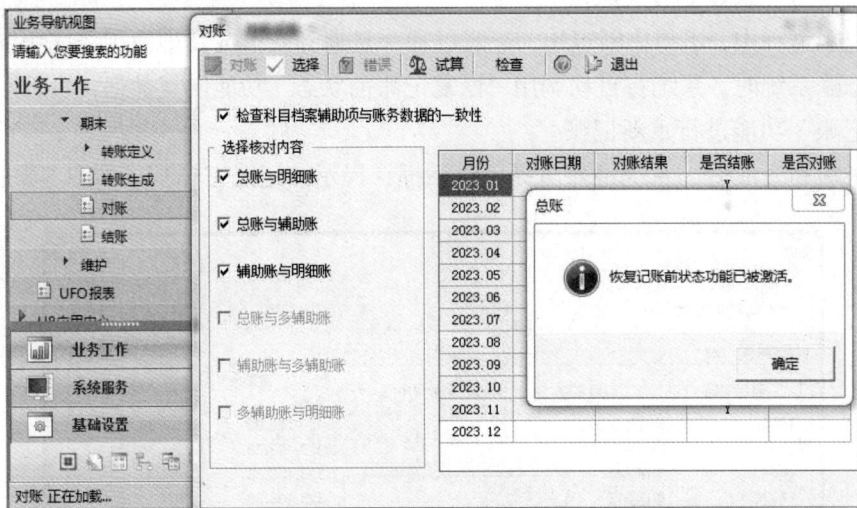

图 5-6　提示"恢复记账前状态功能已被激活"

（2）在图 5-6 所示提示对话框中，单击"确定"按钮，关闭该提示对话框。然后单击"对账"操作窗口中的"退出"按钮，关闭"对账"操作窗口。

2. 启动"恢复记账前状态"功能

（1）在"总账"→"凭证"中将显示隐藏状态的"恢复记账前状态"项（注：此功能只有在"对账"操作窗口中按"Ctrl+H"键才能被激活，待本次退出"总账"后又呈隐藏状态）。单击"恢复记账前状态"项，弹出"恢复记账前状态"对话框，如图 5-7 所示。

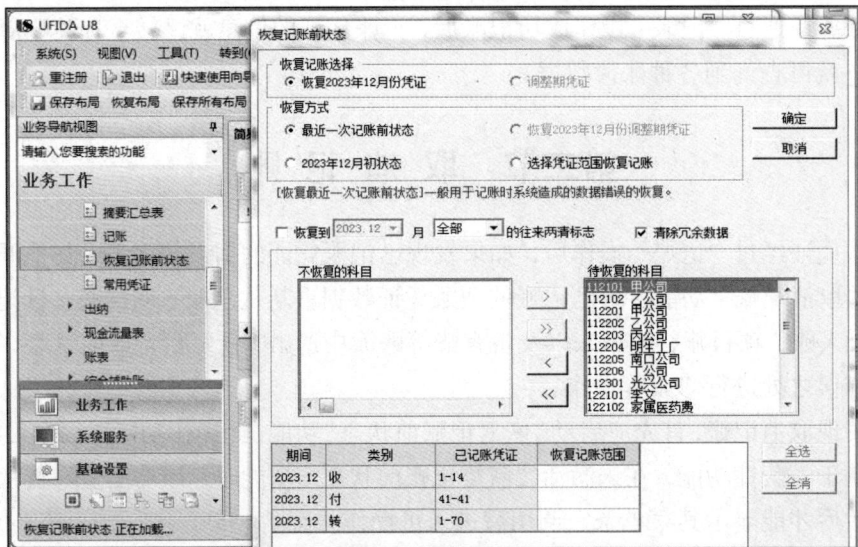

图 5-7　"恢复记账前状态"对话框

（2）在图 5-7 所示对话框中显示两种恢复方式：一种是"最近一次记账前状态"，此种方式一般用于最近一次记账前，由于系统故障所造成数据错误的恢复；另一种是"月初状态"（如"2023 年 12 月初状态"）。此处一般选择"月初状态"（即"2023 年 12 月初状态"），然后单击"确定"按钮，弹出"输入"对话框，要求输入账套主管的口令，如图 5-8 所示。

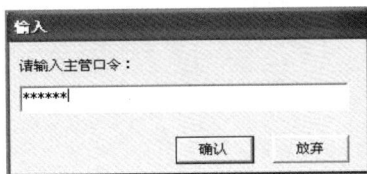

图 5-8 "输入"对话框

（3）只有账套主管操作员才有权限进行"恢复记账前状态"功能的操作。在图 5-8 所示对话框中输入账套主管操作员（本书中山工厂的账套主管为 SYSTEM）的口令，然后单击"确认"按钮，系统开始进行恢复记账前状态的操作，并显示恢复的进度。系统将快速地使已记账凭证的数据重新从总账、明细账、日记账、部门账、个人账、项目账、往来账以及备查账等账簿中退出，恢复到记账前状态。恢复完毕后，出现提示对话框，提示"恢复记账前状态完毕"。

此时系统已恢复到记账前的状态。按照以下顺序进行操作可将记账后的错误凭证进行更正：审核操作员（李四）调出错误记账凭证，取消审核签章操作→由出纳操作员（王五）取消出纳签字操作→由凭证填制操作员（张三）对错误凭证进行修改→再由审核操作员（李四）进行审核操作→再由出纳操作员（王五）进行出纳签字操作→最后由记账操作员（张三）进行"记账"操作。

自学自测 扫描此码

第六章

账 簿 查 询

用友 U8 V10.1 软件提供了强大的查账功能。将审核无误的记账凭证经过"记账"功能操作后，可通过账簿查询功能查询总账、余额表、明细账、序时账、多栏账、综合多栏账、日记账、日报表以及辅助账等账簿信息，并可实现账簿的打印。账簿的导航栏如图 6-1 所示。

图 6-1　账簿的导航栏

所有辅助类账簿应在相关的辅助账导航项下进行查询。

第一节　总 账 查 询

总账查询不但可以查询各一级科目的年初余额、各月发生额合计和月末余额，而且还可以对二至六级明细科目按一级科目的总账格式查询到年初余额、各月发生额合计和月末余额。此外，还可联查到各总账科目的下属明细账，并可以在明细账窗口中，进一步查询某明细业务行所对应的记账凭证信息，实现总账、明细账、记账凭证之间联查。

在图 6-1 中，在左选择框中选择"总账"→"账表"→"科目账"→"总账"项，系统在右框显示"总账"窗口，如图 6-2 所示。

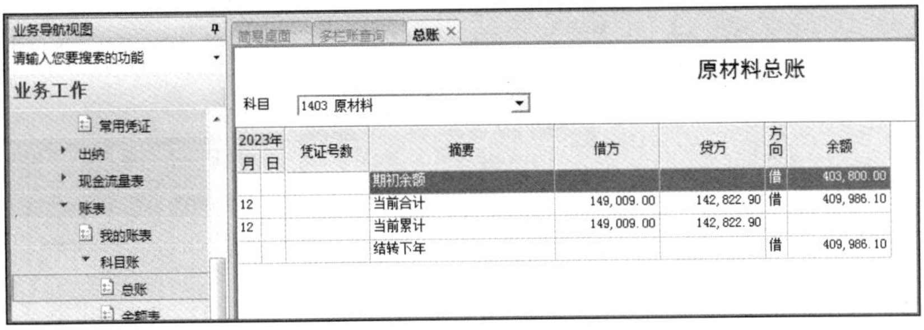

2023年 月	日	凭证号数	摘要	借方	贷方	方向	余额
			期初余额			借	403, 800. 00
12			当前合计	149, 009. 00	142, 822. 90	借	409, 986. 10
12			当前累计	149, 009. 00	142, 822. 90		
			结转下年			借	409, 986. 10

图 6-2 “总账”窗口

在图 6-2“总账”窗口中，将逐屏显示每一个科目的总账。在查询过程中，可以在“科目”下拉框中选择需要查看的其他科目。在图 6-2 所示窗口中，显示的是原材料科目的总账信息。

在“总账”窗口中，可以联查明细账。如在图 6-2 中，可联查原材料科目当月的明细账，方法是：双击“当前合计”栏的任一位置，或单击“当前合计”栏的任一位置，然后单击工具栏中的“明细”按钮，可联查到当前科目（原材料）当月的明细账，如图 6-3 所示。

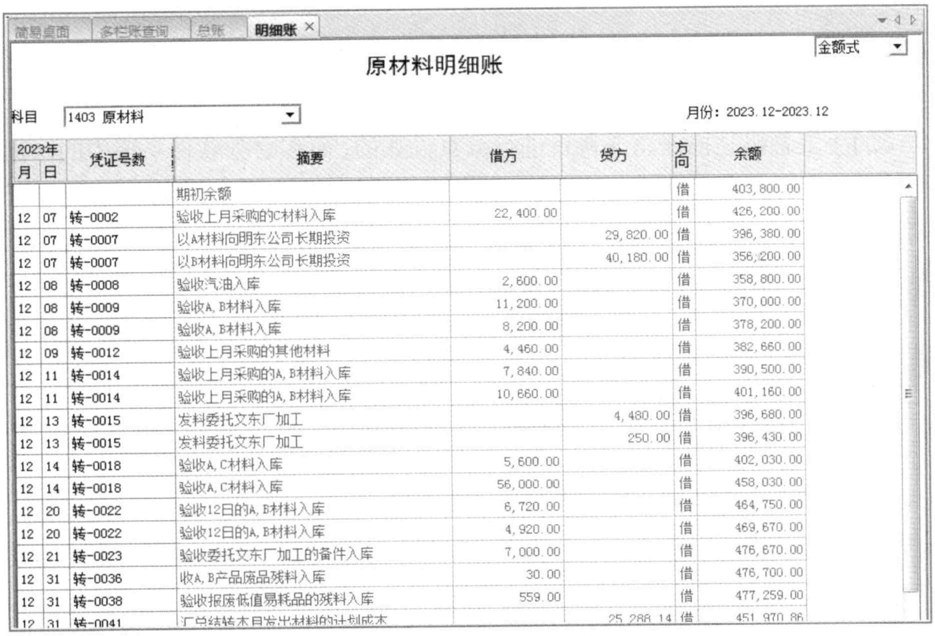

2023年 月	日	凭证号数	摘要	借方	贷方	方向	余额
			期初余额			借	403, 800. 00
12	07	转-0002	验收上月采购的C材料入库	22, 400. 00		借	426, 200. 00
12	07	转-0007	以A材料向明东公司长期投资		29, 820. 00	借	396, 380. 00
12	07	转-0007	以B材料向明东公司长期投资		40, 180. 00	借	356, 200. 00
12	08	转-0008	验收汽油入库	2, 600. 00		借	358, 800. 00
12	08	转-0009	验收A, B材料入库	11, 200. 00		借	370, 000. 00
12	08	转-0009	验收A, B材料入库	8, 200. 00		借	378, 200. 00
12	09	转-0012	验收上月采购的其他材料	4, 460. 00		借	382, 660. 00
12	11	转-0014	验收上月采购的A, B材料入库	7, 840. 00		借	390, 500. 00
12	11	转-0014	验收上月采购的A, B材料入库	10, 660. 00		借	401, 160. 00
12	13	转-0015	发料委托文东厂加工		4, 480. 00	借	396, 680. 00
12	13	转-0015	发料委托文东厂加工		250. 00	借	396, 430. 00
12	14	转-0018	验收A, C材料入库	5, 600. 00		借	402, 030. 00
12	14	转-0018	验收A, C材料入库	56, 000. 00		借	458, 030. 00
12	20	转-0022	验收12日的A, B材料入库	6, 720. 00		借	464, 750. 00
12	20	转-0022	验收12日的A, B材料入库	4, 920. 00		借	469, 670. 00
12	21	转-0023	验收委托文东厂加工的备件入库	7, 000. 00		借	476, 670. 00
12	31	转-0036	收A, B产品废品残料入库	30. 00		借	476, 700. 00
12	31	转-0038	验收报废低值易耗品的残料入库	559. 00		借	477, 259. 00
12	31	转-0041	汇总结转本月发出材料的计划成本		25, 288. 14	借	451, 970. 86

图 6-3 “明细账”窗口

在联查到的图 6-3 所示的“原材料明细账”界面中，显示本月原材料所属明细科目的明细账。在“明细账”窗口中，还可联查某行明细账对应的记账凭证。例如，要查询 12 月 07 日转 0002 的记账凭证资料，则双击该行或是单击该行的任一栏，然后单击工具栏中的“凭证”按钮，则弹出转 0002 的记账凭证格式和内容，如图 6-4 所示。

在“总账”和“明细账”窗口中，光标在某科目的期初余额所在行或上年结转所在行时，不能联查记账凭证。在账簿查询窗口中，若能显示凭证号，则可联查记账凭证。

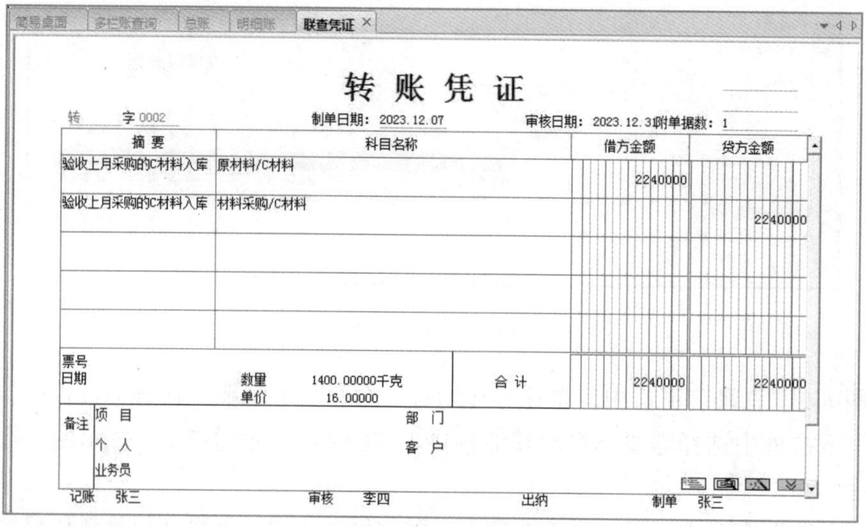

图 6-4 "联查凭证"窗口

第二节 发生额及余额表查询

余额表用于查询和统计各级科目的期初余额、本期发生额、累计发生额和期末余额等。

传统的手工总账是根据总账科目进行分页设账的，而在财务软件系统中的余额表则可输出某月或某几个月的所有总账科目或明细科目的期初余额、本期发生额、累计发生额、期末余额。因此，在实现计算机记账后，建议用户用余额表代替总账。

本功能提供了强大的查询功能，包括以下内容。

（1）可输出总账科目、明细科目某一时期内的期初余额、本期发生额、累计发生额和期末余额。

（2）可输出某科目范围某一时期内的期初余额、本期发生额、累计发生额和期末余额。

（3）可在某个余额范围内输出科目的余额情况。

（4）可以查询和统计到本币金额账、数量金额账、数量外币金额账的期初余额、本期发生额、累计发生额和期末余额。

（5）可查询到包含未记账凭证在内的期初余额、最新本期发生额、最新累计发生额和最新期末余额。

下面介绍发生额和余额表查询的操作步骤。

在图 6-1 中，选择"总账"→"账表"→"科目账"→"余额表"项，系统显示"发生额及余额查询条件"对话框，如图 6-5 所示。

用户在此可根据自己的意愿输入查询条件，也可将设置好的查询条件保存在"我的账簿"，直接打开"我的账簿"，从中进行选择。

各查询条件栏目的说明如下。

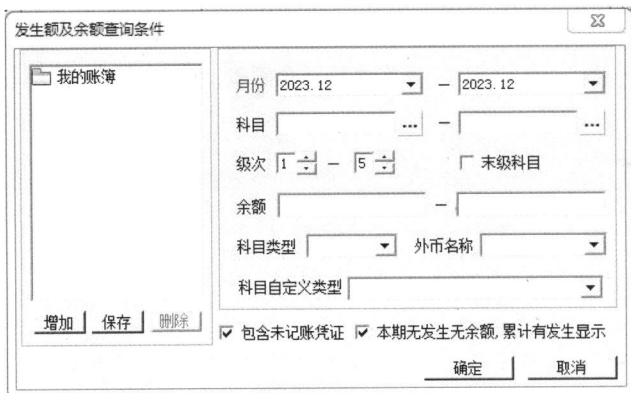

图 6-5 "发生额及余额查询条件"对话框

月份：选择起止月份。例如，若要查 2023 年第四季度，则月份范围应为 2023.10—2023.12；若只查某个月时，应将起止月都设置为同一月份，例如要查询 2023 年 12 月，则月份范围应为 2023.12—2023.12。

科目：可输入起止科目范围，当输入栏内容为空时，系统默认为所有科目。

在确定科目范围后，可以输入要查询的该范围内科目的级次。若将科目级次输入为 1-1，则表示只查一级科目；若将科目级次输入为 1-2，则表示只查一至二级科目；若将科目级次输入为 3-3，则表示只查三级科目。如果需要查询所有末级科目，则应勾选"末级科目"项。

余额勾选：用于指定要查询的余额范围。若输入 3000-10000，表示查询余额≥3000 且余额≤10000 的所有科目。

科目类型：为空时，系统默认为全部类型的科目。也可从"科目类型"下拉框中的"资产""负债""权益""成本""损益"中选择要查询的科目类型。

外币名称：为空时，系统默认为所有外币。若要指定外币名称，可从"外币名称"下拉框中选择某一种外币，将只查询该种外币的科目。

包含未记账凭证：若想查询包含未记账凭证在内的余额表，则应勾选"包含未记账凭证"项。

输入以上各项查询条件后，单击"确定"按钮，则显示查询结果，如图 6-6 所示。

在图 6-6 中，系统提供了许多功能键，可以进行定位操作、过滤操作、科目名称的中英文转换、列宽调整和还原、增加累计发生额列、调整账簿格式、联查辅助总账，还可设置打印参数、预览打印效果、输出到打印机打印装订成账册，以及输出成各种数据格式予以保存等。

用户在各自的核算账套中，根据第四章第十节给出的"中山工厂记账凭证清单"，经过执行"填制凭证""出纳签字""审核凭证"和"记账"功能后，选择"账表"→"科目账"→"余额表"项，屏幕显示如图 6-5 所示的对话框，在其中输入相应内容："月份"选 2023.12—2023.12；"科目"选 1001-6901 或为空；"级次"选 1-5；勾选"包含未记账凭证"项（若中山工厂的 129 张记账凭证已全部记账，此项可不选）；其他选项为空。以上操作完成后，单击"确定"按钮，弹出"发生额及余额表"窗口。

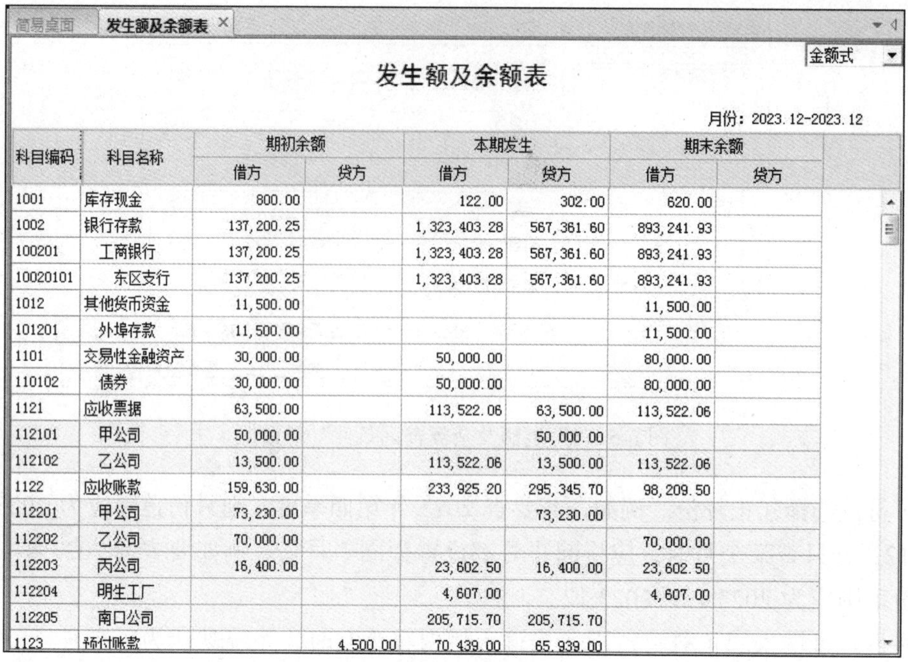

图 6-6　查询结果窗口

表 6-1 是中山工厂 2023 年 12 月的发生额及余额表，请各用户认真核对，并保证用户账套中的发生额及余额表与表 6-1 的结果一致。

此外，明细账、序时账、多栏账、综合多栏账、日记账、日报表等账簿的查询方式与总账、发生额及余额表的查询方法类似，在此不再阐述。

表 6-1　中山工厂 2023 年 12 月发生额及余额表

期间：2023 年 12 月 01 日至 12 月 31 日　　　　　　　　　　　　单位：元

科目编码	科目名称	期初借方	期初贷方	本期发生借方	本期发生贷方	期末借方	期末贷方
1001	库存现金	800.00	—	122.00	302.00	620.00	—
1002	银行存款	137,200.25	—	1,323,403.28	567,361.60	893,241.93	—
100201	工商银行	137,200.25	—	1,323,403.28	567,361.60	893,241.93	—
10020101	东区支行	137,200.25	—	1,323,403.28	567,361.60	893,241.93	—
1012	其他货币资金	11,500.00	—	—	—	11,500.00	—
101201	外埠存款	11,500.00	—	—	—	11,500.00	—
1101	交易性金融资产	30,000.00	—	50,000.00	—	80,000.00	—
110102	债券	30,000.00	—	50,000.00	—	80,000.00	—
1121	应收票据	63,500.00	—	113,522.06	63,500.00	113,522.06	—
112101	甲公司	50,000.00	—	—	50,000.00	—	—
112102	乙公司	13,500.00	—	113,522.06	13,500.00	113,522.06	—
1122	应收账款	159,630.00	—	233,925.20	295,345.70	98,209.50	—
112201	甲公司	73,230.00	—		73,230.00	—	—
112202	乙公司	70,000.00	—			70,000.00	—
112203	丙公司	16,400.00	—	23,602.50	16,400.00	23,602.50	—

续表

科目编码	科目名称	期初借方	期初贷方	本期发生借方	本期发生贷方	期末借方	期末贷方
112204	明生工厂	–	–	4,607.00	–	4,607.00	–
112205	南口公司	–	–	205,715.70	205,715.70	–	–
1123	预付账款	–	4,500.00	70,439.00	65,939.00	–	–
112301	光兴公司	–	4,500.00	70,439.00	65,939.00	–	–
1221	其他应收款	2,355.00	–	1,900.00	3,055.00	1,200.00	–
122101	李文	1,700.00	–	–	1,700.00	–	–
122102	家属医药费	244.00	–	200.00	244.00	200.00	–
122103	水电费	411.00	–	–	411.00	–	–
122104	业务科	–	–	1,000.00	–	1,000.00	–
122105	周明	–	–	700.00	700.00	–	–
1231	坏账准备	–	638.52	241.82	–	–	396.70
1401	材料采购	49,255.00	–	113,785.00	141,040.00	22,000.00	–
140101	A材料	7,962.50	–	34,897.50	31,360.00	11,500.00	–
140102	B材料	10,692.50	–	22,087.50	23,780.00	9,000.00	–
140103	C材料	23,100.00	–	55,300.00	78,400.00	–	–
140104	燃料	3,000.00	–	–	3,000.00	–	–
140105	其他材料	4,500.00	–	1,500.00	4,500.00	1,500.00	–
1403	原材料	403,800.00	–	149,009.00	142,822.90	409,986.10	–
140301	A材料	44,800.00	–	31,360.00	59,812.14	16,347.86	–
140302	B材料	49,200.00	–	24,600.00	61,662.25	12,137.75	–
140303	C材料	240,000.00	–	78,400.00	16,228.20	302,171.80	–
140304	修理用备件	21,700.00	–	7,000.00	–	28,700.00	–
140305	燃料	–	–	2,600.00	416.34	2,183.66	–
140306	其他材料	48,100.00	–	5,049.00	4,703.97	48,445.03	–
1404	材料成本差异	10,964.32	–	1,603.83	4,877.61	7,690.54	–
140401	原材料	10,622.32	–	1,572.19	4,747.96	7,446.55	–
14040101	A材料	1,124.48	–	–	1,108.00	16.48	–
14040102	B材料	1,234.92	–	3.47	1,186.89	51.50	–
14040103	C材料	6,024.00	–	–	2,335.66	3,688.34	–
14040104	修理用备件	1,031.61	–	1,128.72	–	2,160.33	–
14040105	燃料	–	–	400.00	6.66	393.34	–
14040106	其他材料	1,207.31	–	40.00	110.75	1,136.56	–
140402	周转材料	342.00	–	31.64	129.65	243.99	–
14040201	包装物	–	50.00	31.64	–	–	18.36
14040202	低值易耗品	392.00	–	–	129.65	262.35	–
1405	库存商品	449,960.00	–	140,890.75	386,970.49	203,880.26	–
140501	A产品	99,000.00	–	68,494.29	98,920.10	68,574.19	–
140502	B产品	350,960.00	–	72,396.46	288,050.39	135,306.07	–
1408	委托加工物资	–	–	8,128.72	8,128.72	–	–
140801	文东厂	–	–	8,128.72	8,128.72	–	–
1411	周转材料	63,720.00	–	12,454.31	23,308.00	52,866.31	–

续表

科目编码	科目名称	期初借方	期初贷方	本期发生借方	本期发生贷方	期末借方	期末贷方
141101	包装物	10,000.00	–	–	6,328.00	3,672.00	–
14110101	在库包装物	10,000.00	–	–	6,328.00	3,672.00	–
141102	低值易耗品	53,720.00	–	12,454.31	16,980.00	49,194.31	–
14110201	在库低值易耗品	39,200.00	–	–	12,965.00	26,235.00	–
14110202	在用低值易耗品	14,520.00	–	12,454.31	–	26,974.31	–
14110203	低值易耗品摊销	–	–	–	4,015.00	–	4,015.00
1501	持有至到期投资	50,000.00	–	–	–	50,000.00	–
150101	债券投资	50,000.00	–	–	–	50,000.00	–
15010101	成本	50,000.00	–	–	–	50,000.00	–
1511	长期股权投资	–	–	351,085.41	–	351,085.41	–
151102	其他股权投资	–	–	351,085.41	–	351,085.41	–
15110201	明东公司	–	–	351,085.41	–	351,085.41	–
1601	固定资产	4,123,320.00	–	–	350,000.00	3,773,320.00	–
160101	生产用固定资产	1,827,254.00	–	–	–	1,827,254.00	–
160102	非生产用固定资产	2,017,866.00	–	–	100,000.00	1,917,866.00	–
160103	不需用固定资产	278,200.00	–	–	250,000.00	28,200.00	–
1602	累计折旧	–	522,562.78	135,000.00	16,919.00	–	404,481.78
1604	在建工程	50,000.00	–	146,568.06	–	196,568.06	–
160401	机床大修工程	50,000.00	–	3,875.28	–	53,875.28	–
160402	扩建车间工程	–	–	142,692.78	–	142,692.78	–
1605	工程物资	–	–	25,000.00	–	25,000.00	–
160501	专用材料	–	–	25,000.00	–	25,000.00	–
1606	固定资产清理	1,800.00	–	220,000.00	221,800.00	–	–
1701	无形资产	243,430.00	–	3,000.00	–	246,430.00	–
170101	专利权	210,000.00	–	3,000.00	–	213,000.00	–
170102	专有技术	33,430.00	–	–	–	33,430.00	–
1702	累计摊销	–	–	–	1,500.00	–	1,500.00
1811	递延所得税资产	159.63	–	2.05	–	161.68	–
1901	待处理财产损溢	4,300.00	–	–	4,300.00	–	–
190102	待处理非流动资产损溢	4,300.00	–	–	4,300.00	–	–
资产小计		5,327,992.90	527,701.30	3,100,080.49	2,297,170.02	6,537,281.85	406,378.48
2001	短期借款	–	277,210.44	–	–	–	277,210.44
200101	生产周转借款	–	277,210.44	–	–	–	277,210.44
2201	应付票据	–	3,000.00	–	24,860.00	–	27,860.00
220101	华达公司	–	3,000.00	–	24,860.00	–	27,860.00
2203	预收账款	–	2,000.00	–	–	–	2,000.00
220301	阳万公司	–4,000.00	–	–	–	4,000.00	–
220302	梅江公司	–	6,000.00	–	–	–	6,000.00
2211	应付职工薪酬	–	10,000.00	57,110.24	57,270.50	–	10,160.26
221101	工资	–	–	48,881.56	48,881.56	–	–

续表

科目编码	科目名称	期初借方	期初贷方	本期发生借方	本期发生贷方	期末借方	期末贷方
221103	社会保险费	–	–	6,615.00	6,615.00	–	–
221105	工会经费	–	–	1,013.68	1,013.68	–	–
221106	职工教育经费	–	10,000.00	600.00	760.26	–	10,160.26
2221	应交税费	–	27,454.56	123,603.60	229,556.13	–	133,407.09
222101	应交增值税	–	–	111,175.92	111,175.92	–	–
22210101	进项税额	–	–	31,635.68	–	31,635.68	–
22210103	转出未交增值税	–	–	78,129.74	–	78,129.74	–
22210106	销项税额	–	–	1,410.50	111,056.72	–	109,646.22
22210108	进项税额转出	–	–	–	119.20	–	119.20
222102	未交增值税	–	11,078.76	11,078.76	78,272.60	–	78,272.60
222105	应交所得税	–	15,026.88	–	30,732.04	–	45,758.92
222108	应交城市维护建设税	–	1,105.24	1,105.24	5,469.08	–	5,469.08
222113	应交教育费附加	–	243.68	243.68	3,906.49	–	3,906.49
2231	应付利息	–	9,000.00	9,000.00	–	–	–
2232	应付股利	–	–	–	38,027.82	–	38,027.82
2241	其他应付款	–	3,200.00	4,046.00	846.00	–	–
224101	广发公司	–	3,200.00	3,200.00	–	–	–
224102	职工食堂	–	–	112.00	112.00	–	–
224103	代扣代交社会保险费	–	–	734.00	734.00	–	–
2501	长期借款	–	122,000.00	–	–	–	122,000.00
250101	专用借款	–	102,000.00	–	–	–	102,000.00
250102	基建借款	–	20,000.00	–	–	–	20,000.00
2502	应付债券	–	–	4,716.98	600,000.00	–	595,283.02
250201	面值	–	–	–	500,000.00	–	500,000.00
250202	利息调整	–	–	4,716.98	100,000.00	–	95,283.02
2701	长期应付款	–	85,000.00	–	–	–	85,000.00
270101	应付设备款	–	85,000.00	–	–	–	85,000.00
负债小计		–	538,865.00	198,476.82	950,560.45	–	1,290,948.63
4001	实收资本	–	4,470,000.00	–	–	–	4,470,000.00
400101	国家投资	–	2,830,000.00	–	–	–	2,830,000.00
400102	京都公司投资	–	1,640,000.00	–	–	–	1,640,000.00
4002	资本公积	–	42,000.00	–	–	–	42,000.00
400201	资本溢价	–	42,000.00	–	–	–	42,000.00
4101	盈余公积	–	278,000.00	–	14,260.44	–	292,260.44
410101	法定盈余公积	–	268,000.00	–	9,506.96	–	277,506.96
410102	任意盈余公积	–	10,000.00	–	4,753.48	–	14,753.48
4103	本年利润	–	–	672,052.96	672,052.96	–	–
4104	利润分配	–	3,159.63	104,576.52	147,357.81	–	45,940.92
410401	提取法定盈余公积	–	–	9,506.96	9,506.96	–	–

科目编码	科目名称	期初借方	期初贷方	本期发生借方	本期发生贷方	期末借方	期末贷方
410402	提取任意盈余公积	–	–	4,753.48	4,753.48	–	–
410407	应付股利或利润	–	–	38,027.82	38,027.82	–	–
410410	未分配利润	–	3,159.63	52,288.26	95,069.55	–	45,940.92
权益小计		–	4,793,159.63	776,629.48	833,671.21	–	4,850,201.36
5001	生产成本	4,031.73	–	152,721.62	146,506.73	10,246.62	–
500101	基本生产成本	4,031.73	–	147,487.28	141,272.39	10,246.62	–
50010101	A产品	1,576.07	–	73,897.09	68,508.64	6,964.52	–
5001010101	直接材料	841.42	–	32,376.70	29,067.65	4,150.47	–
5001010102	直接工资	212.21	–	21,487.85	20,253.39	1,446.67	–
5001010103	制造费用	522.44	–	19,988.25	19,143.31	1,367.38	–
5001010104	废品损失	–	–	44.29	44.29	–	–
50010102	B产品	2,455.66	–	73,590.19	72,763.75	3,282.10	–
5001010201	直接材料	1,616.90	–	26,695.66	26,552.79	1,759.77	–
5001010202	直接工资	210.19	–	19,301.17	18,884.51	626.85	–
5001010203	制造费用	628.57	–	27,263.36	26,996.45	895.48	–
5001010204	废品损失	–	–	330.00	330.00	–	–
500102	辅助生产成本	–	–	5,234.34	5,234.34	–	–
50010201	修配车间	–	–	3,228.53	3,228.53	–	–
50010202	动力车间	–	–	2,005.81	2,005.81	–	–
5101	制造费用	–	–	21,037.00	21,037.00	–	–
510101	折旧费	–	–	11,526.00	11,526.00	–	–
510102	修理费	–	–	159.63	159.63	–	–
510103	工资费用	–	–	1,499.56	1,499.56	–	–
510104	水电费	–	–	852.50	852.50	–	–
510106	低值易耗品摊销	–	–	3,385.84	3,385.84	–	–
510107	机物料消耗	–	–	863.97	863.97	–	–
510108	劳动保护费	–	–	2,136.92	2,136.92	–	–
510109	社会保险费	–	–	208.29	208.29	–	–
510110	废品损失	–	–	404.29	404.29	–	–
51011001	A产品	–	–	54.29	54.29	–	–
51011002	B产品	–	–	350.00	350.00	–	–
成本小计		4,031.73	–	173,758.62	167,543.73	10,246.62	–
6001	主营业务收入	–	–	587,072.00	587,072.00	–	–
600101	A产品	–	–	207,360.00	207,360.00	–	–
600102	B产品	–	–	379,712.00	379,712.00	–	–
6051	其他业务收入	–	–	88,389.14	88,389.14	–	–
605101	材料销售	–	–	80,832.00	80,832.00	–	–
60510101	A材料	–	–	35,743.48	35,743.48	–	–
60510102	B材料	–	–	41,188.52	41,188.52	–	–
60510103	C材料	–	–	3,900.00	3,900.00	–	–
605102	固定资产出租	–	–	2,857.14	2,857.14	–	–

科目编码	科目名称	期初借方	期初贷方	本期发生借方	本期发生贷方	期末借方	期末贷方
605103	技术转让	–	–	4,700.00	4,700.00	–	–
6111	投资收益	–	–	250.00	250.00	–	–
6301	营业外收入	–	–	7,200.00	7,200.00	–	–
630101	处理固定资产净收益	–	–	4,000.00	4,000.00	–	–
630103	坏账收入	–	–	3,200.00	3,200.00	–	–
6401	主营业务成本	–	–	386,970.49	386,970.49	–	–
640101	A产品	–	–	98,920.10	98,920.10	–	–
640102	B产品	–	–	288,050.39	288,050.39	–	–
6402	其他业务成本	–	–	82,114.77	82,114.77	–	–
640201	材料销售	–	–	80,294.37	80,294.37	–	–
64020101	A材料	–	–	39,105.85	39,105.85	–	–
64020102	B材料	–	–	41,188.52	41,188.52	–	–
640203	技术转让	–	–	1,820.40	1,820.40	–	–
6403	税金及附加	–	–	9,425.57	9,425.57	–	–
6601	销售费用	–	–	20,921.37	20,921.37	–	–
660101	广告费	–	–	18,867.92	18,867.92	–	–
660102	差旅费	–	–	1,578.00	1,578.00	–	–
660103	物料消耗	–	–	475.45	475.45	–	–
6602	管理费用	–	–	27,398.82	27,398.82	–	–
660201	折旧费	–	–	4,344.00	4,344.00	–	–
660202	工会经费	–	–	1,013.68	1,013.68	–	–
660203	职工教育经费	–	–	760.26	760.26	–	–
660204	工资费用	–	–	3,303.00	3,303.00	–	–
660206	差旅费	–	–	912.00	912.00	–	–
660207	办公费	–	–	592.00	592.00	–	–
660208	社会保险费	–	–	458.79	458.79	–	–
660211	业务招待费	–	–	794.00	794.00	–	–
660212	无形资产摊销	–	–	1,500.00	1,500.00	–	–
660214	福利费	–	–	5,600.45	5,600.45	–	–
660215	低值易耗品摊销	–	–	453.57	453.57	–	–
660216	其他	–	–	7,667.07	7,667.07	–	–
6603	财务费用	–	–	4,796.67	4,796.67	–	–
660301	利息费用	–	–	4,716.67	4,716.67	–	–
660302	银行手续费	–	–	80.00	80.00	–	–
6701	资产减值损失	–	–	241.82	241.82	–	–
6711	营业外支出	–	–	17,029.20	17,029.20	–	–
671101	非流动资产处置损失	–	–	12,729.20	12,729.20	–	–
671102	盘亏损失	–	–	4,300.00	4,300.00	–	–
6801	所得税费用	–	–	30,729.99	30,729.99	–	–

续表

科目编码	科目名称	期初借方	期初贷方	本期发生借方	本期发生贷方	期末借方	期末贷方
损益小计		–	–	1,262,539.84	1,262,539.84	–	–
合计		5,859,725.93	5,859,725.93	5,511,485.25	5,511,485.25	6,547,528.47	6,547,528.47

第三节　账簿打印

　　总账系统提供了强大的查询和打印功能，可打印总账、余额表、明细账、多栏账和日记账等账簿，用户可定期进行打印，并装订成册，以便作为会计档案保管。

一、总账打印

　　在图 6-1 中，选择"总账"→"账表"→"账簿打印"→"科目账簿打印"→"总账"项，显示"三栏式总账打印"对话框，如图 6-7 所示。

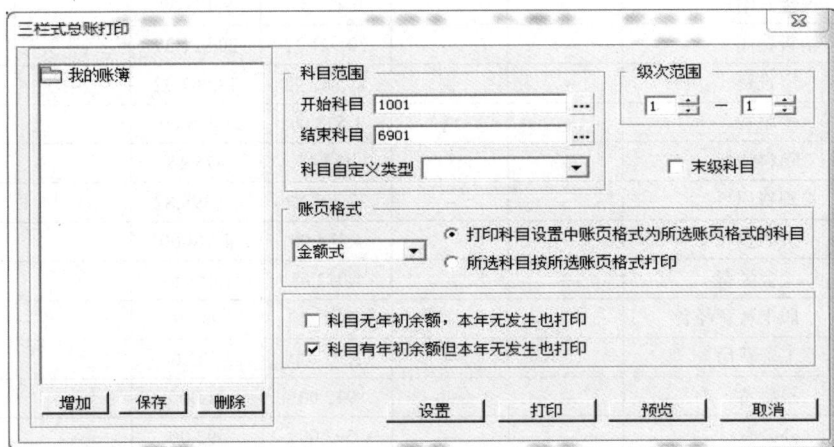

图 6-7　"三栏式总账打印"对话框

　　各栏目说明如下。

　　科目范围：指打印账簿的科目范围，例如，"开始科目"选择"1001"、"结束科目"选择"1012"，表示打印"1001 库存现金""1002 银行存款"和"1012 其他货币资金"科目的总账，若不选科目范围则打印所有科目的总账。

　　级次范围：指打印账簿的科目级次范围，例如，选择 1-1，表示只打印一级科目的总账。若勾选了"末级科目"项，则只打印所选科目中的末级科目。

　　账页格式：指所打印账簿的格式，系统提供四种打印格式供用户选择，即金额式、外币金额式、数量金额式、外币数量式。此外，系统提供了两种选项：①打印科目设置中账页格式为所选账页格式的科目，即只打印在图 3-4 所示"新增会计科目"对话框中设置的账页格式与当前所选账页格式相同的科目总账。②所选科目按所选账页格式打印，即所选的科目全部按当前所选的账页格式进行打印。

若只需打印出有余额或者有发生额的总账科目，系统提供了两个选项 "科目无年初余额，本年无发生也打印"及"科目有年初余额但本年无发生也打印"来实现这个目的。

若勾选了"科目无年初余额，本年无发生也打印"项，则"科目有年初余额但本年无发生也打印"项也默认被选择。

选择完成后，单击"预览"按钮查看打印效果，满意后单击"打印"按钮进行打印。

二、余额表、明细账、多栏账、日记账打印

余额表、明细账、多栏账、日记账的打印与总账打印设置和打印方式基本相同，在此不再阐述。

此外，限于篇幅，出纳管理和辅助账管理的内容本书不作阐述。

即 测 即 练

自 学 自 测　　扫 描 此 码

第七章

期末账务处理

期末账务处理主要包括定义自动转账分录、生成自动转账分录、对账、结账等工作，是在将各月所发生的经济业务全部填制记账凭证并经记账之后所进行的期末账务处理工作，其中对账和结账工作是必需的，其他两项可以由手工进行转账。

如果用户采用手工方法录入了转账分录，那么定义自动转账分录和生成自动转账分录可以省略不设置。但为了体现会计电算化的自动化，在正式使用会计电算化系统后，建议用户最好采用系统提供的自动转账功能进行结转一些转账凭证，这样可以减少每月末的转账工作量。

为了体现记账凭证的整体性，中山工厂所有的期末转账凭证已在第四章第十节的记账凭证清单中列出，并要求用户输入到总账系统中。因此本章所列举的转账凭证，只为举例之用，用户可以根据本章第一节所述方法通过"转账定义"设置进行练习，但不要求用户对设置的各项转账凭证比照本章第二节"转账生成"的方法进行生成操作，否则将造成重复填制转账凭证。尽管如此，仍然要求用户掌握"转账定义"和"转账生成"功能的操作方法，这在实际工作中十分有用。

第一节　转　账　定　义

转账定义主要包括自定义转账设置、对应转账设置、销售成本结转设置、汇兑损益结转设置和期间损益结转设置等五种转账功能的定义，是指对企业的各项转账分录进行预设，以便日后能自动生成转账分录。

一、自定义结转设置

自定义结转功能可以设置的转账业务主要有："费用分配"的结转，如工资费用的分配等；"费用分摊"的结转，如制造费用的分摊等；"税金计算"的结转，如本月应交增值税的计算等；"提取各项费用"的结转，如应付福利费的计提等；"部门核算"的结转，"项目核算"的结转；"个人核算"的结转，"客户核算"的结转；"供应商核算"的结转。

如果用户使用了应收子系统和应付子系统，则应在应收子系统中结转客户核算，在应付子系统中结转供应商核算。而在总账系统中，不能按客户、供应商辅助项进行结转，只能按科目总账进行结转。

因为在定义结转设置时，要对结转分录的金额取数进行确定，该金额是通过系统提供的各项取数函数公式进行定义并生成的，所以在自定义转账设置前，用户应先熟悉系统提供的取数函数公式。

1. 取数函数公式

（1）账务取数函数公式。取自总账系统数据的取数函数称为账务函数。

账务函数公式的格式：函数名（"科目编码","会计期间",[方向],[账套号],[会计年度],[编码 1],[编码 2]）

式中：[ ] 表示该参数可选，可以省略；,（逗号）用于隔开各参数。

注意：函数中使用到的字母和符号，如函数名、( )（括号）、" "（引号）、,（逗号）、=（等号）等，均应为"半角"状态（或英文状态）下输入的半角字符。若为全角字符，则不能正确取数。

公式中的各项说明如下。

①函数名：账务函数公式函数名及其内容，如表 7-1 所示。

表 7-1　账务函数公式函数名及其内容一览表

金　额　式		数　量　式		外　币　式	
QC	期初额	sQC	期初额	wQC	期初额
QM	期末额	sQM	期末额	wQM	期末额
FS	发生额	sFS	发生额	wFS	发生额
LFS	累计发生额	sLFS	累计发生额	wLFS	累计发生额
TFS	条件发生额	sTFS	条件发生额	wTFS	条件发生额
DFS	对方科目发生额	sDFS	对方科目发生额	wDFS	对方科目发生额
JE	净额	sJE	净额	wJE	净额
HL	汇率				
XJLL	现金流量项目金额				
LJXJLL	现金流量项目累计金额				

②科目编码：指会计科目代码，也可以是会计科目名称，且必须加引号。此处指的科目编码即是表 3-1 "中山工厂会计科目及编码表"中的科目编码。定义账务函数时，可以是一级科目，也可以是明细科目。

③会计期间：可输入"年"或"月"或输入"1""2"…"12"。如果输入"年"则按当前会计年度取数，如果输入"月"则按结转月份取数，如果输入"1""2"…"12"等数字时，表示取指定此会计月份的数据，代表的是会计月份，而不是自然月份。会计期间可以为空，为空时默认为"月"。

④方向：发生额函数或累计发生额函数的方向，可用"借"或"贷"表示，其含义为取该科目所选方向的发生额或累计发生额。余额函数的方向同样可用"借"或"贷"表示，也允许为空，其含义为取该科目所选方向上的余额。若余额在相同方向，则取该余额；若余额在相反方向，则取 0；若方向为空，则根据其科目性质来取余额。例如，

6602 科目为借方科目，若余额在借方，则取其余额为正数；若余额在贷方，则取其余额为负数。

⑤账套号：指取数的账套号，在特定条件下可以省略。

⑥会计年度：指取数时的年度，在特定条件下可以省略。

⑦编码 1 和编码 2：指在辅助类账中取数。

当引用的科目属性为辅助核算时，可以指定辅助项取数。如果科目有两种辅助核算，则可输入两个末级辅助项。辅助项可输入编码也可输入名称，或者输入"*"，也可以不输入。如果输入辅助项，则按所输入的辅助项取数；如果输入"*"，则取科目总数；如果不输入，则按当前分录各辅助项栏中定义的辅助项取数。

辅助类账中的"编码 1"和"编码 2"的组合及所求内容，见表 7-2 的辅助类账的编码组合和所求内容一览表。

表 7-2　辅助类账的编码组合和所求内容一览表

科目核算账类	编码 1	编码 2	所求内容
无辅助核算	—	—	—
有辅助核算	"*" 或 缺省	—	求科目下的辅助项总数
个人往来	"*" 或 缺省	职员编码	指定职员（从职员属性求部门编码）
	部门编码	职员编码	指定部门及职员
	部门编码	"*" 或 缺省	求部门下所有职员
客户项目	"*" 或 缺省	项目编码	求项目下所有客户
	客户编码	"*" 或 缺省	求客户下所有项目
	客户编码	项目编码	指定客户及项目
供应商项目	"*" 或 缺省	项目编码	求项目下所有供应商
	供应商编码	"*" 或 缺省	求供应商下所有项目
	供应商编码	项目编码	指定供应商及项目
部门项目	"*" 或 缺省	项目编码	求项目下所有部门
	部门编码	"*" 或 缺省	求部门下所有项目
	部门编码	项目编码	指定部门及项目
客户部门	"*" 或 缺省	部门编码	求部门下所有客户
	客户编码	"*" 或 缺省	求客户下所有部门
	客户编码	部门编码	指定客户及部门
供应商部门	"*" 或 缺省	部门编码	求部门下所有供应商
	供应商编码	"*" 或 缺省	求供应商下所有部门
	供应商编码	部门编码	指定供应商及部门
客户往来	客户编码	—	指定客户
供应商往来	供应商编码	—	指定供应商
部门核算	部门编码	—	指定部门
项目核算	项目编码	—	指定项目

如果科目有两种辅助核算，则这两个辅助项在公式中的排列位置必须正确，否则系统将无法正确结转。五种辅助项在公式中的先后顺序为：客户、供应商、部门、个人、

项目。例如，660201 为某部门项目科目，则可以输入 QM（"660201"，"月",,部门一,项目一），而不能输入 QM（"660201"，"月",,项目一,部门一）。

如果公式中最后一个辅助项不输入，则可以不输入逗号，否则仍须保留相应的逗号。

若用户使用了应收子系统和应付子系统，且公式中的科目为纯客户、供应商核算的科目，那么，在总账系统中将不能按照客户、供应商取数，只能按该科目取数。例如，112201 为客户往来科目，则只能输入 QM（"112201"，"月",,*），而不能输入 QM（"112201"，"月",,客户一）或 QM（"112201"，"月"），否则将不能正确取数。

以期末余额函数为例，660201 为管理费用某部门项目科目，则：

QM（"660201"，"月",,部门一，项目一）表示取部门一项目一下 660201 科目的期末余额。

QM（"660201"，"月",,*,*）表示取 660201 科目各部门各项目期末余额的总余额。

QM（"660201"，"月",,部门一,*）表示取 660201 科目部门一下各项目期末余额的总余额。

QM（"660201"，"月",,*，项目一）表示取 660201 科目项目一下各部门期末余额的总余额。

QM（"660201"，"月"）表示取当前分录所定义的转账发生部门、项目的期末余额。

又如：QM（"1604"，"12",借,006,2023,第一车间,材料费），表示取 006 账套在建工程科目中第一车间的 2023 年 12 月份材料费期末借方余额。

账务取数函数公式中带[ ]的项目，在特定条件下是可以省略的项目。格式中的有些参数可以省略不写，如方向、账套号、会计年度、编码等，省略的参数应用半角的逗号","代替。如果省略的参数后面没有内容了，则可以不写逗号；如果省略的参数后面还有内容，则必须写逗号，把它们的位置留出来。例如 QM（"1001"，"月"），省略了方向、账套号、会计年度、编码 1、编码 2；QM（"1001"，"月",,,,编码 1），省略了方向、账套号、会计年度、编码 2。

函数中的参数除了"科目编码"和"会计期间"字符串必须加引号（""）之外，其他参数可以不加引号。

函数中的引号、逗号等标点符号应为半角字符，也有时支持全角字符，但凡是涉及阿拉伯数字的数学符号，必定要在半角状态下输入。

（2）结果函数公式。结果函数公式格式：JG（科目），表示取转账中对方科目发生额的合计。JG（zzz）、JG（ZZZ）或 JG（ ）则表示取对方所有发生额合计。

例如，将中山工厂主营业务收入科目 6001 下的明细科目 600101、600102 的本月发生额全部结转至本年利润科目 4103 中。则转账凭证分录可定义为：

科目	方向	公式
600101	借	QM（"600101"，"月"）
600102	借	QM（"600102"，"月"）
4103	贷	JG（ ）

一张凭证可以定义多个结果函数，但必须在同一方向。如上例也可以写成：

科　目	方向	公　式
600101	借	QM（"600101"，"月"）
600102	借	QM（"600102"，"月"）
4103	贷	JG（600101）
4103	贷	JG（600102）

结果函数所在的转账分录若有辅助核算，则必须定义具体的辅助项。

（3）通用转账公式。如果用户要求从其他子系统中直接取数，如从工资系统中取应交个人所得税合计，从固定资产系统中取固定资产清理收入、清理费用等，由于这些数据都在数据库中，用户可以使用通用转账公式，指定相应的数据库、数据表和数据字段来获取相应的数据。由于涉及数据库的操作，所以最好由计算机专业人员来进行。

函数公式格式：TY（数据库文件名,数据表名,计算表达式,条件表达式）

式中的有关项目说明如下。

数据库文件名：必须为已存在的数据库，且应输入全部路径及数据库文件全名，如"D:\U8SOFT\Admin\ZT006\2023\ufdata.mdf"。

数据表名：必须为已存在的数据表。

计算表达式：可输入字段名，也可输入 SQL Server 语句中的统计函数。

条件表达式：可以输入查找条件，相当于 SQL Server 语句中 where 子句中的内容。

执行公式时，系统自动将输入内容拼写成 SQL Server 数据库查询语句，可从数据库中取到相应的数据。若执行结果有多个值，则函数返回第一个符合条件的值。

例如，TY（D:\U8SOFT\Admin\ZT006\2023\ufdata.mdf,GL_accsum,sum（md）,ccode="1001"）表示从 ufdata.mdf 数据库的总账数据表（GL_accsum）中，取科目编码（ccode）为 1001 科目的借方发生额（md）合计。

（4）公式组合。可将若干个取数函数公式进行组合，来表达某个完整的取数过程。例如：

①QM（"1001"，"月"）+ QM（"1002"，"月"）。

含义：将 1001 科目和 1002 科目当月的期末余额相加。

②QM（"500101"，"月",,836 工程）– QM（"5101"，"月"）。

含义：将 500101 项目核算科目的 836 工程项目的余额与 5101 科目当月的期末余额相减。

③JE（"600101"，"月"）*0.14。

含义：将 600101 科目当月的净发生额乘以比率 0.14（分配率或税率）。

④FS（"5101"，"月",,J）+JE（"500101"，"月",,836 工程）。

含义：5101 科目当月的借方发生额加上 500101 项目核算科目的 836 工程项目的当月净发生额。

⑤计算个人所得税。

通用转账公式：TY（D:\U8SOFT\Admin\ZT006\2023\ufdata.mdf,WA_sds,sum（yTax），isd_month=3）

含义：利用工资系统数据库，使用通用转账公式计算 3 月份个人所得税合计。

⑥批发企业计算营业税。

净发生额公式：（JE（"6001"，"月"）–JE（"6401"，"月"））*0.3

含义：当月收入减去当月成本再乘以税率 0.3。

⑦分摊结转，将某科目的余额等数据分摊到多个科目。

期末将"制造费用–技改办"科目余额按生产车间分摊，假定用户没有设置部门核算，则转账分录为：

借：生产成本–基本生产成本––一车间–制造费用　　　　　（5001010103）

　　生产成本–基本生产成本–二车间–制造费用　　　　　（5001010203）

　　生产成本–基本生产成本–三车间–制造费用　　　　　（5001010303）

　　贷：制造费用–技改办　　　　　　　　　　　　　　　（510102）

定义操作过程如下：

摘要	科目	方向	金额公式
分摊技改办制造费用	5001010103	借	QM（"510102"，"月"）*0.33（注释1）
分摊技改办制造费用	5001010203	借	QM（"510102"，"月"）*0.33（注释2）
分摊技改办制造费用	5001010303	借	QM（"510102"，"月"）*0.34（注释3）
分摊技改办制造费用	510102	贷	QM（"510102"，"月"）　（注释4）

注释 1：将 510102 余额的 33%摊入一车间。

注释 2：将 510102 余额的 33%摊入二车间。

注释 3：将 510102 余额的 34%摊入三车间。

注释 4：将 510102 的余额转出，摊入有关部门。

⑧利用账务数据计算城市维护建设税。

分录为：

借：税金及附加–城建税　　　　　　　　　　　　　　　（640301）

　　贷：应交税费 – 应交城市维护建设税　　　　　　　　（222108）

定义操作过程如下：

摘要	科目	方向	金额公式
计提城建税	640301	借	JE（"222101"，"月"）*0.07+JE（"222103"，"月"）*0.07（注释1）
计提城建税	222108	贷	JG（）（注释2）

注释 1：使用净发生额函数按应交增值税 222101 科目、应交消费税 222103 科目的净发生额之和，按 7%的比例计提城建税。

注释 2：将计提城建税的结果转入应交税金-应交城市维护建设税 222108 科目中。与使用以下公式的结果是相同的：JG（"640301"）或 JE（"222101"，"月"）*0.07+JE

（"222103"，"月"）*0.07。

⑨本币与数量取数函数公式结合。

本币取数函数公式与数量、外币取数函数公式，可用加、减、乘、除及括号组合使用。加、减、乘、除分别用符号+、－、*、/ 表示，例如 600101 为"主营业务收入–A 产品"的科目编码，140501 为"库存商品–A 产品"的科目编码，则输入公式：SFS（"600101"，"月"）*（（QM（"140501"，"月"）/SQM（"140501"，"月"）），即可求出当月的主营业务成本。

2. 自定义转账设置步骤

用户熟悉了上述取数函数公式的格式和内容以后，就可以进行自定义转账设置了。

选择"总账"→"期末"→"转账定义"→"自定义转账"项，弹出"自定义转账设置"窗口，如图 7-1 所示。

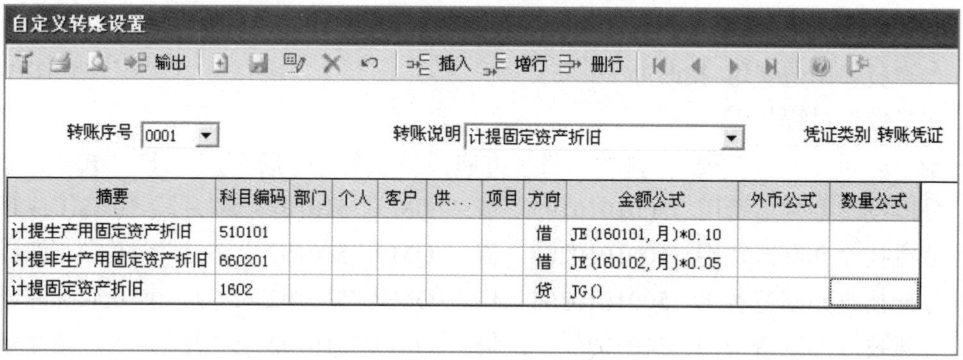

图 7-1 "自定义转账设置"窗口

在图 7-1 所示窗口中，单击"增加"图标按钮，可自定义一张自动转账凭证，系统弹出"转账目录"对话框，如图 7-2 所示。

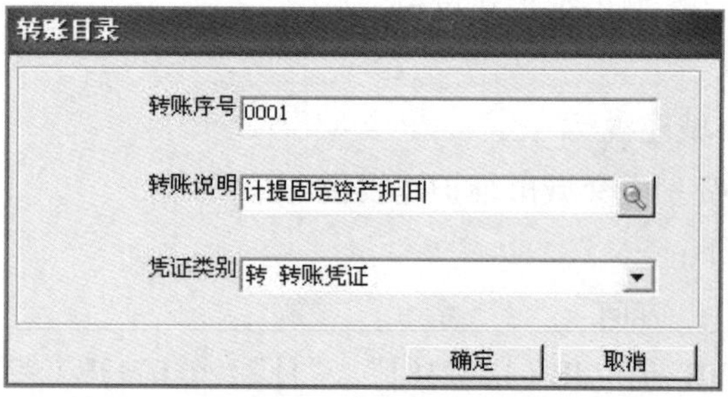

图 7-2 "转账目录"对话框

在图 7-2 中，要求用户输入转账序号、转账说明和凭证类别等内容。

转账序号：是指该张自定义转账凭证的序号，转账序号不是凭证号。转账序号在每月转账时，由总账系统根据原有转账凭证的张数加 1 而自动产生。一张转账凭证对应一个转账序号，转账序号可任意定义，但只能输入 1～9 的数字，不能重号。

转账说明：用户输入或调入该张转账凭证的摘要。

凭证类别：定义该张转账凭证的类别，可在收款凭证、付款凭证和转账凭证中选择一种。

输入以上各项后，单击图 7-2 所示对话框中的"确定"按钮，系统回到图 7-1 所示窗口，接下来就可以开始定义转账分录的信息了。

在图 7-1 所示的窗口中，要求用户输入转账分录的相关项目内容。

摘要：直接输入或调入该笔转账凭证分录的摘要。

科目编码：可直接输入该笔转账凭证分录的科目编码。

部门（项目、个人、客户或供应商）：当输入的科目为部门（项目、个人、客户或供应商）核算科目时，若要按某部门（项目、个人、客户或供应商）进行结转，则需在此指定部门（项目、个人、客户或供应商）。若此处不输入，则表示按所有部门（项目、个人、客户或供应商）进行结转。对于非部门（项目、个人、客户或供应商）核算科目，此处不必输入。

方向：输入转账数据发生的借贷方向。

金额公式：要求用户输入该笔凭证金额的取数函数公式。对于高级用户，若已熟练掌握上述取数函数公式，也可直接输入取数函数公式。对于初级用户，可以通过单击公式输入框右侧的公式参照按钮，根据系统提示选择输入取数函数公式。

取数函数公式输入完毕后，可单击"增行"按钮，继续编辑下一条转账分录。

此处设置的自定义转账凭证，同样应符合记账凭证的编制规则，因此要求转账科目编码和部门只能录入明细级科目编码和部门。

如果要录入多个科目，且这些科目有同一上级科目，那么，在新增分录时，可录入此上级科目，当录入完这一行后，按"Enter"键，系统将列出所输入科目下的所有末级科目，可选择所需的科目，系统将自动生成这些科目的转账分录。

举例：编制中山工厂月末计提折旧的自动转账分录。

分录为：

借：510101 制造费用–折旧费　　　　（金额取生产部门用固定资产原值乘以 10%）
　　660201 管理费用–折旧费　　　　（金额取管理部门用固定资产原值乘以 5%）
　　贷：1602 累计折旧　　　　　　　（金额取对方科目发生额的合计数）

则定义转账凭证的相关内容为：

摘　　　　　　　　　要	科　目	方向	金　额　公　式
计提生产部门固定资产折旧	510101	借	JE（"150101"，"月"）*0.10
计提非生产部门固定资产折旧	660201	借	JE（"150102"，"月"）*0.05
计提固定资产折旧	1602	贷	JG（）

用户可以在各自的账套中对照设置，也可自行练习中山工厂的其他自定义结转设置。

3. 通过向导输入金额公式的方法

由于新用户可能对取数函数公式的格式和内容不太熟悉，为了使编制金额公式变得直观，并减少出错机会，系统提供了公式向导，帮助用户完成取数函数公式的编制。

在图 7-1 所示窗口中，当设置到"金额公式"栏时，可不直接输入取数函数公式。此时按"F2"键，或单击金额公式输入框右侧的参照按钮，系统弹出"公式向导"对话框（一），如图 7-3 所示。

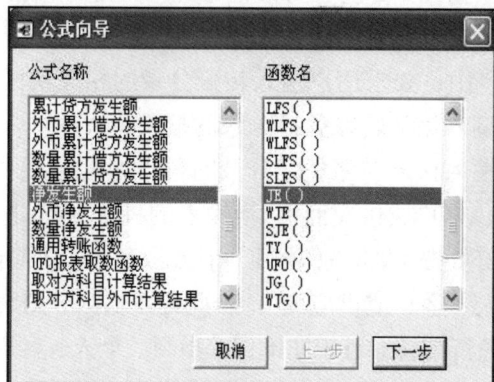

图 7-3 "公式向导"对话框（一）

图 7-3 所示对话框分成左右两个列表框。左侧为"公式名称"列表框，列示账务系统所有取数函数的公式名称；右侧为与左侧函数公式名称对应的"函数名"列表框。

选择所需的公式后，单击图 7-3 中的"下一步"按钮，弹出"公式向导"对话框（二），如图 7-4 所示。

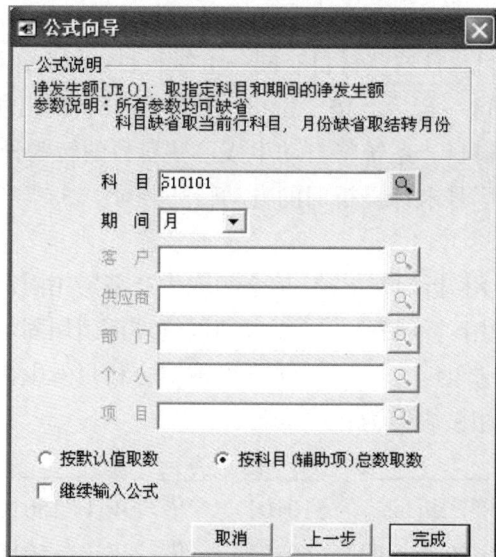

图 7-4 "公式向导"对话框（二）

在图 7-4 所示对话框上部是用户选取的取数函数公式等的说明。中部要求用户输入或选取相关的项目和内容，用户可在"科目"处直接输入科目编码，或单击参照按钮，在弹出的"科目参照"对话框中选取所需科目编码；在"期间"处选择输入"年"或"月"，并根据科目属性决定是否输入"部门""项目""个人""客户""供应商"等项目的信息。

部门只能录入明细级。

公式中的"科目"是决定取哪个科目的数据。科目可以为非末级科目，但只能取该科目的总数，不能按辅助项取数。若不输入科目，系统默认按转账分录中定义的科目和辅助项取数。若取数科目有辅助核算，应输入相应的辅助项内容。若不输入，系统默认按转账分录中定义的辅助项取数（即按默认值取数），但如果希望能取到该科目的总数，则应勾选"按科目（辅助项）总数取数"选项。

如果在图 7-3 中选择的是通用转账公式，即 TY（ ）函数，则在图 7-4 中将显示数据库名、表名等输入框。要求用户输入数据库文件名、表名、取数表达式及取数条件。

以上是该转账凭证第一条分录金额公式中的第一个取数函数公式的定义。如果还想继续输入该条分录金额公式中的第二个取数函数公式，则在图 7-4 中应勾选"继续输入公式"项，系统将在下行增加选择加、减、乘、除运算符号的内容，用户选择两条公式间的运算关系后，并单击"上一步"按钮，用户可再继续输入公式。如果不需要继续输入公式，则单击"完成"按钮，系统将用户定义的结果以公式的形式表示在"金额公式"栏中。

二、对应转账结转

对应转账结转主要是对两个科目的下级科目的期末余额进行一一对应结转。

对应转账结转只允许输入两个科目，科目可为上级科目，但其下级科目必须能一一对应。如有辅助核算，则两个科目的辅助账类也必须一一对应。

举例：中山工厂利用对应转账结转功能在年末将"利润分配"科目下有关利润分配项目的二级科目余额结转至"利润分配—未分配利润"，则对应转账结转内容如表 7-3 所示。

表 7-3　对应转账结转内容一览表

编号	凭证类别	摘　　要	转出科目编码	转出科目名称	转入科目编码	转入科目名称	系数
0001	转	结转利润分配子目	410401	提取法定盈余公积	410410	未分配利润	1.00
0002	转	结转利润分配子目	410402	提取任意盈余公积	410410	未分配利润	1.00
0003	转	结转利润分配子目	410403	提取储备基金	410410	未分配利润	1.00
0004	转	结转利润分配子目	410404	提取企业发展基金	410410	未分配利润	1.00
0005	转	结转利润分配子目	410405	提取职工奖励及福利基金	410410	未分配利润	1.00
0006	转	结转利润分配子目	410406	利润归还投资	410410	未分配利润	1.00
0007	转	结转利润分配子目	410407	应付股利或利润	410410	未分配利润	1.00
0008	转	结转利润分配子目	410408	转作股本的股利	410410	未分配利润	1.00
0009	转	结转利润分配子目	410409	盈余公积补亏	410410	未分配利润	1.00

下面介绍对应转账结转的操作过程。

（1）选择"总账"→"期末"→"转账定义"→"对应结转"项，弹出"对应结转设置"对话框，如图 7-5 所示。

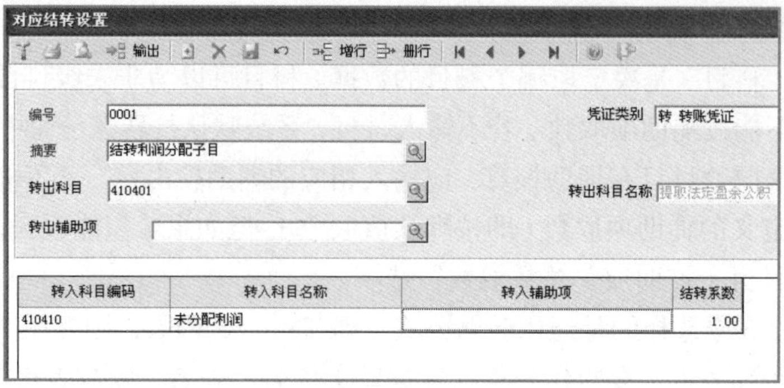

图 7-5 "对应结转设置" 对话框

（2）在图 7-5 中，单击"增加"图标按钮，可增加一笔对应转账分录。其中的有关栏目及内容说明如下。

编号：是指该行转账凭证的代号。编号不是凭证号，凭证号是在每月转账时，由总账系统根据原有转账凭证的张数加 1 而自动产生。一张转账凭证对应一个编号，编号可任意定义，但只能输入数字 1～9，或 a～z，或 A～Z，不能重号。

转出科目编码：指将此科目的余额转出到转入科目中，可单击科目参照按钮，或按"F2"键，在"科目参照"对话框中选择输入。

转入科目编码：指将转出科目的余额转入到此科目中去，可单击科目参照按钮，或按"F2"键，在"科目参照"对话框中选择输入。

如果在定义"转出科目编码"和"转入科目编码"时，定义的科目不能互相对应，系统将弹出"转出科目与转入科目的科目结构不同"的错误提示。

凭证类别：指在进行对应转账结转操作时使用的凭证类别。

在图 7-5 所示对话框中，第一行的各项内容输入完毕后，按"Enter"键，或单击"增行"按钮，系统将增加一行空白行，可增加下一条转账凭证的定义。

单击图 7-5 中的"删行"按钮，可以删除光标所在行的对应结转凭证内容。

在此处每定义一行，将生成一张对应转账结转凭证。

本功能只结转期末余额。如果用户想结转发生额，请到"自定义转账结转"中设置。

三、销售成本结转

销售成本结转功能，是将月末商品（或产成品）的销售数量乘以库存商品（或产成品）的平均单价，计算出各类商品（或产成品）的销售成本，并进行结转。

选择"总账"→"期末"→"转账定义"→"销售成本结转"项，弹出"销售成本结转设置"对话框，如图 7-6 所示。

在图 7-6 所示对话框中，可输入库存商品、商品销售收入（或主营业务收入）、商品销售成本（或主营业务成本）的总账科目或明细科目，但输入时要求这三个科目具有相同结构的明细科目，即要求这三个科目下的所有明细科目必须都有数量核算，且这三个科目的下级必须一一对应。例如，库存商品科目下有 A 产品明细科目，则其他两个科目下均应有 A 产品明细科目。输入完成后，系统将自动计算出所有商品的销售成本。其中：

数量 = 商品销售收入（或主营业务收入）科目下某商品的贷方数量

单价 = 库存商品科目下某商品的月末金额/月末数量

金额 = 数量*单价

例如，中山工厂的相关科目结构设为：

级次	科目编码	科目名称	计量单位
1	1405	库存商品	
2	140501	A 产品	件
2	140502	B 产品	件
1	6001	主营业务收入	
2	600101	A 产品	件
2	600102	B 产品	件
1	6401	主营业务成本	
2	640101	A 产品	件
2	640102	B 产品	件

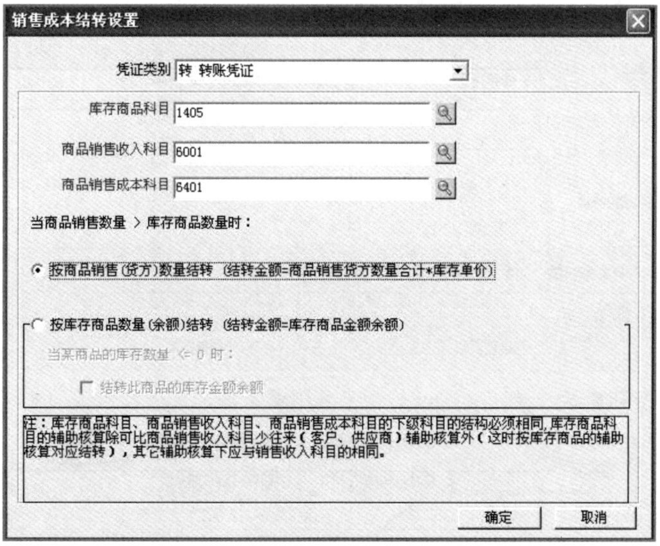

图 7-6　"销售成本结转设置"对话框

在图 7-6 所示对话框中的相应位置输入：

库存商品科目：1405

主营业务收入科目：6001

主营业务成本科目：6401

输完科目后，单击图 7-6 中的"确定"按钮予以保存，并进入转账凭证生成，系统将自动计算出结转月份的销售成本，并生成销售成本结转凭证。

库存商品科目、商品销售收入（或主营业务收入）科目、商品销售成本（或主营业务成本）科目及下级科目的结构必须相同，并且都不能带辅助账类。

如果要对带辅助账类的科目结转成本，请到"自定义结转"中定义。在"自定义结转"中的公式处，作如下定义也可得到相应的主营业务成本（与执行"销售成本结转"功能相同）：

科　目	金　额　公　式	数　量　公　式
1405	SFS（"6001"，"月"，贷）*（QM（"1405"，"月"）/SQM（"1405"，"月"））	SFS（"6001"，"月"，"贷"）
6401	SFS（"6001"，"月"，贷）*（QM（"1405"，"月"）/SQM（"1405"，"月"））	

含义：商品销售收入（或主营业务收入）科目下某商品的贷方数量*（库存商品科目下某商品的月末金额/月末数量）。

四、售价（计划价）销售成本结转设置

本功能提供按售价（计划价）结转销售成本或调整月末成本。

选择"总账"→"期末"→"转账定义"→"售价（计划价）销售成本结转设置"项，弹出"售价（计划价）销售成本结转"对话框，如图7-7所示。

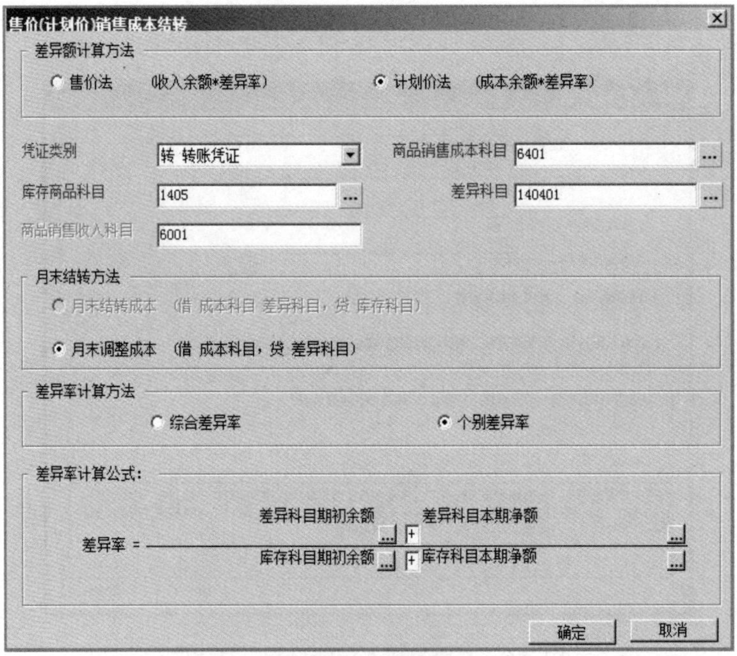

图7-7　"售价（计划价）销售成本结转"对话框

各项目说明如下。

差异额计算方法：分为售价法和计划价法两种。售价法：差异额=收入余额*差异率（商业企业多用此法）；计划价法：差异额=成本余额*差异率（工业企业多用此法）。

凭证类别：所生成凭证的类别。

科目：在商业企业，用户应指定库存商品、商品销售收入、商品销售成本、差异四个科目。可输入总账科目或明细科目，但应具有相同结构的明细科目，即要求库存商品、主营业务收入和主营业务成本下的所有明细科目必须都有数量核算，且这三个科目的下

级必须一一对应。

月末结转方法：月末结转成本方法和月末调整成本方法。

月末结转成本：有些商业企业月中发生销售业务时不计算成本，在月末按当月销售情况结转成本。生成凭证分录为：

借：成本　　　　金额＝库存－差异

　　差异　　　　金额＝差异额

贷：库存　　　　金额＝收入余额（售价法）/成本借方发生额（计划价法）

月末调整成本：有些工业企业平时在发生销售业务时即按售价结转成本，到月末对成本及差异科目进行调整。生成凭证分录为：

借：差异　　　　差异额

　　贷：成本　　　　差异额

差异率计算方法：分为综合差异率和个别差异率。其中，综合差异率即按当前结转科目的上一级科目取数进行计算得出当前科目的差异率，若当前结转科目为一级科目，则按该科目本身取数计算差异率。若当前结转的是项目，则按其隶属的科目进行计算。个别差异率即按当前结转科目或项目本身取数计算差异率。

差异率计算公式：提供 $[A \pm B] / [C \pm D]$ 形式的计算公式。其中 A、B、C、D 由用户指定，运算符为"＋"或"－"。A、B 按差异科目取数，C、D 按库存科目取数。A、B、C、D 为取数内容，分别预置为期初余额、净发生额、期初余额、借方发生额。初始预置一个常用差异率计算公式。

五、汇兑损益结转

用于期末自动计算外币账户的汇兑损益，并在转账生成中自动生成汇兑损益转账凭证。

汇兑损益结转只处理以下外币账户：外币现金；外汇存款户；外币结算的各项债权、债务。不包括所有者权益类账户、成本类账户和损益类账户。

选择"总账"→"期末处理"→"转账定义"→"汇兑损益结转设置"菜单项，弹出"汇兑损益结转设置"对话框，如图7-8所示。

图 7-8 "汇兑损益结转设置"对话框

在图 7-8 所示对话框中的"汇兑损益入账科目"处输入该账套中汇兑损益科目（通常是指"财务费用–汇兑损失"科目）的编码，也可单击参照按钮，在弹出的"科目参照"对话框中选择录入。

如果企业在第三章的会计科目初始化设置中，已设置了外币科目及编码，则在"汇兑损益结转设置"对话框中将显示所有外币科目。用户将光标移到要计算汇兑损益的外币科目上，按空格键选择需要计算汇兑损益的科目，或双击要计算汇兑损益的科目，系统将在"是否计算汇兑损益"栏中显示选中标志"√"。选择完毕后，单击图 7-8 的"确定"按钮予以保存。

为了保证汇兑损益计算的正确性，填制某月的汇兑损益凭证时，必须将本月的所有未记账凭证先记账。

汇兑损益入账科目不能是辅助账科目或有数量外币。

若"账簿选项"中的"往来控制方式"为"客户往来业务由应收系统核算"或"供应商往来业务由应付系统核算"，则计算汇兑损益的外币科目不能是客户或供应商的科目。若要对客户、供应商科目计算汇兑损益，可到应收、应付子系统中进行。

中山工厂没有外币核算业务，所以此项不需设置。

六、期间损益结转

本功能主要用于在一个会计期间终了时，将所有损益类科目的余额结转到"本年利润"科目中，从而及时地反映企业利润的盈亏情况。

至每月末时，主要将主营业务收入、其他业务收入、投资收益、补贴收入和营业外收入等收入类账户的贷方余额，从各收入类账户的借方转出至"本年利润"账户的贷方；将主营业务成本、主营业务税金及附加、其他业务支出、营业费用、管理费用、财务费用、营业外支出、所得税费用等成本费用类科目的借方余额，从各成本费用类账户的贷方转出至"本年利润"账户的借方，而后通过"本年利润"账户的借贷方比较，计算出本月净利润或净亏损额。

选择"总账"→"期末处理"→"转账定义"→"期间损益"项，弹出"期间损益结转设置"对话框，如图 7-9 所示。

在图 7-9 所示对话框中的表格左上方"凭证类别"处，选择"转账凭证"；在表格右上方的"本年利润科目"是指本年利润的入账科目，可单击参照按钮或按"F2"键在系统弹出的"科目参照"对话框中选择输入，此处可输入中山工厂的本年利润科目为"4103"。如果"本年利润科目"设置了多个下级科目，则应在图 7-9 所示对话框的表格中，录入"本年利润"的明细科目，并与同行相应的"损益科目编码"和"损益科目名称"相对应。

在图 7-9 所示对话框的表格中，共有 6 个栏目，其中前三栏表示损益科目的编码、名称和账类；后三栏表示本年利润科目的编码、名称和账类。

在前三栏的损益科目结转表中，系统将列出所有损益类科目的明细科目编码和名称。如果希望某损益科目参与期间损益的结转，则应在该损益科目所在行后三栏的本年利润科目栏中，填写相应的本年利润明细科目的编码、名称和账类。

图 7-9　"期间损益结转设置"对话框

若在后三栏不填写本年利润明细科目的编码、名称和账类内容（如 6901 以前年度损益调整科目），则系统将不结转此损益科目的余额。

设置后，前三栏损益科目结转每一行损益科目的期末余额，将结转到该行后三栏的本年利润科目中。

若前三栏损益科目结转每一行的损益科目与后三栏本年利润科目都有辅助核算，则辅助账类必须相同。

后三栏的本年利润科目必须为末级科目，且为本年利润入账科目的下级科目。

各项设置完毕后，单击图 7-9 中的"确定"按钮，系统将保存损益结转的设置内容。

第二节　转 账 生 成

经过上一节转账定义后，至月末只需执行"转账生成"功能，就可快速生成机制转账凭证，在此生成的转账凭证将自动追加到未记账凭证中，从而实现了月末自动转账。

特别说明：本节中涉及的相关转账凭证已包括在第四章第十节的中山工厂 2023 年 12 月记账凭证清单中，因此，用户可以按照本章第一节进行设置的练习，但不能再按照本节的方法进行转账生成，否则将造成重复编制转账凭证。

选择"总账"→"期末"→"转账生成"项，弹出"转账生成"对话框（一），如图 7-10 所示。

在图 7-10 所示对话框的左侧，列示了自定义转账、对应结转、自定义比例结转、销售成本结转、售价（计划价）销售成本结转、汇兑损益结转和期间损益结转等选项。单击参照按钮，可重新调出相应的转账定义功能，对转账定义进行修改。

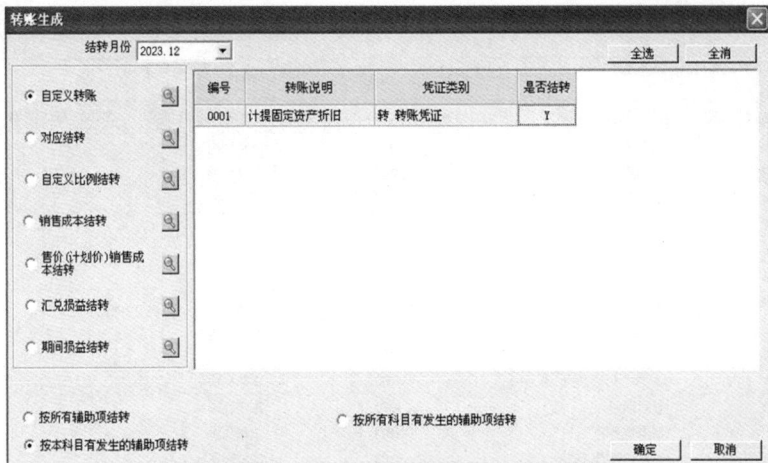

图 7-10　"转账生成"对话框（一）

一、生成自定义结转的凭证

在图 7-10 所示对话框中选中"自定义转账"单选项，在"结转月份"下拉列表框中选择年月，如 2023.12。在转账凭证列表框中，列出用户在"自定义结转设置"中设置好了的转账凭证。双击"是否结转"栏，添加"Y"表示选中。若要选择列表框中列出的所有转账凭证，则可单击"全选"按钮。

若转账科目有辅助核算，但未定义具体的转账辅助项，则要求用户选择"按所有科目有发生的辅助项结转"或"按本科目有发生的辅助项结转"。

按所有辅助项结转：指转账科目的每一个辅助项均生成一笔分录，如有 10 个部门，则生成 10 笔分录，每个部门生成一笔转账分录。

按所有科目有发生的辅助项结转：按所有科目下有发生的辅助项生成分录，如有 10 个部门，其中所有科目下有发生的 5 个部门有余额，则生成 5 笔分录，每个有发生且有余额的部门生成一笔分录。

按本科目有发生的辅助项结转：指按转账科目下每一个有发生的辅助项生成一笔分录，如有 10 个部门，其中转账科目下有 6 个部门有余额，则生成 6 笔分录，每个有发生且有余额的部门生成一笔转账分录。

由于转账是按照已记账凭证的数据进行计算的，所以在进行月末转账工作之前，请先将所有未记账凭证进行记账。否则，生成的转账凭证数据可能不完整或有误。

选择完转账凭证后，当单击图 7-10 中的"确定"按钮时，系统将自动检查有无未记账凭证，若有未记账凭证，系统将出现"转账"提示对话框。此时，用户可将未记账凭证进行记账，然后再继续进行自动转账操作。

如果未检查到有未记账凭证，系统将根据用户设置的自定义结转内容编制转账凭证并取值，生成转账凭证，打开"转账"窗口，如图 7-11 所示。

单击图 7-11 中的"首页""上页""下页""末页"按钮，可翻页查看将要生成的其他转账凭证。

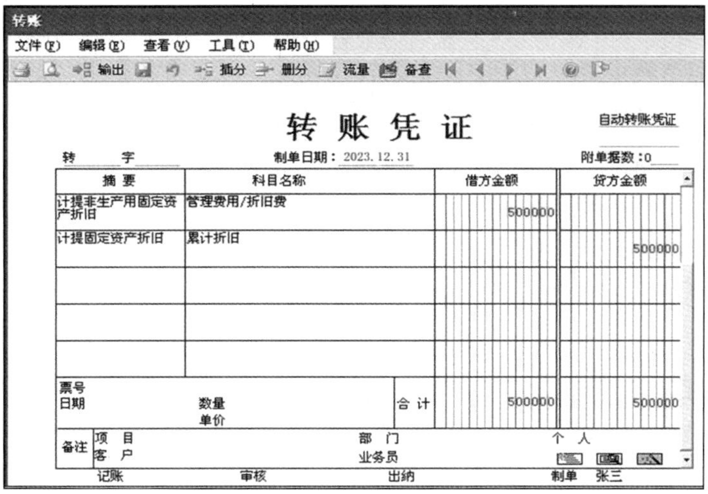

图 7-11　"转账"窗口

若凭证类别、制单日期和附单据数与实际情况略有出入，可直接在当前凭证上进行修改。

当确认系统显示的凭证与希望生成的转账凭证一致时，单击"保存"图标按钮，系统将当前凭证追加到未记账凭证中。

此外，如果用户使用了应收、应付子系统，那么总账系统中不能按客户、供应商进行结转，而应在相应的应收、应付子系统中进行月末结转。

二、生成对应结转的凭证

在图 7-10 所示对话框中选中"对应结转"选项，弹出"转账生成"对话框（二），如图 7-12 所示。

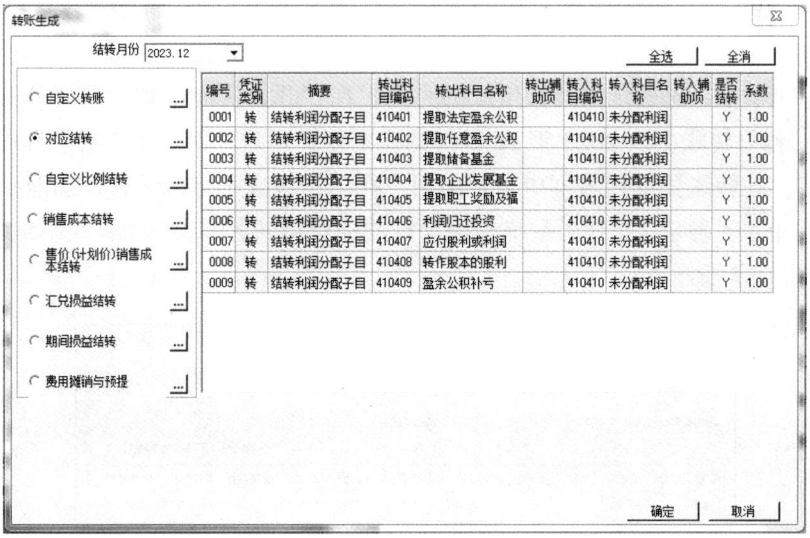

图 7-12　"转账生成"对话框（二）

在"结转月份"下拉列表框中选择结转年月，如 2023.12。在转账凭证列示框中列出用户在"对应结转设置"功能中设置的转账凭证。可双击各行的"是否结转"栏，则该行的转账凭证将变为灰色，表示已被选中。若要选择列表框中列出的所有转账凭证，则可单击"全选"按钮。

选择完成需结转的转账凭证后，单击图 7-12 中的"确定"按钮，系统将自动检查有无未记账凭证，若有未记账凭证，系统将出现提示。此时，用户应将未记账凭证进行记账，然后再继续进行自动转账的操作。

如果系统未检查到有未记账凭证，系统将根据用户设置的自定义结转内容编制转账凭证并取值，生成转账凭证。但如果系统检查到定义的对应结转凭证没有余额，则会出现提示对话框，如图 7-13 所示。

单击图 7-13 中的"确定"按钮，系统继续生成下一张转账凭证。

图 7-13　提示对话框

三、生成销售成本结转的凭证

在图 7-10 所示对话框中选中"销售成本结转"单选项，弹出"转账生成"对话框（三），如图 7-14 所示。

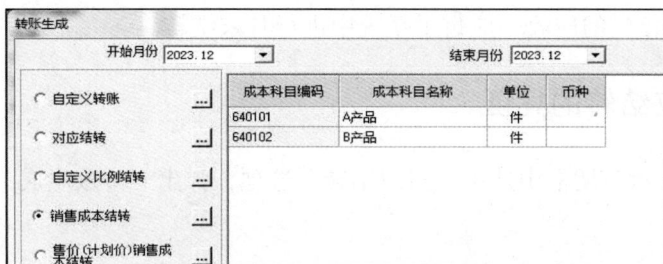

图 7-14　"转账生成"对话框（三）

在图 7-14 中，先确定需转账生成的月份，在"开始月份"和"结束月份"中分别选择年月。若只转账生成 2023 年 12 月份的，则在"开始月份"和"结束月份"均选择"2023.12"。在转账凭证列示框中，列出用户在"销售成本结转设置"功能中已定义的转账凭证，单击"确定"按钮，系统开始计算并进行结转，弹出"销售成本结转一览表"界面，如图 7-15 所示。

图 7-15　"销售成本结转一览表"界面

在图 7-15 的"销售成本结转一览表"界面中，显示销售成本试算表，金额栏为计算出的销售成本。单击"确定"按钮，系统将根据计算出的销售成本结果生成转账凭证，在"转账生成"对话框（三）中，可对摘要、科目名称和金额等项进行修改，然后单击"保存"按钮，系统将此张销售成本结转的凭证保存至未记账凭证中。

四、售价（计划价）销售成本结转凭证

在图 7-10 所示对话框中选中"售价（计划价）销售成本结转"单选项，弹出"转账生成"对话框（四），如图 7-16 所示。

图 7-16　"转账生成"对话框（四）

在图 7-16 所示对话框中，显示已定义的售价（计划价）销售成本结转的项目。单击"确定"按钮，系统将根据计算出的售价（计划价）销售成本的结果生成转账凭证。

五、生成汇兑损益结转的凭证

在图 7-10 所示对话框中选中"汇兑损益结转"选项，弹出"转账生成"对话框（五），如图 7-17 所示。

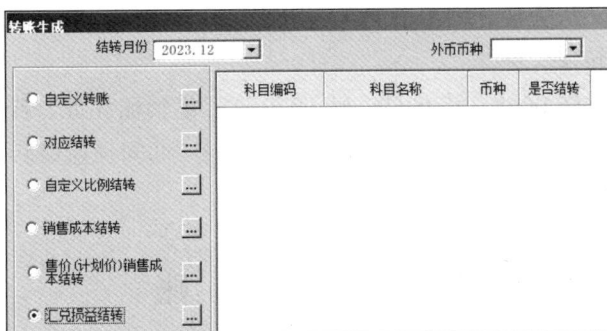

图 7-17　"转账生成"对话框（五）

在图 7-17 所示对话框中显示要计算汇兑损益的科目编码、科目名称、币种等信息。选择需要结转的科目，双击"是否结转"栏，表示该科目将执行结转。也可单击"全选"或"全消"按钮，则全部选择或全部取消要结转的凭证。另外，在"外币币种"下拉框

中选择相应的币种进行结转，为空时表示对所有币种进行结转。

选择完毕后，单击"确定"按钮，系统显示汇兑损益试算表。确定后，系统按计算结果生成转账凭证。

六、生成期间损益结转的凭证

在图 7-10 所示对话框中选中"期间损益结转"单选项，弹出"转账生成"对话框（六），如图 7-18 所示。

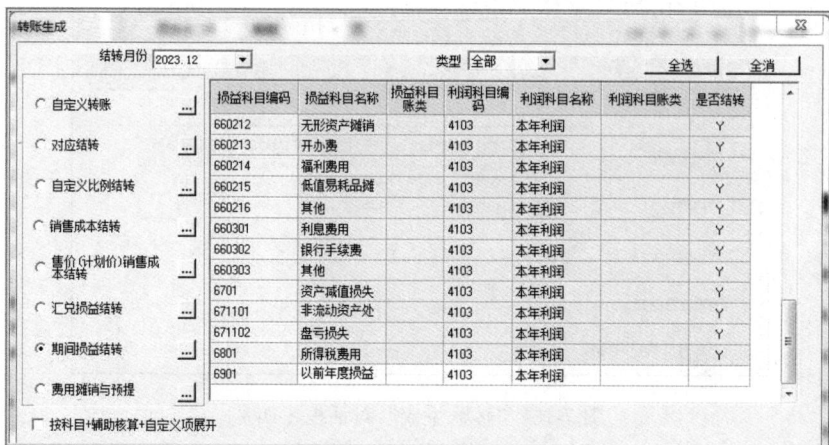

图 7-18 "转账生成"对话框（六）

在"结转月份"下拉列表框中，选择要进行期末损益结转的年月，如 2023.12；在"类型"下拉列表框的"全部""收入"和"支出"中选择其一，一般情况下，应分别按"收入"和"支出"进行转账生成。

在转账凭证列示框中，列示出用户在"期间损益结转设置"中设置的转账凭证。双击各行的"是否结转"栏，则该行的转账凭证将变为灰色，表示已被选中。若要选择列示框中列示的所有转账凭证，则单击"全选"按钮。选择后，单击"确定"按钮，系统将按计算结果生成转账凭证。

本书中山工厂的转 0068、转 0069、转 0070 这三笔转账凭证，若未在第四章的"填制凭证"功能中进行手工填制，也可在本章第一节的"期间损益结转"功能中进行转账定义，并在此处进行转账生成。

第三节　对　　账

对账在手工会计中是非常重要的一项工作，是将各类账簿的数据进行核对，以检查记账是否正确以及账簿是否平衡。它主要是通过核对总账与明细账、总账与部门账、总账与客户往来账、总账与供应商往来账、总账与个人往来账、总账与项目账等数据来完成账账核对。

一般来说，实现会计电算化后，只要记账凭证录入正确，计算机自动记账后各种账簿的数据都应是正确的、平衡的，但由于非法操作、计算机病毒以及其他原因，有时可能会造成某些数据被破坏，进而引起账账不符。用户应经常使用本功能进行对账，至少一个月一次，以保证账证相符、账账相符。对账工作应在月末结账前进行，在一个月内可执行多次。

选择"总账"→"期末"→"对账"项，弹出"对账"对话框，如图 7-19 所示。

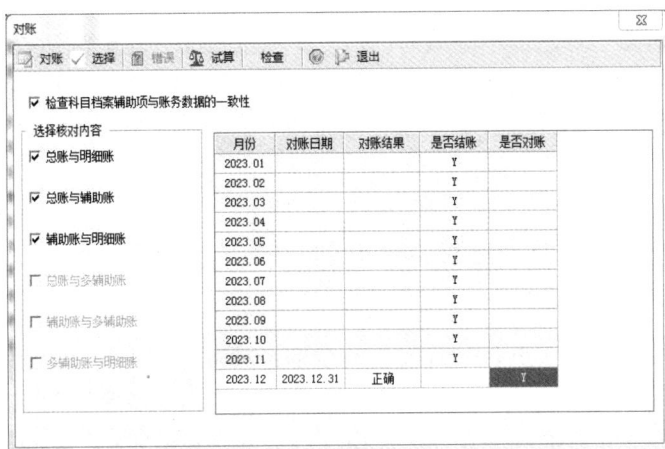

图 7-19　"对账"对话框

在图 7-19 中显示核对内容和对账的会计期间等信息。

在"是否对账"栏中，双击要进行对账的月份，或将光标移到要进行对账的月份，然后单击"选择"按钮，选择对账月份。

然后在"选择核对内容"中选择"总账与明细账"，或选择与其他辅助账进行核对。单击核对内容前面的复选框，选中的将显示"√"符号。

通常在进行对账前应先进行试算平衡检验。单击"试算"按钮，系统将进行试算，并弹出选定月份的"试算平衡表"界面，如图 7-20 所示。

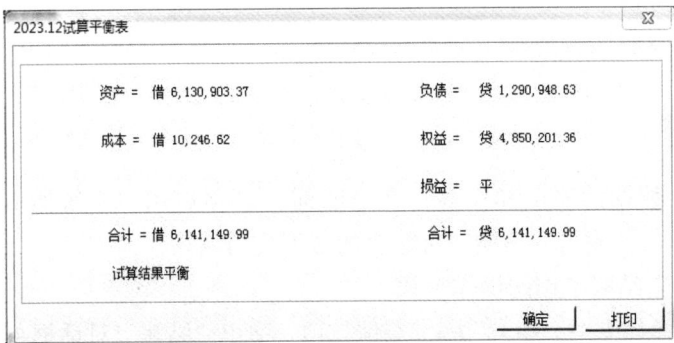

图 7-20　"试算平衡表"界面

在图 7-20 所示界面中，显示 2023 年 12 月期末余额的试算结果，单击"打印"按钮可打印出试算平衡表，单击"确定"按钮，则关闭"试算平衡表"界面，退至图 7-19 所示的"对账"对话框。

在图 7-19 所示对话框中单击"对账"按钮，系统开始自动对账，并在下方显示正在对账的内容以及对账的进度表。在对账过程中，再次单击"对账"按钮可停止对账。

对账结束后，若对账结果为账账相符，则在对账月份的"对账结果"栏显示"正确"。若对账结果为账账不符，则在对账月份的"对账结果"栏显示"错误"，单击"错误"按钮可查看引起账账不符的原因。

此外，在"对账"对话框中隐藏有"恢复记账前状态"功能激活操作。以账套主管（如 SYSTEM）身份登录"企业应用平台"，在此"对账"对话框中，按"Ctrl+H"键，将出现"恢复记账前状态功能已被激活"的提示，此时在"总账"→"凭证"中将显示"恢复记账前状态"功能，供用户进行恢复记账前状态操作。

第四节　结　账

在会计实务中，会计人员将某月发生的全部经济业务所取得的原始凭证，通过"填制凭证"功能编制成记账凭证，使用"审核凭证"和"出纳签字"功能对记账凭证进行审核，经过"记账"功能进行记账，生成会计报表并经检验正确后，就可调用本功能进行月末结账。

月末结账的意义在于要求用户结束当月记账凭证的输入，将日记账、明细账和总账的数据进行汇总结清，并将当月的月末余额结转至下月初，作为下月的月初余额。

此处所指的"月末结账"，未必一定在某月最后一天就要进行计算机结账，是指将某个月的账结清。因为系统允许用户跨月输入记账凭证。例如，如果企业至 9 月 30 日仍未能将 9 月份的全部经济业务编制成记账凭证，则可在 10 月初继续输入 9 月份的经济业务，若至 10 月 3 日才输完，则 9 月份的账可以在 10 月 3 日进行月末结账。

系统对结账工作有特别的要求：结账只能每月进行一次；上月未结账，则本月不能记账，但可以填制和审核凭证；上月未结账，则本月不能结账；本月还有未记账凭证时，则本月不能结账；若总账与明细账对账不符，则不能结账；已结账的月份不能再填制凭证；结账只能由有结账权的操作员进行操作。

一、月末结账

为确保会计数据的安全和完整，在结账前，必须启用"系统服务"→"系统管理"→"账套"→"输出"功能，对账套的数据先行备份。

下面介绍月末结账工作的操作步骤。

（1）选择"总账"→"期末"→"结账"项，弹出"结账"对话框（一），如图 7-21 所示。

（2）在图 7-21 中选择结账的月份。列出本年度的所有月份，并用"Y"符号表示已结转。单击要结账的月份，则选中的月份显示为蓝色宽带。

图 7-21 "结账"对话框（一）

（3）选择结账月份后，单击"下一步"按钮，弹出"结账"对话框（二），如图 7-22 所示。

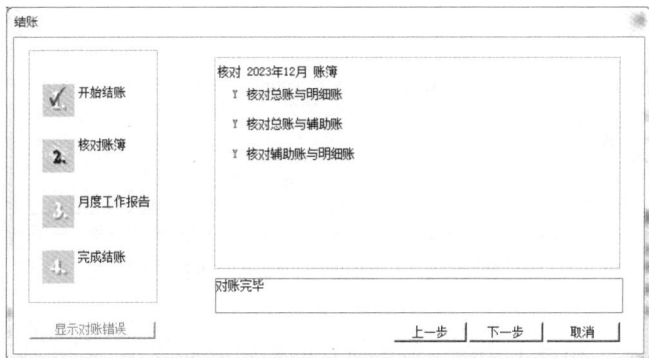

图 7-22 "结账"对话框（二）

（4）系统要求在结转前核对账簿。单击"对账"按钮，系统将自动进行对账，把总账与明细账、部门账、客户往来账、供应商往来账、个人往来账和项目账分别进行核对。

（5）自动对账完毕后，显示对账结果。若有错误，则单击"显示对账错误"按钮，可查看错误的记录。若对账正确，则"显示对账错误"按钮不可用。

（6）对账完成后，在结果报告栏中显示"对账完毕"，单击"下一步"按钮，弹出"结账"对话框（三），如图 7-23 所示。

图 7-23 "结账"对话框（三）

（7）在图7-23所示对话框中显示对账工作报表。报告的信息主要有：本月损益类未结转为零的一级科目数、本月账面试算平衡结果、本月账账核对结果、本月的凭证工作量、其他系统的结账状态等。

（8）若需打印工作报告单，则单击"打印月度工作报告"按钮，可将月度工作报告打印出来。

（9）在图7-23所示对话框中，单击"下一步"按钮，弹出"结账"对话框（四），如图7-24所示。单击"结账"按钮，若符合结账要求，系统将进行结账，否则不予结账。系统将快速地自动完成结账工作。

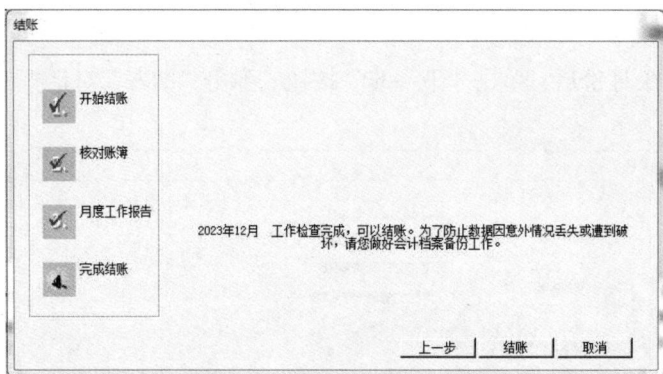

图7-24　"结账"对话框（四）

结12月份的账，相当于年终结账，需要的结账时间较长。结完12月份的账，系统自动产生下年度的空账，并将本年度各科目的年末余额自动结转至下年度，作为下年度的年初余额。

经过结账后产生的报表和打印的账册才是完整的。

二、取消结账

系统在进行月末结账处理后，若用户仍想取消结账操作，使系统恢复到未结账前的状态，则可通过系统提供的"取消结账"功能来实现。

账套主管才有权取消结账。

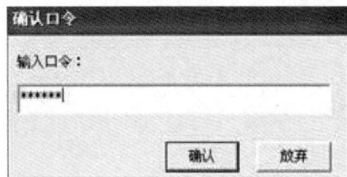

图7-25　"确认口令"对话框

以账套主管SYSTEM的身份进入到图7-21所示"结账"对话框（一），首先单击要取消结账的月份，然后按"Ctrl + Shift + F6"组合键（应是先按下"Ctrl"键和"Shift"键不放，然后再按下"F6"键）。弹出"确认口令"对话框，如图7-25所示。

在图7-25所示"确认口令"对话框中输入账套主管口令，单击"确认"按钮，系统将快速取消结账操作，使各种账簿记录恢复到未结账前的状态。

即测即练

自学自测　　扫描此码

第八章

报 表 系 统

实现会计电算化后，会计报表通过设置亦可实现自动生成。用户可在编制会计报表前，先定义好报表格式以及数据取数函数公式，计算机将根据用户定义的取数函数公式中特定的代码，在有关数据库中自动调用数据，并填入相应的位置，从而生成会计报表。

本章主要阐述用友 UFO 报表系统的基本构成、报表格式定义和制作、取数函数公式定义、审核公式定义、舍位平衡公式定义、报表生成、报表数据管理以及报表输出等内容。

第一节　报表系统概述

UFO 报表系统是用友软件通用的电子表格软件，自成模块，可以单独使用，也可与其他财务模块一起关联使用。单独运行 UFO 报表系统时，它就如同 Microsoft Excel 电子表格软件一样，可以处理日常办公事务，也可以完成表格制作、数据运算、图形分析等电子表格的所有功能。UFO 报表系统与总账系统等模块关联运行时，即可作为财务系统的通用会计报表系统使用，制作报表格式、数据运算，具有报表生成、报表输出、报表分析等功能。

一、报表系统的功能

UFO 报表系统是真正的三维立体表，具有实现四维处理的能力。可以按照不同用户的不同要求，自定义后生成报表。此外，对企业常用的一些会计报表，如资产负债表、利润表、利润分配表、所有者权益变动表等，可以利用系统提供的报表模板功能直接生成，对个别项目略加修改即可完成报表的制作过程，省去了自定义报表的烦琐。还可以对集团公司内部各单位的报表进行汇总和合并，也可以独立地编制现金流量表。UFO 报表系统可以完全满足企业编制各种会计报表的需要。

UFO 报表系统主要具有以下功能。

1. 文件管理功能

该系统提供了创建新文件、打开已有文件、关闭文件、保存和另存文件、文件口令、批命令、其他财务软件数据的导入和导出、报表页面设置、打印设置、打印预览、报表打印、退出报表系统等功能。

系统设计了标准财务数据的输入和输出接口，能方便地输入和输出相关报表的数据，提供了输出 UFO 报表文件（扩展名.rep）、文本文件（扩展名.txt）、数据库文件（扩展名.dbf）、Access 文件（扩展名.mdb）、MS Excel 文件（扩展名.xls）、LOTUS1-2-3（扩展名.wk4）等多种文件格式的报表。

2. 报表格式管理功能

该系统可以利用报表系统提供的表尺寸、行高、列宽、区域画线、单元属性、单元风格、组合单元、可变区设置、格式的锁定和解锁、套用格式、自定义模板、报表模板等功能，制作企业的各种报表格式，生成空白报表。

3. 数据处理功能

该系统可以设置和录入关键字；编辑单元公式、审核公式和舍位平衡公式；可对数据进行透视、排序、汇总、审核和舍位平衡；对报表进行初始化、整表重算、表页重算、表页不计算、数据采集，可以直接从账务等子系统中提取财务数据，生成会计报表等。

4. 图形和图表功能

该系统提供了强大的图形分析功能，采用"图文混排"进行图形数据处理。可以制作包括直方图、立体图、饼图、折线图等 10 种图式的分析图表。还可以编辑图形的位置、大小、标题、字体、字号、颜色等，并提供打印输出图形或图表功能。

5. 报表打印功能

该系统可以预览或打印输出会计报表、图形、图表以及插入对象等。打印时，可以设置会计报表的表头和表尾，可以打印格式或数据，可以在 0.3 倍至 3 倍之间任意显示和调整打印比例，可以实现横向或纵向打印等。

6. 提供二次开发功能

该系统提供了批命令和自定义菜单，能自动记录命令窗口中输入的多个命令，可将有规律性的操作过程编制成批命令文件。可以使用系统提供的自定义菜单功能，综合利用批命令，可以在较短的时间内，开发出本企业的专用电子报表系统，体现了行业特色。

二、报表系统的窗口组成

选择"企业应用平台"→"业务工作"→"财务会计"→"UFO 报表"选项，启动 UFO 报表系统，出现"UFO 报表"系统窗口，如图 8-1 所示。

在图 8-1 所示窗口中，单击"文件"菜单中的"新建"项，或者直接单击"新建"图标按钮，将出现"UFO 报表-[report1]"窗口，在标题栏中显示一个系统自动创建的名为"report1"的报表文件。

报表系统窗口由各个部件组成。下面介绍各个部件。

图 8-1 "UFO 报表"系统窗口

1. 标题栏

标题栏图标：

标题栏的左边标注 UFO 的版本号和正在打开的报表文件名。右边为最小化、最大化（还原）和关闭按钮。

2. 菜单栏

菜单栏图标：

菜单栏显示出 UFO 报表系统中的所有一级菜单功能项，包括文件、编辑、格式、数据、工具、窗口和帮助等。单击任一菜单名称，系统将下拉出其下属的二级菜单目录。

3. 编辑栏

编辑栏图标：

编辑栏用于编辑单元格的格式内容或数据内容。编辑栏左侧的显示框为名称框，用于显示当前选中区域，如 C8，是指第 8 行第 3 列的单元格。在"格式"状态下时，只显示选中区域的名称；在"数据"状态下时，显示选中区域的名称和表页号。

f_x 按钮用于定义单元公式； $\times$ 按钮表示放弃输入的内容； $\checkmark$ 按钮表示确认输入的内容。光标所在当前单元格中已有的内容将自动显示在右侧的编辑框中。

4. 常用工具栏

常用工具栏图标：

　　常用工具栏列出常用工具的功能按钮，单击常用工具栏中的功能按钮，可执行相应的命令。当鼠标移动到相应功能按钮上并稍作停留时，在该功能按钮下方将显示此功能按钮的简单提示，并在屏幕底部的"状态栏"中显示该功能按钮能够完成的功能说明。用鼠标拖动常用工具栏，可将其拖放至屏幕的任意位置。常用工具栏中功能按钮的含义如下。

　　▯ 创建一个新的报表文件；▱ 打开一个已有的文件；▤ 保存文件；▨ 打印预览，观看打印的效果；▤ 打印报表或图表；▨ 把选定内容剪切到剪贴板；▨ 把选定内容复制到剪贴板；▨ 把剪贴板的内容粘贴到指定区域；▨ 录入关键字的值；▨ 表页排序；▨ 可变区排序；▨ 向右求和；▨ 向下求和；▨ 插入图表对象；**P** 常用批命令；▨ 打开或关闭命令窗；▨ 在线帮助。

　　5. 格式工具栏

　　格式工具栏图标：▨▨▨▨▨▨▨▨▨▨▨▨▨▨▨▨▨

　　格式工具栏列出格式工具的功能按钮，单击格式工具栏中的功能按钮，可执行相应的命令。当鼠标移动到相应功能按钮上并稍稍停留时，在该功能按钮下方将显示此功能按钮的简单提示，并在屏幕底部的"状态栏"中显示此功能按钮能够完成的功能说明。用鼠标拖动格式工具栏，可将其拖放至屏幕的任一个位置。格式工具栏中功能按钮的含义如下。

　　▨ 字体的设置，常用字体有宋体、仿宋体、黑体、楷体等，通常情况下黑体用于标题，宋体用于正文；▨ 字号的设置，选择不同的字号值，则可设置字的大小；**B** 将选定区域内容的字体显示为粗体，以示强调；*I* 将选定区域内容的字体显示为斜体；**U** 将选定区域内容的字体加下画线；▨ 左对齐，将选定区域内容显示在单元格的左侧；▨ 居中，将选定区域内容显示在单元格的中间；▨ 右对齐，将选定区域内容显示在单元格的右侧；▨ 调整选定区域的行高；▨ 调整选定区域的列宽；▨ 给数值加千位分隔符；▨ 给数值加百分号；▨ 在数值前面加常用的货币符号；▨ 增加小数位数，每单击一次则增加一位小数位；▨ 减少小数位数，每单击一次则减少一位小数位。

　　6. 全选钮、行标、列标、当前单元和拆分钮

图标：

　　各项说明如下。

　　全选按钮：位于报表区域的最左上角。单击全选按钮之后，当前表页的所有单元全部变黑，表示全部被选中。

　　行标：对表页中行的标识，用数字 1、2、3、4…来表示。单击某行标，则该行变黑，表示选中该整行。在行标按钮上，用鼠标上下拖动，则被拖动的行变黑，表示选中一个多行区域。行标与行标之间为行高调节区，当鼠标移动至行高调节区时，会变为形

状 "‡"，此时上下拖动鼠标则可调整该行的行高。当行高调整为 0 时，这一行将被隐藏。把鼠标移动到有隐藏行的行标之间时，会变为形状 "‡"，拖动鼠标可重新拉出隐藏的行。

列标：对表页中列的标识，用 A、B、C、D…来表示。单击列标，则该列变黑，表示选中该整列。在列标按钮上，用鼠标左右拖动，则被拖动的列变黑，表示选中一个多列区域。列标与列标之间为列宽调节区，当鼠标移动至列宽调节区时，会变为形状 "╫"，左右拖动鼠标则可调整列宽。当列宽调整为 0 时，这一列将被隐藏。把鼠标移动到有隐藏列的列标之间时，会变为形状 "╫"，拖动鼠标可拉出隐藏的列。

当前单元：具有输入特性的单元称为当前单元，当前单元用加粗黑方框表示，是某行和某列的交汇区域，用"列标号+行标号"表示该单元。如 A1，表示第 A 列（即第 1 列）第 1 行的交汇单元格；D8，表示第 D 列（即第 4 列）第 8 行的交汇单元格。

拆分钮：拆分钮分为"水平拆分钮"和"垂直拆分钮"。"水平拆分钮" ▣▌位于当前表页的最右下角，当鼠标放置在该水平拆分▣▌上时，会变为形状 "╫"，拖动鼠标可以将窗口水平拆分为多个子窗口；"垂直拆分钮" ▤位于当前表页的最右下角，当鼠标放置在该垂直拆分钮▤上时，会变为形状 "‡"，拖动鼠标可以将窗口垂直拆分为多个子窗口。

7. "格式/数据"按钮

单击"格式/数据"按钮，可在"格式"状态和"数据"状态之间切换。"格式"状态下可进行格式定义而不显示数据；"数据"状态下则显示报表的数据，而不能进行格式的定义。

8. 页标

页标图标：▐◀│◀│▶│▶▌ 第1页 ╱ 第2页 ╲ 第3页 ╱

页标是表页在报表中的序号，只有单击"格式/数据"按钮进入"数据"状态，页标才能显示出来，"格式"状态下不显示页标。在表页的下方用"第 1 页"到"第 99999 页"来表示。建一个新文件时默认只有一张表页，页标为"第 1 页"。页标为白色时，表示这张表页为当前表页，相应的页号显示在编辑栏中的名称框中。若要对某张表页进行操作，首先要单击选中它的页标，使它成为当前表页。

9. 页标滚动按钮

页标滚动按钮图标：▐◀│◀│▶│▶▌

当表页数较大时，所有的页标不可能同时显示。使用页标滚动按钮，可将要找的表页的页标显示在屏幕上。单击页标滚动按钮时，页标随之移动，当前表页不变。

10. 水平滚动条

水平滚动条图标：│ │ ◀│　　　　　　　　　　　　　　　│▶│

水平滚动条的两端各有一个按钮，单击左向按钮可使屏幕显示表页左面的内容，单击右向按钮可使屏幕显示表页右面的内容。水平滚动条中有一个水平滚动块，把鼠标移至水平滚动块上，按住鼠标主按键（通常是左键）不放，并左右拖动水平滚动块，也可左右移动显示表页。

在"数据"状态下，把鼠标移动到水平滚动条左端的竖条上，鼠标变为形状"⫴"，按下鼠标主键（通常是左键）不放，并拖动鼠标，可以改变水平滚动条的长度。

11. 垂直滚动条

垂直滚动条的两端各有一个按钮，单击向上按钮可使屏幕显示表页上部的内容，单击向下按钮可使屏幕显示表页下部的内容。垂直滚动条中有一个垂直滚动块，把鼠标移至垂直滚动块上，单击鼠标主键（通常是左键）并上下拖动垂直滚动块，也可上下移动显示表页。

12. 状态栏

状态栏图标：准备   大写 数字

动态地显示操作时的相关信息内容，用户可据此提示信息了解操作内容。

三、基本概念

本章在阐述 UFO 报表系统过程中，将会使用到以下专用名词。

1. 单元

单元是组成报表的最小单位，单元名称由所在行号、列标组成。行号用数字 1~9999 表示，列标用字母 A~IU 表示。例如，D22 表示第 4 列第 22 行的单元。

2. 单元类型

单元类型是指该单元格内容的类型。在 UFO 报表系统中，主要有三种类型，分别是数值单元、字符单元和表样单元。

（1）数值单元：是报表的数据，应在"数据"状态下输入。数值单元的内容可以是任一 15 位以内的有效数字，数字可以直接输入，也可以由单元中存放的单元公式运算生成。建立一个新表时，所有单元的类型默认为数值。

（2）字符单元：是报表的数据，在"数据"状态下输入。字符单元的内容可以是汉字、字母、数字及各种键盘可输入的符号组成的一串字符，一个单元中最多可输入 255 个字符。字符单元的内容也可由单元公式生成。

（3）表样单元：是报表的格式，是定义一个没有数据的空表所需的所有文字、符号或数字。一旦单元被定义为表样，那么在其中输入的内容对所有表页都有效。表样应在"格式"状态下输入和修改，在"数据"状态下不允许修改。一个单元中最多可输入 255 个字符。

3. 组合单元

组合单元由相邻的两个或更多的单元组成，这些单元必须是同一种单元类型（数值、字符、表样等），UFO 报表系统在处理报表时将组合单元视为一个单元。可以组合同一行相邻的几个单元，可以组合同一列相邻的几个单元，也可以把一个多行多列的平面区域设为一个组合单元。组合单元的名称可以用区域的名称或区域中的单元名称来表示。

例如，把 A1 到 A3 定义为一个组合单元，这个组合单元通常可以用"A1:A3"来表示；又如，把 B2 到 B5 定义为一个组合单元，这个组合单元通常可以用"B2:B5"来表示；再如，把 A2、A3、A4、B2、B3、B4 定义为一个组合单元，这个组合单元是一个矩形区域，通常可以用"A2:B4"来表示。

4. 区域

区域由一张表页上的一组单元组成，自起点单元至终点单元是一个完整的长方形矩阵。在 UFO 报表系统中，区域是二维的，最大的区域是一个二维表的所有单元（整个表页），最小的区域是一个单元。

5. 表页

一个相同格式的报表会产生不同的数据，在 UFO 报表系统中可以将格式相同而数据不同的报表用表页的形式加以管理，把不同的数据存放在不同的表页里，并用一个文件名予以保存。一个 UFO 报表最多可容纳 99,999 张表页，每一张表页是由许多单元组成的。例如，2023 年各月的资产负债表，因结构和取数方式相同，而各月的数据不同，因此可用不同的表页来表示各月。将文件名命名为"2023 年资产负债表"，可将表页"第 1 页""第 2 页"…"第 12 页"分别改名为"1 月""2 月"…"12 月"，表示各月的资产负债表。

6. 二维表和三维表

（1）维：将确定某一数据位置的要素称为"维"。

（2）二维表：在一张有方格的纸上填写一个数，这个数的位置可通过行和列（二维）来描述。如果将一张有方格的纸称为表，那么这个表就是二维表，通过行（横轴）和列（纵轴）可以找到这个二维表中的任何位置的数据。

（3）三维表：如果将多个相同的二维表叠在一起，找到某一个数据需增加一个要素，即表页号（Z 轴）。这一叠表称为一个三维表。

（4）四维运算：如果将多个不同的三维表放在一起，要从这多个三维表中找到一个数据，又需增加一个要素，即表名。三维表中的表间操作即称为四维运算。

7. 固定区和可变区

固定区是行数和列数固定的区域。一旦设定好，在固定区内其单元总数是不变的。

可变区是屏幕显示的行数或列数是不固定的数目的区域，可变区的最大行数或最大列数是在格式设计中设定的。在一个报表中只能设置一个可变区，或是行可变区或是列可变区。行可变区是指可变区中的行数是可变的，列可变区是指可变区中的列数是可变的。设置可变区后，屏幕只显示可变区的第一行或第一列，其他可变行（列）隐藏在表体内。在以后的数据操作中，可变行（列）数随着用户的需要而增减。

有可变区的报表称为可变表。没有可变区的表称为固定表。

8. 关键字

关键字是游离于单元之外的特殊数据单元，可以唯一标识一个表页，用于在大量表页中快速选择表页。UFO 报表系统共提供了以下六个关键字，关键字的显示位置在"格式"状态下设置，关键字的值则在"数据"状态下录入，每个报表可以定义多个关键字。

（1）单位名称：字符型（最大 28 个字符），为该报表表页编制单位的名称。

（2）单位编号：字符型（最大 10 个字符），为该报表表页编制单位的编号。

（3）年：数字型（1980～2099），该报表表页反映的年度。

（4）季：数字型（1～4），该报表表页反映的季度。

（5）月：数字型（1～12），该报表表页反映的月份。

（6）日：数字型（1～31），该报表表页反映的日期。

9. 筛选

筛选是指在执行 UFO 命令或函数时，根据用户指定的筛选条件，对报表中每一个表页或每一个可变行（列）进行判断，过滤出符合筛选条件的表页或可变行（列）；不处理不符合筛选条件的表页或可变行（列）。

筛选条件分为表页筛选条件和可变区筛选条件。表页筛选条件需指定要处理的表页；可变区筛选条件需指定要处理的可变行或可变列。

筛选条件一般跟在命令、函数的后面，用"FOR ＜筛选条件＞"来表示。

10. 关联

UFO 报表中的数据有着特殊的经济含义，因此报表数据不是孤立存在的。在同一格式的报表中，不同表页（即各月）的数据或多个报表中的数据，可能存在着这样或那样的经济关系或勾稽关系。要根据这种关系，找到相关联的数据进行引用，就需要定义关联条件。UFO 报表在多个报表之间操作时，主要是通过关联条件来实现数据组织。

关联条件一般是跟在命令、函数的后面，用"RELATION ＜关联条件＞"来表示。如果有筛选条件，则关联条件应跟在筛选条件的后面。

四、报表的处理流程

在以下所述的报表处理步骤中，第一、二、四、七步是必需的，因为要完成一般的报表处理，一定要经过启动系统、建立新报表、设计格式、数据处理、退出系统这些基本过程。在实际应用时，具体的操作步骤应视情况而定。

第一步：运行"开始"→"程序"→"用友 U8 V10.1"→"企业应用平台"→"业务工作"→"财务会计"→"UFO 报表"，启动 UFO 报表系统，然后单击"文件"菜单中的"新建"项，建立一张新表。

第二步：运用"格式"和"编辑"菜单下的各个功能，设计报表的格式，形成一张空表。

第三步：运用"数据"菜单下的"编辑公式"等功能项，定义"单元公式""审核公式"和"舍位公式"等。

第四步：运用"数据"菜单下的"整表重算""表页重算""表页不计算""数据采集"等功能项，进行报表数据取数处理。

第五步：运用"工具"菜单下的"插入图表对象""图表窗口"等功能项，进行报表的图形处理。

第六步：运用"文件"菜单下的"页面设置""打印设置""打印预览""打印"和"数据套打"等功能项，打印输出报表。

第七步：运行"文件"菜单下的"退出"功能项，可退出 UFO 报表系统。

第二节　报表格式定义

报表格式定义是运用 UFO 报表系统的各种格式制作工具制作出空白报表。

定义报表格式可以有以下两种方法。

一种是自定义报表格式，指运用 UFO 报表系统提供的各种格式定义工具，如设置表尺寸、表格线、组合单元、单元属性、单元风格、输入文字等，由用户根据企业的报表格式自定义来完成。

另一种是调用 UFO 报表系统内置的报表模板，并对该模板进行小部分的修改，以符合用户的报表格式。

因本书是采用财政部颁布的最新《企业会计准则》和《企业会计准则——应用指南》中的报表格式和内容来编写的，其中的主要报表，如资产负债表、利润表、现金流量表和所有者权益变动表等的报表格式，与 UFO 报表系统内置的报表格式和内容存在较大的差异，如果调用该内置的报表模板进行修改，则修改的工作量较大，重新自定义报表格式可能会更快、更好些。因此，建议用户自行定义中山工厂的报表格式和内容。

下面分别介绍自定义报表格式和调用模板的方法。

一、自定义报表格式

根据财政部颁布的最新《企业会计准则》和《企业会计准则——应用指南》的规定，财务报表是对企业财务状况、经营成果和现金流量的结构性表述，至少应包括：资产负债表、利润表、现金流量表、所有者权益变动表和附注等。

本节主要介绍资产负债表和利润表的格式定义、公式定义、数据生成、数据管理等。

1. 资产负债表的格式自定义

本节定义的资产负债表格式，是根据财政部颁布的《企业会计准则第 30 号——财务报表列报》应用指南的格式和内容编制的。

中山工厂的资产负债表空表格式，如表 8-1 所示。表格左边数字为行，上边的英文字母为列，不用输入，供公式定义时单元格定位之用。

采用自定义方式设置资产负债表格式，使其可以在 A4 纸上横向打印出来。具体的操作步骤如下：

第一步：启动 UFO 报表系统

启动 UFO 报表系统，将显示如图 8-1 所示窗口。

表 8-1　资产负债表

会企 01 表

编制单位：中山工厂　　　　　　　2023 年 12 月 31 日　　　　　　　单位：元

	A	B	C	D	E	F
4	资　　　产	期末余额	年初余额	负债和所有者权益	期末余额	年初余额
5	流动资产：			流动负债：		
6	货币资金			短期借款		
7	交易性金融资产			交易性金融负债		
8	应收票据			应付票据		
9	应收账款			应付账款		
10	预付款项			预收款项		
11	应收利息			应付职工薪酬		
12	应收股利			应交税费		
13	其他应收款			应付利息		
14	存货			应付股利		
15	一年内到期的非流动资产			其他应付款		
16	其他流动资产			一年内到期的非流动负债		
17	流动资产合计			其他流动负债		
18	非流动资产：			流动负债合计		
19	可供出售金融资产			非流动负债：		
20	持有至到期投资			长期借款		
21	长期应收款			应付债券		
22	长期股权投资			长期应付款		
23	投资性房地产			专项应付款		
24	固定资产			预计负债		
25	在建工程			递延所得税负债		
26	工程物资			其他非流动负债		
27	固定资产清理			非流动负债合计		
28	生产性生物资产			负债合计		
29	油气资产			所有者权益（或股东权益）：		
30	无形资产			实收资本（或股本）		
31	开发支出			资本公积		
32	商誉			减：库存股		
33	长期待摊费用			盈余公积		
34	递延所得税资产			未分配利润		
35	其他非流动资产			所有者权益合计		
36	非流动资产合计					
37	资产总计			负债和所有者权益总计		

第二步：新建资产负债表的报表文件

在图 8-1 所示窗口中，单击"文件"菜单中的"新建"项或单击"新建" ▢ 按钮，建立一张新的报表，形成一个报表文件，文件名显示在标题栏中，为"report1"。

单击"保存"图标按钮，弹出"另存为"对话框，如图 8-2 所示。

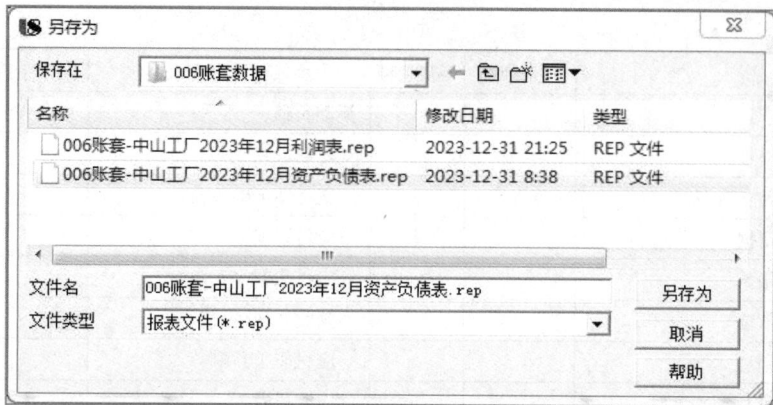

图 8-2　"另存为"对话框

在"保存在"下拉列表框中选择"D:\U8SOFT\UFO\006 账套数据"；"文件名"可将原来的"report1.rep"改为"006 账套-中山工厂 2023 年 12 月资产负债表.rep"；在"文件类型"中选定为"报表文件（*.rep）"；设定完成后，单击"另存为"按钮，系统将报表文件予以保存。

重要提示：在格式定义或编辑公式等操作过程中，请经常单击"保存"图标按钮，将新设置和录入的新内容予以保存，避免因计算机死机或断电等原因造成格式或数据的丢失。

第三步：设置资产负债表的表尺寸

设置表尺寸，是设置新建报表的行数和列数等。从表 8-1 中可以看出，资产负债表的表体部分共 34 行 6 列，表头部分占 3 行，则资产负债表所占的行列数共有 37 行 6 列。

单击"格式"菜单中的"表尺寸"项，弹出"表尺寸"对话框，如图 8-3 所示。

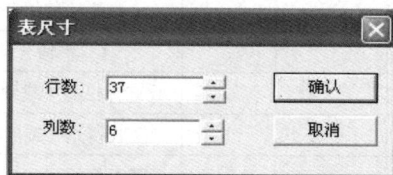

图 8-3　"表尺寸"对话框

输入资产负债表的行数为 37，列数为 6，输入完成后，单击"确认"按钮，则当前处理的资产负债表将按照设置的表尺寸 37 行 6 列显示。若要修改尺寸，重复以上操作即可。

在对表格定义过程中，单击"编辑"菜单中的相应项，可进行插入行或插入列、追加行或追加列、删除行或删除列、交换行或交换列等操作。

第四步：为资产负债表绘制表格线

经过第三步操作新建的报表格式是没有表格线的，要将表格线画上，则应通过"区域画线"功能来进行。

如前所述，资产负债表的行列数共有 37 行 6 列，其中表头部分占 3 行，表体部分占 34 行 6 列。在此就应对表体部分的 34 行 6 列画表格线。

在画表格线前，首先应将画线区域 A4:F37 选中，方法是先单击 A4 单元格，并按下鼠标左键不放，然后向右下角拖动鼠标，直至 F37 单元格时，松开鼠标左键，此时可看到 A4:F37 区域已被选中。

然后，单击"格式"菜单中的"区域画线"项，弹出"区域画线"对话框，如图 8-4 所示。

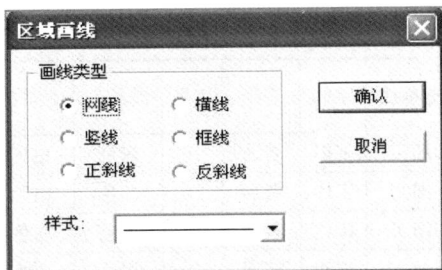

图 8-4 "区域画线"对话框

在图 8-4 所示对话框中，显示画线类型有网线、横线、竖线、框线、正斜线和反斜线，用户在此处可选择画线类型为"网线"，然后选择线条的样式为"细实线"，最后单击"确认"按钮，系统就将用户选定的 A4:F37 区域画上表格线。

第五步：设置资产负债表的单元属性

单元属性是指定义某单元格或某组单元格区域的单元类型、数字格式和边框线等选项。定义单元属性应在"格式"状态下，才能进行设置。方法是单击屏幕左下角的"格式/数据"按钮，使其显示为"格式"状态。

首先，应选取要设置单元属性的区域，作为设置单元属性的对象。

然后，单击"格式"菜单中的"单元格属性"项，弹出"单元格属性"对话框，如图 8-5 所示。

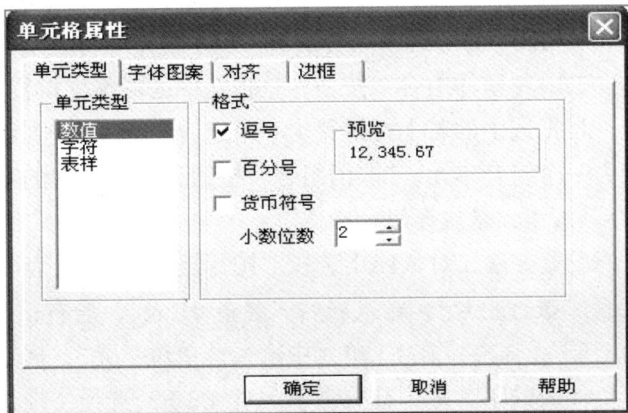

图 8-5 "单元格属性"对话框

在图 8-5 所示对话框中可设置选定单元格的单元类型、字体图案、对齐和边框等。

"单元类型"选项卡：根据选定单元的类型，在数值、字符、表样 3 个选项中选择其中一项。对数值类型的"格式"选框，还可设置逗号、百分号、货币符号和小数位数等。

"字体图案"选项卡：可设置字体、字形、字号和颜色等。

"对齐"选项卡：可对文字的水平方向和垂直方向进行设置。

"边框"选项卡：可对表格的边框线和线型粗细进行设置。

中山工厂资产负债表的单元属性设置值，如表 8-2 所示。

表 8-2 中山工厂资产负债表的单元属性设置值

单元区域	单元类型	逗号	小数位数	边框线	字体	字形	字号	前景色	背景色	图案	水平方向	垂直方向	折行显示
A4:A37	表样	不选	0	细实	宋体	普通	10	黑色	白色	空白	居左	居中	不选
B6:C37	数值	选中	2	细实	宋体	普通	10	黑色	白色	空白	居右	居中	不选
D4:D37	表样	不选	0	细实	宋体	普通	10	黑色	白色	空白	居左	居中	不选
E6:F37	数值	选中	2	细实	宋体	普通	10	黑色	白色	空白	居右	居中	不选

第六步：输入资产负债表单元格的文字内容

（1）输入资产负债表的表头部分内容。输入表名。将 A1:F1 单元区域选中，单击"格式"菜单中的"组合单元"项，弹出"组合单元"对话框，如图 8-6 所示。

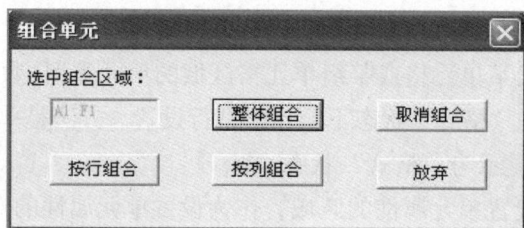

图 8-6 "组合单元"对话框

在图 8-6 所示对话框中设置或取消组合单元，与电子表格 Microsoft Excel 中的单元格"合并"功能基本相同。在"选中组合区域"显示框中，将显示已选取的单元区域 A1:F1。有多种组合方式："整体组合"按钮，是把选中区域整体设置为一个组合单元；"按行组合"按钮，是把选中的若干行设置为一个组合单元；"按列组合"按钮，是把选中的若干列设置为一个组合单元；"取消组合"按钮，是把选中的组合单元恢复为原单一单元格；"放弃"按钮，是放弃组合操作。

根据单元组合的设置方法，对 A1:F1 选择"按行组合"，输入表名"资产负债表"，居中；对 A2:F2 选择"按行组合"，输入表名"会企 01 表"，居右；在 A3 单元中输入"编制单位：中山工厂"，居左；在 F3 单元中输入"单位：元"，居右。

（2）设置资产负债表的年、月、日关键字。对 B3:E3 选择"按行组合"后，设置年、月、日关键字。

UFO 报表系统共提供了 6 个关键字和一个自定义关键字。关键字应在"格式"状态下设置，关键字的值应在"数据"状态下录入，每个报表可以定义多个关键字。关键字可以根据录入值的不同而变动。

单击屏幕左下角的"格式/数据"按钮，进入"格式"状态。

首先单击设置关键字的单元格，然后选择"数据"→"关键字"→"设置"项，弹出"设置关键字"对话框，如图 8-7 所示。

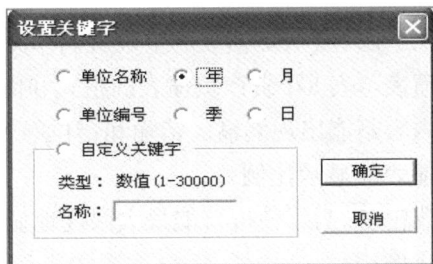

图 8-7　"设置关键字"对话框

在图 8-7 所示对话框中，显示有单位名称、单位编号、年、季、月、日等 6 个关键字和 1 个自定义关键字选项。

关键字应分别进行单项设置，即一次操作只能定义一个关键字，重复操作可定义多个关键字。选取了关键字并单击"确定"按钮后，则在选定的单元格中设置的关键字名称显示为红色。

若要取消关键字，则单击"数据"→"关键字"→"取消"项，弹出"取消关键字"对话框，选取要取消的关键字，单击"确定"按钮后，该关键字被取消。

关键字设置之后，可以移动关键字在单元中的左右位置。单击"数据"→"关键字"→"偏移"项，弹出"定义关键字偏移"对话框，如图 8-8 所示。可输入关键字的偏移量。单元偏移量的范围是"–300 至 300"，负数表示向左偏移，正数表示向右偏移。

需要注意的是，每个关键字只能定义一次，第二次定义一个已经定义的关键字时，系统自动取消该关键字第一次的定义；每个单元中可以设置多个关键字，其显示位置由单元偏移量控制。

用户应设置中山工厂资产负债表的"年""月""日"关键字，偏移值分别为"–230""–200"和"–170"，这样定义的年、月、日位置较为合适。

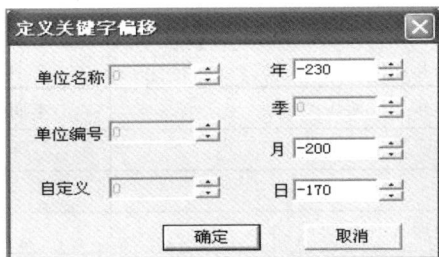

图 8-8　"定义关键字偏移"对话框

（3）输入资产负债表的表体文字内容。根据表 8-1 的文字内容，逐一输入至对应的单元格中，做到相同格式、相同内容。

在输入表体内容过程中，可调整列的宽度。若第 A 列的宽度不够时，则可将鼠标置于第 A 列与第 B 列的列标交界处，此时鼠标变为形状"↔"，然后向右拖动鼠标，可增加第 A 列的宽度。同样，若要减少第 B 列的宽度，则可将鼠标置于第 B 列与第 C 列的列标交界处，此时鼠标变为形状"↔"，然后向左拖动鼠标，可减少第 B 列的宽度。其他各列宽度的调整方法同理。

经过前面六个步骤，中山工厂资产负债表的空表就制作完成了。此时用户应把 UFO 报表系统中制作的资产负债表与表 8-1 资产负债表的格式和内容进行认真核对，应保证两者一致，保证单元格的内容不能出现漏输、错输和错位等现象。

第七步：设置资产负债表的显示比例

因为资产负债表的列数较多，为了使屏幕能最大限度地显示资产负债表全部列的内容，可适当地调整其显示比例。

在"格式"状态下，单击"工具"菜单中的"显示比例"项，弹出"显示比例"对话框，如图 8-9 所示。在"显示比例"处输入"95"，单击"确认"按钮，则报表按照 95% 的比例显示。

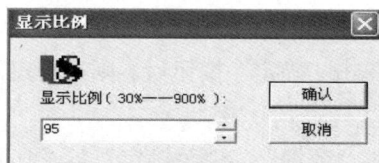

图 8-9 "显示比例"对话框

2. 利润表的格式自定义

本节定义的利润表格式，是根据财政部颁布的《企业会计准则第 30 号——财务报表列报》应用指南的格式和内容而编制的（注：若是年度利润表，表中的"本年金额"应改为"上期金额"）。中山工厂的利润表空表格式如表 8-3 所示。表格左边数字为行，上边的英文字母为列，不用输入，供公式定义时单元格定位之用。

表 8-3 利 润 表

会企 02 表

编制单位：中山工厂 2023 年 12 月 单位：元

	A	B	C
	项　　目	本期金额	本年金额
4			
5	一、营业收入		
6	减：营业成本		
7	营业税金及附加		
8	销售费用		
9	管理费用		

续表

	项　目	本期金额	本年金额
10	财务费用		
11	资产减值损失		
12	加：公允价值变动收益（损失以"–"号填列）		
13	投资收益（损失以"–"号填列）		
14	其中：对联营企业和合营企业的投资收益		
15	二、营业利润（亏损以"–"号填列）		
16	加：营业外收入		
17	减：营业外支出		
18	其中：非流动资产处置损失		
19	三、利润总额（亏损总额以"–"号填列）		
20	减：所得税费用		
21	四、净利润（净亏损以"–"号填列）		
22	五、每股收益：		
23	（一）基本每股收益		
24	（二）稀释每股收益		

采用自定义方式定义利润表格式，使其可以在 A4 纸张以竖式打印出来。

利润表的格式定义，用户可比照资产负债表的格式定义方法，设置利润表的表尺寸、画表格线、单元属性、输入文字内容、输入关键字等。在此将利润表作为用户自行练习的报表，格式定义过程不再详述，请用户自行定义。

3. 现金流量表的格式定义

本节定义的现金流量表格式，是根据财政部颁布的《企业会计准则第 31 号——现金流量表》应用指南的格式和内容编制的。中山工厂的现金流量表空表格式，如表 8-4 所示。

表 8-4　现金流量表

会企 03 表

编制单位：　　　　　　　　　年　月　　　　　　　　单位：元

项　目	本期金额	上期金额
一、经营活动产生的现金流量：		
销售商品、提供劳务收到的现金		
收到的税费返还		
收到其他与经营活动有关的现金		
经营活动现金流入小计		
购买商品、接受劳务支付的现金		
支付给职工以及为职工支付的现金		
支付的各项税费		
支付其他与经营活动有关的现金		
经营活动现金流出小计		

续表

项　目	本期金额	上期金额
经营活动产生的现金流量净额		
二、投资活动产生的现金流量：		
收回投资收到的现金		
取得投资收益收到的现金		
处置固定资产、无形资产和其他长期资产收回的现金净额		
处置子公司及其他营业单位收到的现金净额		
收到其他与投资活动有关的现金		
投资活动现金流入小计		
购建固定资产、无形资产和其他长期资产支付的现金		
投资支付的现金		
取得子公司及其他营业单位支付的现金净额		
支付其他与投资活动有关的现金		
投资活动现金流出小计		
投资活动产生的现金流量净额		
三、筹资活动产生的现金流量：		
吸收投资收到的现金		
取得借款收到的现金		
收到其他与筹资活动有关的现金		
筹资活动现金流入小计		
偿还债务支付的现金		
分配股利、利润或偿付利息支付的现金		
支付其他与筹资活动有关的现金		
筹资活动现金流出小计		
筹资活动产生的现金流量净额		
四、汇率变动对现金及现金等价物的影响		
五、现金及现金等价物净增加额		
加：期初现金及现金等价物余额		
六、期末现金及现金等价物余额		

　　现金流量表的格式定义，用户可比照资产负债表的格式定义方法，设置现金流量表的表尺寸、画表格线、单元属性、输入文字内容、输入关键字等。在此将现金流量表作为用户自行练习的报表，格式定义过程不再详述，请用户自行定义。若上机课时不够，可作为课外练习的内容。

　　4. 所有者权益变动表的格式定义

　　本节定义的所有者权益变动表格式，是根据财政部颁布的《企业会计准则第 30 号——财务报表列报》应用指南的格式和内容而编制的。中山工厂的所有者权益变动表空表格式，如表 8-5 所示。

表 8-5 所有者权益变动表

会企 04 表

编制单位：中山工厂　　　　　　　　　　　年度　　　　　　　　　　单位：元

项　目	本年金额						上年金额					
	实收资本（或股本）	资本公积	减:库存股	盈余公积	未分配利润	所有者权益合计	实收资本（减股本）	资本公积	减:库存股	盈余公积	未分配利润	所有者权益合计
一、上年年末余额												
加：会计政策变更												
前期差错更正												
二、本年年初余额												
三、本年增减变动金额（减少以"–"号填列）												
（一）净利润												
（二）直接计入所有者权益的利得和损失												
1. 可供出售金融资产公允价值变动净额												
2. 权益法下被投资单位其他所有者权益变动的影响												
3. 与计入所有者权益项目相关的所得税影响												
4. 其他												
上述（一）和（二）小计												
（三）所有者投入和减少资本												
1. 所有者投入资本												
2. 股份支付计入所有者权益的金额												
3. 其他												
（四）利润分配												
1. 提取盈余公积												
2. 对所有者（或股东）的分配												
3. 其他												
（五）所有者权益内部结转												
1. 资本公积转增资本（或股本）												
2. 盈余公积转增资本（或股本）												
3. 盈余公积弥补亏损												
4. 其他												
四、本年年末余额												

　　所有者权益变动表的格式定义，用户可比照资产负债表的格式定义方法，设置所有者权益变动表的表尺寸、画表格线、单元属性、输入文字内容、输入关键字等。在此将所有者权益变动表作为用户自行练习的报表，格式定义过程不再详述，请用户自行定义。

若上机课时不够，可作为课外练习的内容。

二、使用报表模板定义报表格式

为了提高制表的速度，可以调用系统的报表模板，并对其进行适当的修改。

UFO 报表系统提供的报表模板包括了 19 个行业的 70 多张标准财务报表（包括现金流量表），也可以包含用户自定义的模板。用户可以根据所在行业挑选相应的报表模板，套用其格式及计算公式。

在图 8-1 所示窗口中，单击"文件"菜单中的"新建"项或单击"新建" 按钮，建立一张新的报表，形成一个报表文件。

调用报表模板应在"格式"状态下进行。

单击"格式"菜单中的"报表模板"项，弹出"报表模板"对话框，如图 8-10 所示。

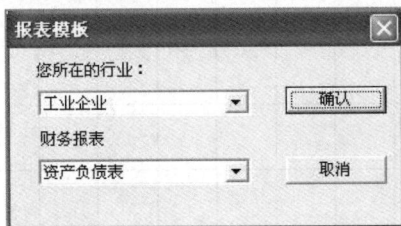

图 8-10 "报表模板"对话框

在"您所在的行业"下拉列表框中选择行业，如"工业企业"；在"财务报表"下拉列表框中选择报表名称，如"资产负债表"。单击"确认"按钮后，系统即生成一张预置的资产负债表空表。

注意：当前报表套用标准财务报表模板后，同名报表的原有内容将丢失。

在已生成的报表上，对格式、文字和报表公式等不当之处进行修改并保存。

如果对报表的格式不满意，可以通过"套用格式"功能来变换报表的格式。方法是：单击"格式"菜单中的"套用格式"项，弹出"套用格式"对话框，如图 8-11 所示。

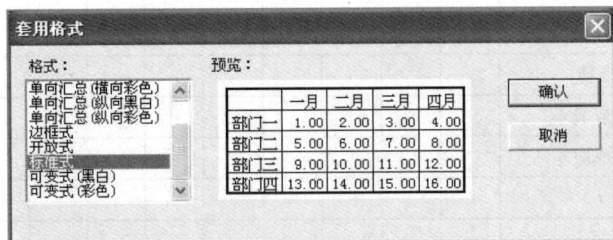

图 8-11 "套用格式"对话框

在"格式"列表框中，系统提供了多种格式供用户选择。用户可根据自己的意愿进行选择，并在"预览"框中显示选中格式的表样。完成后单击"确认"按钮，系统即将原来的报表格式套用为用户选择的报表格式。

三、自定义报表模板

可以将已编制完成的报表格式、文字内容和取数函数公式等，通过"自定义模板"功能，加入到系统提供的模板库内，也可以根据本行业的特点，增加或删除各行业及其内置的模板。

在使用"自定义模板"功能前，应先按本节中阐述的方法，自定义好某报表的格式、文字和取数函数公式等内容。

自定义报表格式、文字和取数函数公式后，单击"格式"菜单中的"自定义模板"项，弹出"自定义模板"对话框（一），如图 8-12 所示。

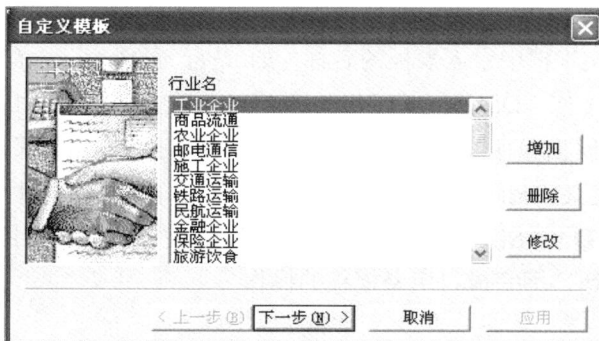

图 8-12 "自定义模板"对话框（一）

若在"行业名"列表框中尚无用户需要的行业名称，则单击"增加"按钮，弹出"定义模板"对话框，在文本框中输入模板所属的行业名称（也可以是单位名称）。输入完成后该行业名称将被加入到"自定义模板"对话框的"行业名称"列表框中。然后选择一个行业名称，单击"下一步"按钮，弹出"自定义模板"对话框（二），如图 8-13 所示。

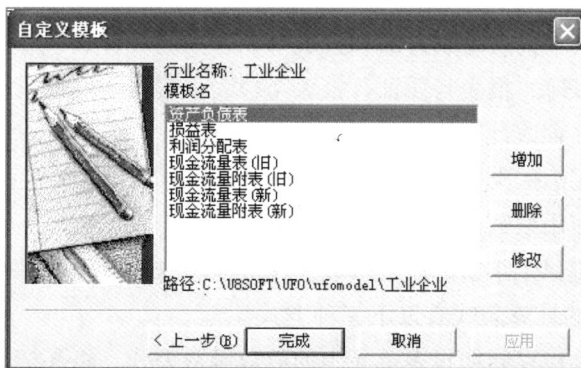

图 8-13 "自定义模板"对话框（二）

单击模板名，也可单击"增加"按钮添加一条新报表名称，弹出"添加模板"对话框，如图 8-14 所示。

图 8-14 "添加模板"对话框

在"模板名"文本框中录入模板的名称（如"资产负债表"），在"查找范围"处录入模板保存的路径（如"D:\U8SOFT\UFO\ufomodel\工业企业\"），也可以单击"浏览"图标按钮，以确定模板保存的路径。单击"添加"按钮后，自定义的模板则加入到如图 8-13 所示"自定义模板"对话框中的"模板名"列表框内，同时，在列表框下，将自动标记模板路径 D:\U8SOFT\UFO\ufomodel\工业企业。最后，在图 8-13 所示对话框中单击"完成"按钮，即完成自定义模板的操作。

第三节　报表公式定义

通过本章第二节的操作，在 UFO 报表系统中已生成资产负债表、利润表、现金流量表、所有者权益变动表等的空表。这是没有数据的空表，其数据仍需经过本节介绍的报表公式定义而取得。

财务软件中的会计报表数据是不能像手工会计那样由用户在当前屏幕报表的相应表格位置中直接输入的，而应由用户对报表表体中的每一报表单元分别进行取数函数公式定义后，最后由报表系统自动在有关数据库中取得数据，并填入指定的单元中产生的。

报表公式就是表示报表编制方法和报表审核方法的一种数学表达式。报表公式定义了用户根据报表与账簿、报表与凭证、报表与报表、报表与其他系统模块之间的关系，定义取数函数公式并存入计算机的过程。

报表公式只需在第一次使用报表系统、编制取数函数公式时定义一次，以后各月编制报表时，可反复使用取数函数公式进行报表生成。

UFO 报表系统提供了丰富的取数函数公式，可以完成所有报表数据取数的计算要求。

UFO 报表系统的计算公式有以下三种方式。

一是单元公式，指存储在报表单元中的取数函数公式，将光标置于某一单元格时，按"="键即可进行单元公式的定义。

二是命令窗口中的计算公式，指在命令窗口中一条一条地输入计算公式，计算公式输入完成后，按"Enter"键将开始取数的计算。

三是批命令中的计算公式，是指在批命令（SHL 文件）中一次性地输入完计算公式，在执行批命令时，系统将这些计算公式批量地运行计算。

在计算公式中，可以取本表页中的数据，也可以取其他表页中的数据，还可以取其他报表中的数据。例如，从几张基础数据表中分别提取数据，在计算后形成报表分析表等。

在 UFO 报表中，除了可以从总账系统中提取数据外，还可以利用取数函数公式，提取应收、应付、工资、固定资产、资金管理、采购、存货、库存、销售、成本等系统模块中的数据。

UFO 报表系统采用了用友 U8 管理软件的报表计算公式的"应用服务"，其主要特点如下所述。

一是实现了各子系统数据的无缝链接：UFO 报表软件的各个子系统模块能紧密地结合在一起，可以看作一个整体系统。运行 UFO 报表系统的业务函数，可以从各个子系统模块中提取数据。

二是有丰富的取数函数：取数函数有 210 个，其中总账函数（账务函数）44 个、应收应付函数 8 个、工资函数 8 个、固定资产函数 7 个、采购函数 32 个、存货函数 11 个、库存函数 31 个、销售函数 39 个、成本函数 9 个、结算中心函数 2 个、财务预算函数 1 个、项目管理函数 18 个。

三是取数函数公式设置简单：定义复杂的取数函数公式时，可以启用"函数向导"，根据"函数向导"的提示进行设置。并且，UFO 报表系统采用了自动化技术，当一个子系统模块被安装后，UFO 自动将该子系统模块相应的应用函数加入到 UFO 函数向导中。例如，用户安装了总账系统和应收、应付子系统，则总账函数、应收函数、应付函数将会自动加入到 UFO 函数向导中。

四是取数速度快：当启用数据运算功能时，系统将根据用户定义的取数函数公式和内容，在指定的数据库中自动取得数据，大量数据可以在短时间内获取。

五是可以跨年度取数：UFO 报表系统可以让用户在取数函数公式中，直接定义取数的年度，实现了任意年度取数。例如，取数公式：A5=QC（"1001"，"月"，借,006,2022）、A6=QC（"1001"，"月",借,006,2023），其中的"2022"和"2023"是指取数的年度，UFO 系统将分别在 2022 年和 2023 年中取数。

六是设置了"计算时提示选择账套"功能，使取数函数公式可以简写。用户启用"计算时提示选择账套"功能，可以设置任意一个经常使用的账套号和会计年度。

UFO 报表系统的公式主要有三种，一是单元公式，二是审核公式，三是舍位平衡公式。下面将对其分别阐述。

一、单元公式

单元公式是指为报表单元赋值的公式，利用它可以将单元赋值为数值，也可以赋值为字符。对于需要从报表本身或其他模块，如总账、工资、固定资产、成本等模块中取数，以及报表中的小计、合计、总计等数据的单元，都可以利用单元公式进行取数。

与手工编制报表一样，财务软件编制报表的数据主要来自以下 5 种渠道：一是从账簿上取得，如取自某科目的期初期末余额、本期发生额等；二是在有关凭证中取得；三是从本报表的某行某栏中取得；四是从其他报表中取得；五是系统不能自动生成、需由用户手工输入的常数。

根据报表数据来源的渠道，设计了以下几类报表取数函数公式：账务取数函数公式、本表本页取数函数公式、本表其他页取数函数公式和其他报表取数函数公式等。

1．取数函数公式的格式

（1）账务取数函数公式。详见第七章第一节"账务取数函数公式格式"的相关内容，在此不再复述。

（2）本表本页取数函数公式。在报表中的小计、合计、总计等，其汇总的数据均来自本表本页的若干数据。

本表本页取数函数公式的格式如下。

数据合计：　PTOTAL( )

平均值：　　PAVG( )

计数：　　　PCOUNT( )

最大值：　　PMAX( )

最小值：　　PMIN( )

方差：　　　PVAR( )

偏方差：　　PSD( )

式中，应在括号中标上汇总数据源的某单元或单元区域。

例如，资产负债表中"流动资产年初数小计"的取数函数公式：B17=PTOTAL(B6:B16)，表示流动资产年初数小计，是将资产负债表本表本页中的 B6、B7、B8、B9、B10、B11、B12、B13、B14、B15、B16 的单元值汇总得到的。

（3）本报表其他表页的取数函数公式。对于取自本表其他表页的数据，可以利用某个关键字作为表页定位的依据，或者直接以页标号作为定位依据，指定取某张表页的数据。

本报表其他表页取数函数公式的格式：

SELECT( )

例 1：C1 = SELET(C2,月@=月–1)，表示 C1 单元的数据取自本表上个月 C2 单元的数据。

例 2：C1 = C2@2，表示 C1 单元的数据取自本报表第 2 张表页 C2 单元的数据。

例 3：C = (D@1/E@5)*123.4 FOR 年 = 2023，表示令"年"关键字为"2023"的各页 C 列值取第 1 页 D 列值与第 5 页 E 列值的商乘以 123.4。

（4）其他报表取数函数公式。有些数据取自其他报表的某个单元格或单元格区域，则采用此函数公式。

其他报表取数函数公式的格式：

目标区域="其他表名"[.rep]->单元（或单元区域）[@表页]

例 1：E34=利润表.rep->B21，表示月度资产负债表的"未分配利润"E34 单元的数据，取自利润表的"净利润的本期金额"B21 单元的数据。

例 2：D5="A"->D6@5，表示本表页 D5 单元的值等于 A 表第 5 页中 D6 单元的值。

例 3：D5="A"->D6 FOR ALL，表示本表各页 D5 单元的值等于 A 表各页 D6 单元的值。

例 4：C5="A"->C1@2+"B"->C3@4，表示本表所有表页 C5 单元的值等于 A 表第 2 页中 C1 单元的值与 B 表第 4 页中 C3 单元的值。

例 5：C5="A"->C1@1+C2@2，表示本表所有表页 C5 单元的值等于 A 表第 1 页中 C1 单元的值与本表第 2 页中 C2 单元的值之和。

例 6：D5="A"->H3@4/"B"->E5@6 FOR C1>0，表示本表 C1>0 的表页 D5 单元的值等于 A 表第 4 页中 H3 单元的值与 B 表第 6 页中 E5 单元的值之商。

2. 定义单元公式

运用上述的取数函数，可以定义报表各个单元的取数公式。单元公式的定义方法主要有两种，一种是直接输入法，另一种是函数向导输入法。

（1）直接输入法。直接输入法是直接输入该单元的取数函数公式。要求用户对上述各类取数函数较为熟悉，并对会计报表的编制原理和方法均较为熟悉的情况下直接输入各单元的取数函数公式，此方法定义的速度较快。

① 资产负债表取数函数公式的直接输入方法。启动 UFO 报表系统，打开在上一节中定义好的资产负债表格式。

定义单元公式应在"格式"状态下进行。

有三种方式可以进入单元公式的编辑状态：一是单击要定义单元公式的单元格，然后按"="键；二是单击某单元格后再单击 *fx* 按钮；三是单击某单元格后再单击"数据"→"编辑公式"→"单元公式"项，均会弹出如图 8-15 所示的"定义公式"对话框。

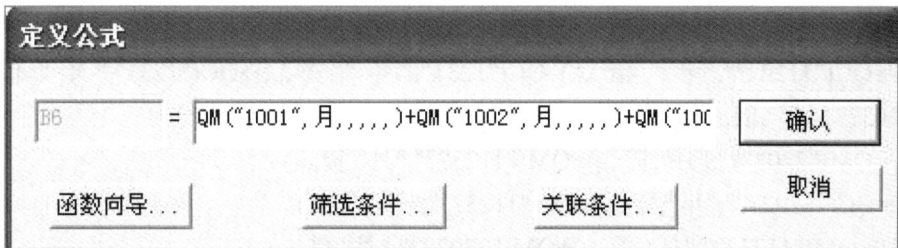

图 8-15 "定义公式"对话框

例如，单击 B6 单元格，然后按"="键，或单击 B6 单元格后再单击 *fx* 按钮，弹出"定义公式"对话框。

在图 8-15 所示对话框中，左上角为单元地址框，显示正在定义公式的所在单元地址 B6。中上部位为单元公式输入框，用户可在此处直接输入该单元的取数函数公式。"函数向导"按钮可以让系统引导用户对单元取数函数公式的定义，"筛选条件"按钮由系统引导用户设置筛选条件，"关联条件"按钮由系统引导用户设置关联条件。

采用直接输入法时，通常要求用户在半角状态下在公式输入框内直接输入该单元的取数函数公式，然后单击"确认"按钮，完成该单元取数函数公式的输入，并关闭图 8-15 所示对话框。然后选择其他单元，重复上述步骤输入其他取数函数公式。

　　本节给出了资产负债表的单元取数函数公式，以供用户参考。这些取数函数公式已由作者输入至资产负债表的对应单元中，并经计算，结果检验正确，用户可参照输入。注意：取数函数公式中不应含有空格，所有字符均在半角状态（即英文状态）下输入。

　　取数函数公式输入完毕后，单击"文件"菜单中的"保存"项，系统将报表公式保存在"资产负债表.rep"文件中。为防止因软件故障或计算机死机等原因造成数据丢失，建议用户在输入取数函数公式过程中经常进行保存。

资产负债表取数函数公式

B6=QM("1001","月",,,,,)+QM("1002","月",,,,,)+QM("1012","月",,,,,)

C6=QC("1001","年",,,,,)+QC("1002","年",,,,,)+QC("1012","年",,,,,)

E6=QM("2001","月",,,,,)

F6=QC("2001","年",,,,,)

B7=QM("1101","月",,,,,)

C7=QC("1101","年",,,,,)

E7=QM("2101","月",,,,,)

F7=QC("2101","年",,,,,)

B8=QM("1121","月",,,,,)

C8=QC("1121","年",,,,,)

E8=QM("2201","月",,,,,)

F8=QC("2201","年",,,,,)

B9=QM("1122??","月",借,,,,)–QM("1231","月",贷,,,,)+QM("1231","月",借,,,,)+QM("2203??","月",借,,,,)

C9=QC("1122??","年",借,,,,)–QC("1231","年",贷,,,,)+QC("1231","年",借,,,,)+QC("2203??","年",借,,,,)

E9=QM("2202??","月",贷,,,,)+QM("1123??","月",贷,,,,)

F9=QC("2202??","年",贷,,,,)+QC("1123??","年",贷,,,,)

B10=QM("1123??","月",借,,,,)+QM("2202??","月",借,,,,)

C10=QC("1123??","年",借,,,,)+QC("2202??","年",借,,,,)

E10=QM("2203??","月",贷,,,,)+QM("1122??","月",贷,,,,)

F10=QC("2203??","年",贷,,,,)+QC("1122??","年",贷,,,,)

B11=QM("1132","月",,,,,)

C11=QC("1132","年",,,,,)

E11=QM("2211","月",,,,,)

F11=QC("2211","年",,,,,)

B12=QM("1131","月",,,,,)

C12=QC("1131","年",,,,,)

E12=QM("2221","月",,,,,)

F12=QC("2221","年",,,,,)

B13=QM("1221","月",,,,,)

C13=QC("1221","年",,,,,)

E13=QM("2231","月",,,,,)

F13=QC("2231","年",,,,,)

B14=QM("1401","月",,,,,)+QM("1403","月",,,,,)+QM("1404","月",借,,,,)–QM("1404","月",贷,,,,)+QM("1405","月",,,,,)+QM("1406","月",,,,,)+QM("1408","月",,,,,)+QM("1411","月",,,,,)–QM("1471","月",,,,,)+QM("5001","月",,,,,)

C14=QC("1401","年",,,,,)+QC("1403","年",,,,,)+QC("1404","年",借,,,,)–QC("1404","年",贷,,,,)+QC("1405","年",,,,,)+QC("1406","年",,,,,)+QC("1408","年",,,,,)+QC("1411","年",,,,,)–QC("1471","年",,,,,)+QC("5001","年",,,,,)

E14=QM("2232","月",,,,,)

F14=QC("2232","年",,,,,)

E15=QM("2241","月",,,,,)

F15=QC("2241","年",,,,,)

B17=PTOTAL(B6:B16)

C17=PTOTAL(C6:C16)

E17=QM("2401","月",,,,,)

F17=QC("2401","年",,,,,)

E18=PTOTAL(E6:E17)

F18=PTOTAL(F6:F17)

B19=QM("1503","月",,,,,)

C19=QC("1503","年",,,,,)

B20=QM("1501","月",,,,,)–QM("1502","月",,,,,)

C20=QC("1501","年",,,,,)–QC("1502","年",,,,,)

E20=QM("2501","月",,,,,)

F20=QC("2501","年",,,,,)

B21=QM("1531","月",,,,,)

C21=QC("1531","年",,,,,)

E21=QM("2502","月",,,,,)

F21=QC("2502","年",,,,,)

B22=QM("1511","月",,,,,)–QM("1512","月",,,,,)

C22=QC("1511","年",,,,,)–QC("1512","年",,,,,)

E22=QM("2701","月",,,,,)

F22=QC("2701","年",,,,,)

B23=QM("1521","月",,,,,)

C23=QC("1521","年",,,,,)

E23=QM("2711","月",,,,,)

F23=QC("2711","年",,,,,)

B24=QM("1601","月",,,,,)−QM("1602","月",,,,,)−QM("1603","月",,,,,)

C24=QC("1601","年",,,,,)−QC("1602","年",,,,,)−QC("1603","年",,,,,)

E24=QM("2801","月",,,,,)

F24=QC("2801","年",,,,,)

B25=QM("1604","月",,,,,)

C25=QC("1604","年",,,,,)

E25=QM("2901","月",贷,,,,)

F25=QC("2901","年",贷,,,,)

B26=QM("1605","月",,,,,)

C26=QC("1605","年",,,,,)

E26=QM("2702","月",,,,,)

F26=QC("2702","年",,,,,)

B27=QM("1606","月",,,,,)

C27=QC("1606","年",,,,,)

E27=PTOTAL(E20:E26)

F27=PTOTAL(F20:F26)

E28=E18+E27

F28=F18+F27

B30=QM("1701","月",,,,,)−QM("1702","月",,,,,)−QM("1703","月",,,,,)

C30=QC("1701","年",,,,,)−QC("1702","年",,,,,)−QC("1703","年",,,,,)

E30=QM("4001","月",,,,,)

F30=QC("4001","年",,,,,)

E31=QM("4002","月",,,,,)

F31=QC("4002","年",,,,,)

B32=QM("1711","月",,,,,)

C32=QC("1711","年",,,,,)

B33=QM("1801","月",,,,,)

C33=QC("1801","年",,,,,)

E33=QM("4101","月",,,,,)

F33=QC("4101","年",,,,,)

B34=QM("1811","月",借,,,,)

C34=QC("1811","年",借,,,,)

E34=QM("410410","月",,,,,)

F34=QC("410410","年",,,,,)

B35=QM("1532","月",,,,,)+QM("1901","月",,,,,)

C35=QC("1532","年",,,,,)+QC("1901","年",,,,,)

E35=E30+E31–E32+E33+E34
F35=F30+F31–F32+F33+F34
B36=PTOTAL(B19:B35)
C36=PTOTAL(C19:C35)
B37=B17+B36
C37=C17+C36
E37=E28+E35
F37=F28+F35

②利润表取数函数公式的直接输入方法。启动 UFO 报表系统，在图 8-1 所示窗口中，单击"文件"菜单中的"打开"项，弹出"打开"对话框，选取"利润表.rep"文件所在的路径和目录，在文件显示框中选取"利润表.rep"的文件名，然后单击"打开"按钮，系统将打开在上一节中定义好的利润表格式。

定义单元公式应在"格式"状态下进行。进入利润表的定义公式编辑状态，在半角状态下在公式输入框内直接输入利润表各单元的取数函数公式。

本节给出了利润表的单元公式，以供用户参考。这些取数函数公式已由作者输入至利润表的对应单元中，并经计算，结果检验正确，用户可参照输入。注意：取数函数公式中不应含有空格，所有字符均在半角状态下输入。

利润表的取数函数公式

B5=FS("6001","月",贷,,,,,)–FS("6001","月",借,,,,,)+FS("6051","月",贷,,,,,)–FS ("6051","月",借,,,,,)

C5=LFS("6001","年",贷,,,,,)–LFS("6001","年",借,,,,,)+LFS("6051","年",贷,,,,,)–LFS ("6051","年",借,,,,,)

B6=FS("6401","月",借,,,,,)–FS("6401","月",贷,,,,,)+FS("6402","月",借,,,,,)–FS ("6402","月",贷,,,,,)

C6=LFS("6401","年",借,,,,,)–LFS("6401","年",贷,,,,,)+LFS("6402","年",借,,,,,)–LFS ("6402","年",贷,,,,,)

B7=FS("6403","月",借,,,,,)–FS("6403","月",贷,,,,,)

C7=LFS("6403","年",借,,,,,)–LFS("6403","年",贷,,,,,)

B8=FS("6601","月",借,,,,,)–FS("6601","月",贷,,,,,)

C8=LFS("6601","年",借,,,,,)–LFS("6601","年",贷,,,,,)

B9=FS("6602","月",借,,,,,)–FS("6602","月",贷,,,,,)

C9=LFS("6602","年",借,,,,,)–LFS("6602","年",贷,,,,,)

B10=FS("6603","月",借,,,,,)–FS("6603","月",贷,,,,,)

C10=LFS("6603","年",借,,,,,)–LFS("6603","年",贷,,,,,)

B11=FS("6701","月",借,,,,,)–FS("6701","月",贷,,,,,)

C11=LFS("6701","年",借,,,,,)–LFS("6701","年",贷,,,,,)

B12=FS("6101","月",贷,,,,,)–FS("6101","月",借,,,,,)

C12=LFS("6101","年",贷,,,,,)–LFS("6101","年",借,,,,,)

B13=FS("6111","月",贷,,,,,)–FS("6111","月",借,,,,,)

C13=LFS("6111","年",贷,,,,,)–LFS("6111","年",借,,,,,)

B15=B5–PTOTAL(B6:B11)+B12+B13

C15=C5–PTOTAL(C6:C11)+C12+C13

B16=FS("6301","月",贷,,,,,)–FS("6301","月",借,,,,,)

C16=LFS("6301","年",贷,,,,,)–LFS("6301","年",借,,,,,)

B17=FS("6711","月",借,,,,,)–FS("6711","月",贷,,,,,)

C17=LFS("6711","年",借,,,,,)–LFS("6711","年",贷,,,,,)

B18=FS("671101","月",借,,,,,)–FS("671101","月",贷,,,,,)

C18=LFS("671101","年",借,,,,,)–LFS("671101","年",贷,,,,,)

B19=B15+B16–B17

C19=C15+C16–C17

B20=FS("6801","月",借,,,,,)–FS("6801","月",贷,,,,,)

C20=LFS("6801","年",借,,,,,)–LFS("6801","年",贷,,,,,)

B21=B19–B20

C21=C19–C20

注意：在会计实务中，企业会发生销售退回、费用冲减、投资损失、利息收入等业务，这些业务记入相关损益类科目的减项方向。为了正确生成利润表，利润表中损益类科目的单元取数函数公式应按增项发生额减去减项发生额的差额进行定义。因此，利润表应在损益类科目及利润分配科目这两类科目的期末结转凭证（如本书中山工厂的转0068、转0069和转0071－转0074）未记账之前，采用UFO报表的"整表重算"或"表页重算"命令生成。否则，利润表的金额均为零。

（2）函数向导输入法。由于取数函数公式的内容和格式较为复杂，用户不太好掌握，系统设计了函数向导，利用系统提供函数向导来输入报表公式，可以使复杂的函数公式设置变得简单且直观。

函数向导输入法的操作步骤如下：

①将系统设定为"格式"状态。定义单元取数函数公式应在"格式"状态下进行，因此，在定义单元公式前，应先单击屏幕左下角的"格式/数据"按钮，使其显示为"格式"状态。

②进入公式编辑状态。现以本章资产负债表中的B6单元格为例，说明函数向导输入法的操作步骤。有三种方式可以进入公式编辑状态：一是单击B6单元格，然后按"="键；二是单击B6单元格后单击*fx*按钮；三是单击B6单元格后选择"数据"→"编辑公式"→"单元公式"项，均会弹出如图8-15所示的对话框。

③单击"函数向导"按钮。在图8-15所示对话框中，单击"函数向导"按钮，弹出"函数向导"对话框，如图8-16所示。

④选择"函数分类"和"函数名"。在图8-16所示对话框中，左边列表框显示函数分类，列出UFO报表系统中已安装的子系统函数分类名称。当单击某一子系统的函数分类时，右边的列表框列出该子系统函数分类的所有函数名。

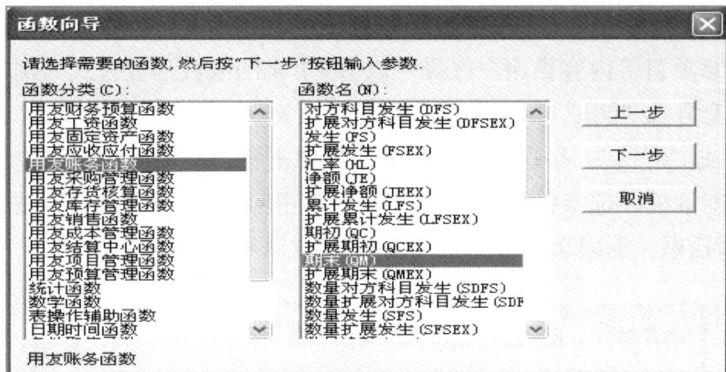

图 8-16 "函数向导"对话框

针对 B6 单元，应在左列表框选择"用友账务函数"，在右列表框中选择"期末（QM）"，然后单击"下一步"按钮，弹出"用友账务函数"对话框，如图 8-17 所示。

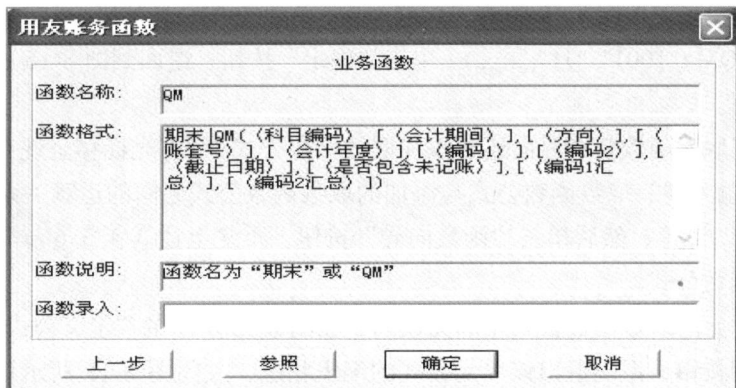

图 8-17 "用友账务函数"对话框

⑤录入函数或参照录入。在图 8-17 所示对话框中，分别提示性地列出选中的函数名称、函数格式和函数说明。在"函数录入"文本框中可以直接输入取数函数公式。也可以单击"参照"按钮，弹出"账务函数"对话框，如图 8-18 所示。

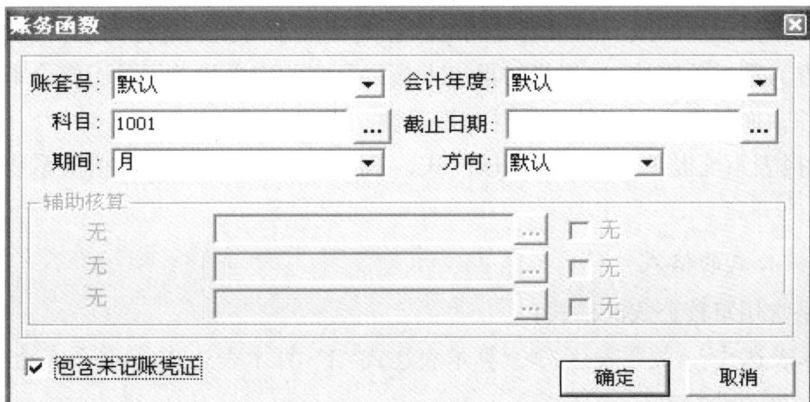

图 8-18 "账务函数"对话框

在图 8-18 所示对话框中，系统提供账套号、会计年度、科目、截止日期、期间、方向和辅助核算项目等内容供用户选择。以 B6 单元的取数函数公式为例，选择或输入以下内容：账套号选 "006" 或 "默认"，会计年度选 "2023" 或 "默认"，期间选 "月"，方向选 "借" 或 "默认"；科目输入 "1001" 或单击科目栏右侧的参照按钮，在弹出的 "科目参照" 对话框中选择科目。各项内容选择完毕后，单击 "确定" 按钮，系统关闭图 8-18 所示对话框，退回至图 8-19 所示的 "用友账务函数" 对话框。

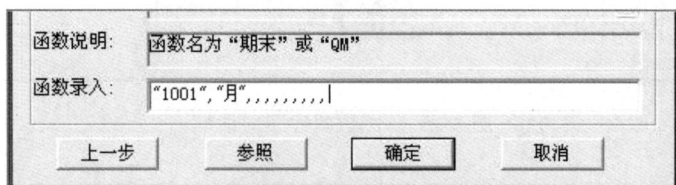

函数说明：	函数名为 "期末" 或 "QM"
函数录入：	"1001","月",,,,,,,,,,

上一步　　参照　　确定　　取消

图 8-19 "函数录入" 文本框

⑥确定并退出。在图 8-19 中的 "函数录入" 文本框中，已列出 B6 单元格的取数函数公式：B6=QM ("1001","月",,,,,,,,,,)。单击 "确定" 按钮，退回到图 8-15 所示的 "定义公式" 对话框。

若在现有取数函数公式后面还要添加取数函数公式，则将光标移至现有取数函数公式的后面，并输入现有取数函数公式与添加的取数函数公式之间的运算关系符号，如 "+" "–" "*" 或 "/" 等，然后单击 "函数向导" 按钮，重复上述③④⑤⑥步骤，进行编辑添加的取数函数公式。

确认该单元的取数函数公式正确无误后，在图 8-15 所示的 "定义公式" 对话框中，单击 "确认" 按钮，系统退出该单元公式的编辑状态，关闭图 8-15 所示对话框，完成该单元格的取数函数公式定义。

二、审核公式

会计报表的数据之间一般都有一定的勾稽关系。例如在一张报表中，若干个数据之和等于小计，若干个小计之和等于总计等。在实际工作中，为了确保报表数据的准确性，可以用同一张报表内部或不同报表之间的数据勾稽关系对报表进行勾稽关系检查。一般称这种检查为数据的审核。这里指的报表审核只是表示定义的单元是否符合审核公式所表达的条件，而不是审核该单元数据的正确性。

UFO 报表系统提供了数据的审核公式，它将报表数据之间的勾稽关系用公式表示出来。

1. 审核公式的格式

以下是常用审核公式的格式：

[<算术表达式> <关系表达式> <算术表达式>,]*<算术表达式> <关系表达式> <算术表达式>

[FOR<页面筛选条件> [;<可变区筛选条件>]]

[RELATION <页面关联条件> [,<页面关联条件>]*]

MESSAGE "<提示信息>"

简捷操作：RELATION 可以简写为 RELA，MESSAGE 可以简写为 MESS。

2. 表内审核公式

表内审核公式是在同一张报表内表示表内数据之间的勾稽关系，并要求在审核报表时报告审核结果。例如：

B37=E37

MESS "资产期末余额总计,与负债和权益期末余额总计不等"

此两行审核公式，表示 B37 单元资产负债表左边的资产期末余额总计，应与 E37 单元资产负债表右边的负债和所有者权益的期末余额总计相等；如不相等，在审核资产负债表时系统会弹出"资产期末余额总计，与负债和权益期末余额总计不等"的提示对话框，提示用户查错。

3. 表间审核公式

有些报表中的数据是来自另外一张报表，这时可通过编辑审核公式来检验这些数据的正确性。

例如，资产负债表（文件名：资产负债表.rep）中"未分配利润"项的 E34 单元格"期末余额"金额，在未对本期实现的净利润进行分配前应等于利润表（文件名：利润表.rep）中"净利润"项的 B21 单元格"本期金额"。

则在资产负债表中，对上述勾稽关系写成审核公式：

E34="利润表.rep"->B21

MESS "资产负债表中的未分配利润本期金额，与利润表的本期净利润数据不等"

在审核资产负债表和利润表时，如上述两个数据不相等，系统将弹出"资产负债表中的未分配利润本期金额与利润表的本期净利润数据不等"的提示对话框，提示用户查错。

4. 编辑审核公式

定义审核公式应在"格式"状态下进行。

在报表"格式"状态下，选择"数据"→"编辑公式"→"审核公式"命令，弹出"审核公式"对话框，如图 8-20 所示。

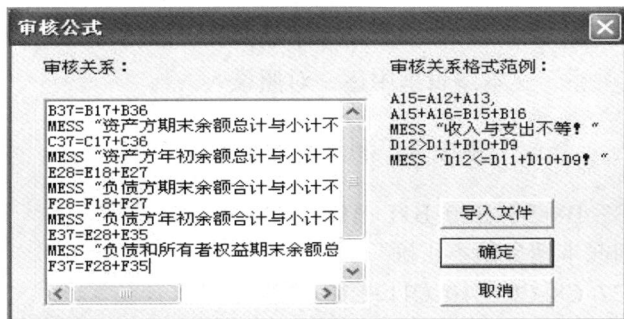

图 8-20 "审核公式"对话框

在图 8-20 中，右侧显示审核关系格式范例，在左侧的"审核关系"文本编辑框中，可比照右侧的格式范例输入审核公式。

若在使用 UFO 报表系统前，已在"开始"→"程序"→"附件"→"记事本"中编辑并保存审核公式，则可在图 8-20 所示对话框中，单击"导入文件"按钮，弹出"导入文件"对话框，选择存放审核公式的路径及文件名，单击"采集"按钮，系统将编辑好的审核公式全部采集到图 8-20 左侧的审核关系文本编辑框中，并可继续在图 8-20 所示对话框中进行修改和添加。

审核公式编辑完毕并检查无误后，单击图 8-20 中的"确定"按钮，保存此次审核公式的设置。按"Esc"键或单击"取消"按钮将放弃此次审核公式的编辑操作。

5. 中山工厂报表的审核公式

（1）中山工厂资产负债表的审核公式。下面列出按照本章前述的资产负债表格式而编辑的资产负债表审核公式，供用户参考。用户可在各自的账套中，在资产负债表的"格式"状态下，选择"数据"→"编辑公式"→"审核公式"命令，调出如图 8-20 所示的"审核公式"对话框，在"审核关系"文本编辑框中逐一对照录入。

中山工厂资产负债表的审核公式

B37=B17+B36
MESS "资产方期末余额总计与小计不等"
C37=C17+C36
MESS "资产方年初余额总计与小计不等"
E28=E18+E27
MESS "负债方期末余额合计与小计不等"
F28=F18+F27
MESS "负债方年初余额合计与小计不等"
E37=E28+E35
MESS "负债和所有者权益期末余额总计,与负债和所有者权益期末余额合计不等"
F37=F28+F35
MESS "负债和所有者权益年初余额总计,与负债和所有者权益年初余额合计不等"

（2）中山工厂利润表的审核公式。下面列出按照本章前述的利润表格式而编辑的利润表审核公式，供用户参考。用户可在各自的账套中，在利润表的"格式"状态下，选择"数据"→"编辑公式"→"审核公式"命令，调出如图 8-20 所示的"审核公式"对话框，在"审核关系"文本编辑框中逐一对照录入。

中山工厂利润表的审核公式

B15=B5–B6–B7–B8–B9–B10–B11+B12+B13
MESS "营业利润本期金额不正确"
C15=C5–C6–C7–C8–C9–C10–C11+C12+C13
MESS "营业利润本年金额不正确"

B19=B15+B16–B17

MESS "利润总额本期金额不正确"

C19=C15+C16–C17

MESS "利润总额本年金额不正确"

B21=B19–B20

MESS "净利润本期金额不正确"

C21=C19–C20

MESS "净利润本年金额不正确"

三、舍位平衡公式

1. 舍位平衡公式的含义

企业的会计报表通常是以人民币"元"为单位进行编制的。但以"元"为单位的报表在上报时可能会转换为以"千元"或"万元"为单位的报表，报表数据在进位时，原来满足的数据平衡关系可能被破坏，因此需要进行调整，使之符合指定的平衡公式。

报表经舍位之后，重新调整平衡关系的公式称为舍位平衡公式。其中，进行舍位的操作称为舍位，舍位后调整平衡关系的公式称为平衡调整公式。

例如，原始报表某三个数据平衡关系为 51230.74+54430.58 = 105670.32，若舍掉 4 位数以"万元"为单位并保留两位小数，即除以 10000 后，等式的数据变为：

$$5.12+5.44 = 10.57$$

这样，舍位后平衡关系被破坏。但采用舍位平衡公式后，系统自动将等式进行平衡调整，变为：

$$5.12+5.44 = 10.56$$

2. 舍位平衡公式的格式

下面是舍位平衡公式的标准格式：

REPORT "<舍位表文件名>"

RANGE <区域> [,<区域>]

WEI <位数>

[FORMULA <平衡公式> [,<平衡公式>]*[FOR <页面筛选条件>]]

注意：舍位平衡公式中涉及的数据，应完全包含在参数<区域>所确定的范围之内，否则舍位平衡公式无意义。

3. 舍位平衡公式的书写规范

（1）舍位平衡公式书写顺序应为统计过程的逆方向。

例如，A11、B11、C11、D11、E11、F11、G11 单元，存在以下对应关系：

E11=A11+B11

F11=C11+D11

G11=E11+F11

因此舍位平衡公式正确的书写顺序应该为：

G11=E11+F11

E11=A11+B11

F11=C11+D11

当求和区域较大时，可以使用不带区域筛选条件的函数 PTOTAL。

以上舍位平衡公式也可以写成：

G11=PTOTAL(E11:F11)

E11=PTOTAL(A11:B11)

F11=PTOTAL(C11:D11)

（2）舍位平衡公式中只可以使用加号"+"、减号"-"，不可以使用其他运算符号和函数。

下面列出的舍位平衡公式是错误的：

A1=PTOTAL(B1:C1,B1:C1>0)

B1=C1*D1

G3=H3/89

因为式中使用了乘号"*"和除号"/"等符号。

（3）舍位平衡公式的等号左边只能是一个不带页号和表名的单元，不能是超过一个单元的区域。

以下舍位平衡公式是错误的：

A1:C1=D1:D1+2

因为式中的左边有 A1 和 C1 两个单元。

（4）等号右边所有出现的区域不能带页号和表名。

以下舍位平衡公式是错误的：

F9=F8@5+"Report1"->C5

因为式中用了页号"@5"和表页"Report1"。

（5）任何一个单元只允许在舍位平衡公式等号的右边出现一次。

以下舍位平衡公式是错误的：

F9=F5+F6+F7+F8

G8=C8+D8+E8+F8

因为单元 F8 在舍位平衡公式等式的右边出现了两次。

4. 定义舍位平衡公式

定义舍位平衡公式应在"格式"状态下进行。

在报表"格式"状态下，选择"数据"→"编辑公式"→"舍位公式"命令，弹出"舍位平衡公式"对话框，如图 8-21 所示。

在图 8-21 所示对话框中，要求用户输入各项值。应该在半角状态下输入各项值或公式。

舍位表名：和当前正在编辑的文件名不能相同。报表文件默认保存在当前目录下，可以在当前的文件名之后加上"万位表"字样，如"资产负债表万位表"。

舍位范围：舍位数据的范围，要把所有要舍位的数据包括在内，通常是指一个数据区域，也可以是多个数据区域。两个数据区域之间用逗号进行分隔。

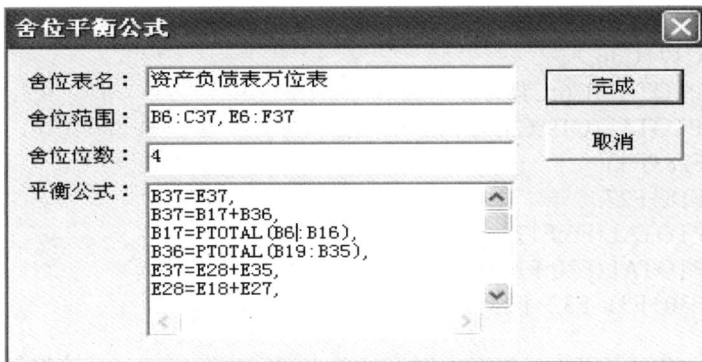

图 8-21 "舍位平衡公式"对话框（一）

舍位位数：1~8 位。舍位位数为 1 时，则区域中的数据除以 10，即以十位为单位；舍位位数为 2 时，区域中的数据除以 100，即以百位为单位；舍位位数为 3 时，区域中的数据除以 1000，即以千位为单位；以此类推。

平衡公式：如前所述，舍位平衡公式应符合下列书写规则。

（1）倒序写，首先写最终运算结果，然后一步一步向前推。

（2）每个公式一行，各行公式之后用逗号","隔开，最后一条公式之后不用写逗号。

（3）公式中只能使用"+""-"符号，不能使用其他运算符号及函数。

（4）等号左边只能为一个单元（不带页号和表名）。

（5）一个单元只允许在等号右边出现一次。

5. 中山工厂报表的舍位平衡公式

（1）中山工厂资产负债表舍位平衡公式的定义。

下面假设要将原单位为"元"的资产负债表，转换成以"万元"为单位的资产负债表，以此为例，讲述资产负债表舍位平衡公式的编写。

在 UFO 报表系统中，打开"资产负债表.rep"文件。在报表"格式"状态下，选择"数据"→"编辑公式"→"舍位公式"命令，弹出如图 8-21 所示的"舍位平衡公式"对话框，在半角状态下输入以下各项内容。

在"舍位表名"处，输入"资产负债表万位表.rep"。

在"舍位范围"处，输入"B6:C37,E6:F37"。

在"舍位位数"处，输入"4"。

在"平衡公式"处，依次按下列的舍位平衡公式输入：

    B37=E37,
    B37=B17+B36,
    B17=PTOTAL(B6:B16),
    B36=PTOTAL(B19:B35),
    E37=E28+E35,
    E28=E18+E27,
    E18=PTOTAL(E6:E17),
    E27=PTOTAL(E20:E26),
    E35=E30+E31–E32+E33+E34,

C37=F37,
C37=C17+C36,
C17=PTOTAL(C6:C16),
C36=PTOTAL(C19:C35),
F37=F28+F35,
F28=F18+F27,
F18=PTOTAL(F6:F17),
F27=PTOTAL(F20:F26),
F35=F30+F31–F32+F33+F34

舍位平衡公式编辑完毕，检查无误后，单击"完成"按钮，系统将保存此次舍位平衡公式的设置值。按"Esc"键或单击"取消"按钮将放弃此次操作。

（2）中山工厂利润表舍位平衡公式的定义。

假如要将原单位为"元"的利润表，转换成以"千元"为单位的利润表。

在 UFO 报表系统中，打开"利润表.rep"文件。在报表"格式"状态下，选择"数据"→"编辑公式"→"舍位公式"命令，弹出"舍位平衡公式"对话框，如图 8-22 所示，在半角状态下输入以下各项内容。

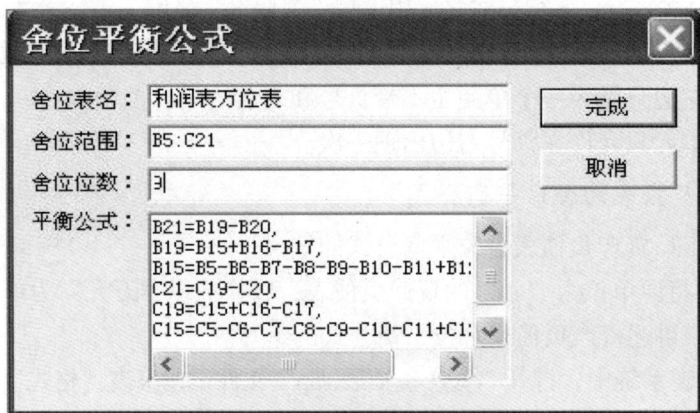

图 8-22 "舍位平衡公式"对话框（二）

在"舍位表名"处，输入"利润表万位表.rep"。

在"舍位范围"处，输入"B5:C21"。

在"舍位位数"处，输入"3"。

在"平衡公式"处，依次按下列的舍位平衡公式输入：
B21=B19–B20,
B19=B15+B16–B17,
B15=B5–B6–B7–B8–B9–B10–B11+B12+B13,
C21=C19–C20,
C19=C15+C16–C17,
C15=C5–C6–C7–C8–C9–C10–C11+C12+C13

舍位平衡公式编辑完毕，检查无误后，单击"完成"按钮，系统将保存此次舍位平衡公式的设置值。按"Esc"键或单击"取消"按钮将放弃此次操作。

第四节 报表数据管理

经过本章第三节的操作，分别完成报表取数函数公式、审核公式、舍位平衡公式的定义操作后，方可进入报表数据的生成、验证、运用等报表数据管理阶段。

对报表数据的管理，主要包括选择账套时间、关键字录入、整表重算、表页重算、表页不计算、数据采集、报表审核、数据透视、数据排序、数据汇总、舍位平衡公式运行和自动求和等功能。若要生成某表页的报表数据，必须经过选择账套时间、关键字录入、表页重算这三个功能的操作。其他功能则视用户对报表数据的要求而选择使用。

一、选择账套及时间

报表计算前，选择账套及时间的初始操作，可按默认账套号和会计年度进行定义的取数函数公式，按照指定的账套号和会计年度进行取数。特别是对设置了公共报表格式和取数函数公式的集团公司，其内部的各个分公司通过选择不同的账套及时间、调用公式报表格式和取数函数公式，从而生成各个分公司的报表。

选择"UFO 报表"→"数据"→"计算时提示选择账套"命令，弹出"登录"对话框，如图 8-23 所示。

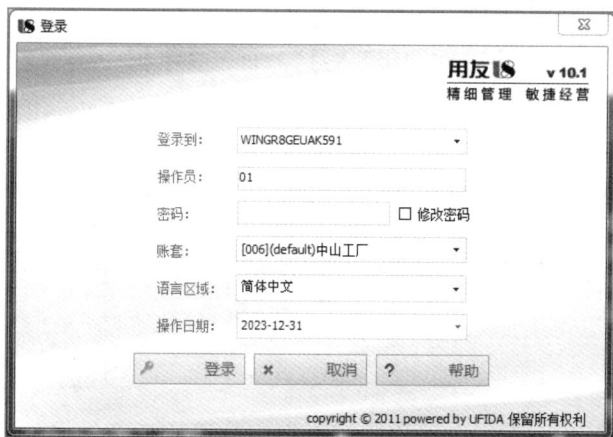

图 8-23 "登录"对话框

在图 8-23 所示对话框中，选择或输入操作员、密码、账套、语言区域、操作日期等信息。

在编写报表取数函数公式时，考虑到通用性，通常可以将"账套号"和"会计年度"省略。例如，用户经常用到的账套号为 006，会计年度为 2023 年。若取数函数公式 E6=QM("2001","月",,006,2023,,,)，则可以简写为 E6=QM("2001","月",,,,,)或 E6=QM ("2001","月")。

进入 2024 年后，在图 8-23"登录"对话框中将账套号改为 006、会计年度改为 2024，取数函数公式不作任何改动，仍可继续使用取数函数公式而正常取得 006 账套在 2024

年度的报表数据。

二、关键字录入

在"格式"状态下设置关键字，在"数据"状态下录入关键字的值。每张表页上的关键字的值最好不要完全相同。如果有两张报表关键字的值完全相同，则利用"筛选条件"和"关联条件"寻找表页时，只能找到第一张的表页，其他表页找不到。

在"数据"状态下，单击要录入关键字值表页的页签，使它成为当前表页。

选择"数据"→"关键字"→"录入"命令，弹出"录入关键字"对话框，如图 8-24 所示。

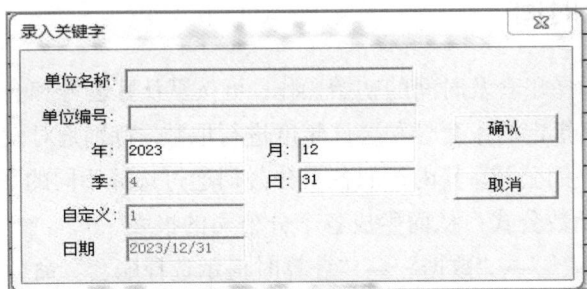

图 8-24 "录入关键字"对话框

在图 8-24 所示对话框中，在"年""月""日"文本框中显示系统时间，要求用户确定报表的编制时间。在关键字编辑框中录入关键字的值，未定义的关键字编辑框显示为灰色，不能输入内容。如中山工厂 2023 年 12 月份资产负债表的关键字值，可录入为 2023 年 12 月 31 日，录入完毕后，单击"确认"按钮。所录入关键字的值，系统则用红色字体显示在报表相应的关键字所在单元中。

如果要修改关键字的值，重复以上步骤即可。

三、整表重算

如果在"格式"状态下定义或修改了报表取数函数公式，当单击"格式/数据"按钮后，进入"数据"状态时，当前表页的单元公式将重新运算并显示出结果。

要重新计算本表的所有表页的单元公式，则在"数据"状态下，选择"数据"→"整表重算"命令，弹出如图 8-25 所示的对话框。

图 8-25 提示对话框（一）

系统询问"是否确定全表重算？"，单击"是"按钮则对所有表页进行计算，单击

"否"按钮则取消操作。在计算过程中，按"Esc"键可以终止计算。

如果某表页设置了"表页不计算"标志，则进行整表重算时，该表页中的取数公式将不参与计算。

下面列出生成数据后的中山工厂2023年12月的主要会计报表结果：资产负债表，如表8-6所示；利润表，如表8-7所示。

用户应将自己账套上各种会计报表的结果与之核对，以检查报表结果的正误。

表 8-6　资产负债表

会企 01 表

编制单位：中山工厂　　　　　　　　2023 年 12 月 31 日　　　　　　　　单位：元

资　产	期末余额	年初余额	负债和所有者权益	期末余额	年初余额
流动资产：			流动负债：		
货币资金	905,361.93	149,500.25	短期借款	277,210.44	277,210.44
交易性金融资产	80,000.00	30,000.00	交易性金融负债		
应收票据	113,522.06	63,500.00	应付票据	27,860.00	3,000.00
应收账款	101,812.80	162,991.48	应付账款		4,500.00
预付款项			预收款项	6,000.00	6,000.00
应收利息			应付职工薪酬	10,160.26	10,000.00
应收股利			应交税费	133,407.09	27,454.56
其他应收款	1,200.00	2,355.00	应付利息		9,000.00
存货	706,669.83	981,731.05	应付股利	38,027.82	
一年内到期的非流动资产			其他应付款		3,200.00
其他流动资产			一年内到期的非流动负债		
流动资产合计	1,908,566.62	1,390,077.78	其他流动负债		
非流动资产：			流动负债合计	492,665.61	340,365.00
可供出售金融资产			非流动负债：		
持有至到期投资	50,000.00	50,000.00	长期借款	122,000.00	122,000.00
长期应收款			应付债券	595,283.02	
长期股权投资	351,085.41		长期应付款	85,000.00	85,000.00
投资性房地产			专项应付款		
固定资产	3,368,838.22	3,600,757.22	预计负债		
在建工程	196,568.06	50,000.00	递延所得税负债		
工程物资	25,000.00		其他非流动负债		
固定资产清理		1,800.00	非流动负债合计	802,283.02	207,000.00
生产性生物资产			负债合计	1,294,948.63	547,365.00
油气资产			所有者权益：		
无形资产	244,930.00	243,430.00	实收资本	4,470,000.00	4,470,000.00
开发支出			资本公积	42,000.00	42,000.00
商誉			减：库存股		
长期待摊费用			盈余公积	292,260.44	278,000.00
递延所得税资产	161.68	159.63	未分配利润	45,940.92	3,159.63
其他非流动资产		4,300.00	所有者权益合计	4,850,201.36	4,793,159.63
非流动资产合计	4,236,583.37	3,950,446.85			
资产总计	6,145,149.99	5,340,524.63	负债和所有者权益总计	6,145,149.99	5,340,524.63

表 8-7 利 润 表

会企 02 表

编制单位：中山工厂　　　　　　　　2023 年 12 月　　　　　　　　单位：元

项　　目	本月金额	本年金额
一、营业收入	664,611.14	664,611.14
减：营业成本	469,085.26	469,085.26
营业税金及附加	9,425.57	9,425.57
销售费用	20,921.37	20,921.37
管理费用	26,545.35	26,545.35
财务费用	2,996.67	2,996.67
资产减值损失	−241.82	−241.82
加：公允价值变动收益（损失以"−"号填列）		
投资收益（损失以"−"号填列）	−250.00	−250.00
其中：对联营企业和合营企业的投资收益		
二、营业利润（亏损以"−"号填列）	135,628.74	135,628.74
加：营业外收入	7,200.00	7,200.00
减：营业外支出	17,029.20	17,029.20
其中：非流动资产处置损失	12,729.20	12,729.20
三、利润总额（亏损总额以"−"号填列）	125,799.54	125,799.54
减：所得税费用	30,729.99	30,729.99
四、净利润（净亏损以"−"号填列）	95,069.55	95,069.55
五、每股收益：		
（一）基本每股收益		
（二）稀释每股收益		

四、表页重算

表页重算功能，是仅将当前表页重新计算，其他表页则不参与计算。

首先应打开要重算的表页，例如打开"资产负债表"为当前表页；然后在"数据"状态下，单击"数据"菜单中的"表页重算"项，弹出提示对话框，如图 8-26 所示。

图 8-26　提示对话框（二）

单击"是"按钮，则系统对当前表页中的单元取数公式进行重新计算，而其他表页不参与重算。

如果当前表页设置了"表页不计算"标志，则不能进行表页重算的操作。

五、表页不计算

当某表页在"数据"菜单中选择了"表页不计算"命令后，无论在任何情况下，表页中的单元取数函数公式在"整表重算"或"表页重算"时都不再参与重新计算。设置表页不计算功能，可以改善系统性能，加快运算速度，还可保证已取数正确的报表数据免受干扰。

例如，利润表在损益类科目及利润分配科目这两类科目的期末结转凭证（如中山工厂的转 0068、转 0069 和转 0071 – 转 0074）未记账之前，采用 UFO 报表的"表页重算"命令生成利润表后，可将利润表表页设置"表页不计算"标志。这样在账务系统中，至月底结转之后报表数据就不会被改变。

设置方法：打开一张结果正确的报表文件为当前表页，在"数据"状态下，选择"数据"→"表页不计算"命令，则在"表页不计算"选项前，系统将标上选中标记"√"。

若要取消"表页不计算"标志，则再次选择"数据"→"表页不计算"命令，弹出提示对话框，如图 8-27 所示。

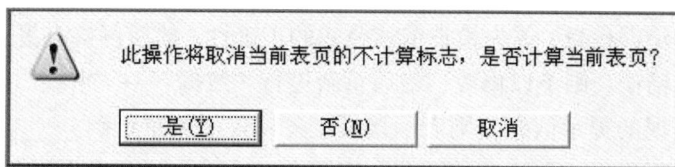

图 8-27 提示对话框（三）

系统提示"此操作将取消当前表页的不计算标志，是否计算当前表页？"，若要取消不计算标志并重算当前表页，则单击"是"按钮，再次弹出如图 8-26 所示的提示对话框，从中进行报表的重算操作。

六、数据采集

当被采集引入的报表格式与当前表页格式相同时，可利用"数据采集"功能，将被引入的报表数据调入系统，并在当前表页之后增加一个表页。

UFO 报表系统可以把其他格式，如报表文件（扩展名.rep）的数据、文本文件（扩展名.txt）的数据和 DBASE 数据库文件（扩展名.dbf）的数据，采集到当前报表中。数据采集时，对源表可以带筛选条件，源表文件名可以用变量表示。

要进行数据采集操作，应在"数据"状态下。

选择"数据"→"数据采集"命令，弹出"数据采集"窗口，选择要被引入的源文件所在的路径、文件类型及文件名，然后单击"采集"按钮，可执行数据采集，UFO系统将在当前表页之后自动追加一张表页以存放被引入的数据。

在数据采集时，如果当前报表的格式与源数据报表的格式不一致，将出现对话框"报表格式不同！是否强行追加？"，单击"确定"按钮后，系统将强行追加。如果报表格式不同，数据很可能就追加得毫无意义。

七、报表审核

当报表数据生成后，应对报表进行审核，以检查报表各项数据勾稽关系的准确性。

用户将中山工厂的报表审核公式录入到资产负债表和利润表后，应利用报表的"审核"功能，验证所编的资产负债表和利润表的正确性。

在"数据"状态下，选择"数据"→"审核"命令，系统将按照用户编辑的"审核公式"，逐条审核表内或表间的审核关系，当报表数据不符合勾稽关系时，屏幕上出现提示信息，如图 8-28 所示。

图 8-28　提示对话框（四）

单击"确定"按钮，系统将继续运行其余的审核公式。

按照记录的错误信息，首先检查审核公式的正确性，然后再检查报表取数函数公式的正确性，如有错误，则予以修改，最后重新进行"数据"→"审核"操作，直到不再出现任何审核错误的提示信息，则表示该报表各项勾稽关系正确。

审核完毕并正确后，系统在"数据"按钮下一行显示"完全正确"的提示。

八、数据透视

在 UFO 报表系统中，大量的数据是以表页的形式分布的，正常情况下每次只能看到一张表页的内容。若想对各个表页的数据进行比较，可以利用数据透视功能，把多张表页的多个区域的数据显示在同一张表页上。

例如，透视资产负债表各表页（即各月）的流动资产期末金额和流动资产年初金额。可按以下步骤进行操作。

（1）打开已生成数据的资产负债表表页，切换到"数据"状态。

（2）单击透视"第 1 张"表页的页标，将把第 1 页和它之后表页的数据进行透视。

（3）用鼠标选中资产负债表流动资产的期末金额和年初金额所在单元格区域 B17:C17。

（4）选择"数据"→"透视"命令，弹出"多区域透视"对话框，如图 8-29 所示。

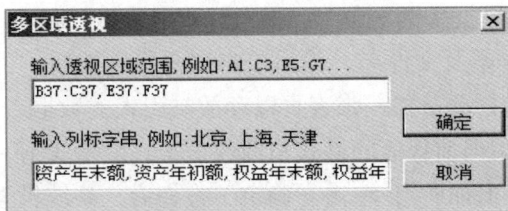

图 8-29　"多区域透视"对话框

（5）在"输入透视区域范围"处，显示或输入"B37:C37,E37:F37"；在"输入列标字串"处，输入"资产年末额,资产年初额,权益年末额,权益年初额"，然后单击"确定"按钮，弹出"透视"对话框，如图8-30所示。

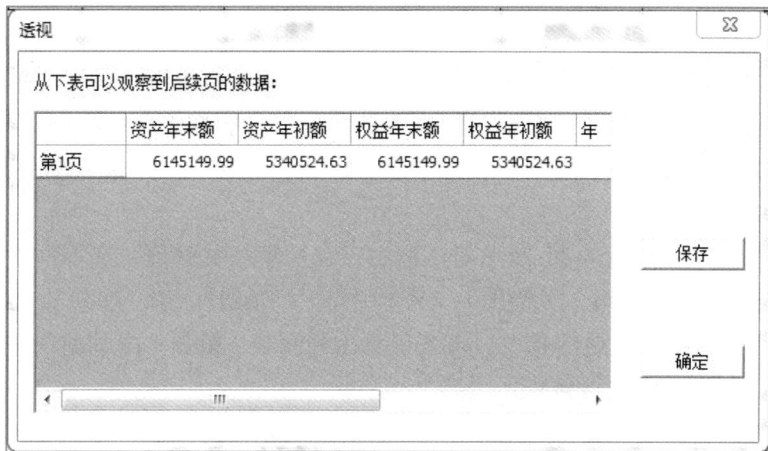

图8-30 "透视"对话框

（6）在图8-30所示对话框中显示出透视结果。单击"确定"按钮则不保存退出。单击"保存"按钮，弹出"保存为"对话框，选择保存的路径、文件名和文件类型（如2023年资产权益金额透视表.rep），单击"保存"按钮，系统将透视结果保存至指定的路径和文件中。

九、排序

UFO报表系统提供了表页排序功能，可以按照表页中指定关键字的值，或者按照报表中的任何一个单元的值重新排列表页。

在"数据"状态下，选择"数据"→"排序"→"表页"命令，弹出"表页排序"对话框，如图8-31所示。

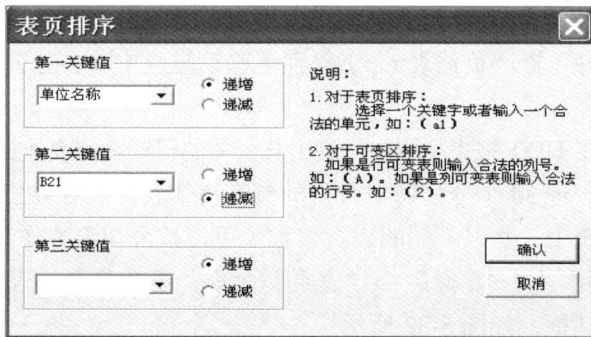

图8-31 "表页排序"对话框

在图8-31所示对话框中设有三个关键字可供用户选择。"第一关键值"指根据什么内容对表页进行排序；"第二关键值"指当表页的第一关键值相等时，则按照此关键值排序；"第三关键值"指当多张表页用第一关键值和第二关键值还不能排序时，则再按照第三关键值来排序。每一个关键值均有"递增"和"递减"选项供用户选择。

例如，一个集团公司下有 10 个分公司，则总公司可以利用"数据"→"数据采集"功能将 10 个分公司的利润表集中在文件名为"集团内各分公司利润表"报表文件内，每个分公司的利润表占用一张表页，共 10 张表页。假设各表页均设置"单位名称"作为关键字，所有单位表页的"净利润的本月金额"存在于 B21 单元格中。要求将 10 个分公司的表页（利润表）按"净利润的本月金额"的降序排列，并且当净利润值相同时，按单位名称的升序排列。

根据以上条件，在图 8-31 所示对话框中，在"第一关键值"文本框中输入"单位名称"，选"递增"；在"第二关键值"文本框中输入"B21"，选"递减"，然后单击"确认"按钮，系统将根据上述的条件，将各表页（利润表）根据"净利润的本月金额"的值由高到低、自左至右进行排列。

十、汇总

UFO 报表系统的表页提供了非常强大的报表汇总功能，可把多张格式相同的某一类报表数据，汇总保存到一个报表文件中，形成一个新的汇总表。可以汇总所有格式相同的表页，也可只汇总符合指定条件的表页，例如，在 2023 年全年各月共 12 张资产负债表表页中，汇总上半年的表页，在报表中的可变区，可以按数据位置汇总，也可以重新排列顺序，按各项内容汇总。

用以下例子来说明汇总功能的操作方法：假如某一集团公司下属有 30 家分公司，要求将 30 个分公司报送的月份（从 1 月份起）资产负债表进行汇总，并生成一张集团公司的资产负债表汇总表。

操作步骤如下：

（1）集团公司制订出一份统一格式的资产负债表，分发给下属的 30 个分公司，要求总公司和各分公司，在设置资产负债表格式时，按统一格式进行设置，个别栏目内容可小有变动，但意义应相近。

（2）要求各分公司在 UFO 报表系统中，生成 1 月份的资产负债表数据，并将 1 月份的资产负债表文件（资产负债表.rep）保存至移动磁盘中，各分公司在规定的时间内送交集团公司。

（3）集团公司在 UFO 报表系统中，调出总公司的资产负债表数据。通过"数据"→"数据采集"命令，将 30 个分公司 1 月份的资产负债表，从各分公司提交的移动磁盘中，逐一采集到系统中，并以不同的表页名称（可以按公司名称作为页标）来区分。

（4）选择"数据"→"汇总"→"表页"命令，系统弹出"表页汇总—三步骤之一——汇总方向"对话框，如图 8-32 所示。

选择"汇总到新的报表，报表名"项，并输入报表名"集团公司 1 月份资产负债表汇总表"，然后单击"下一步"按钮，系统弹出"表页汇总—三步骤之二—汇总条件"对话框，如图 8-33 所示。

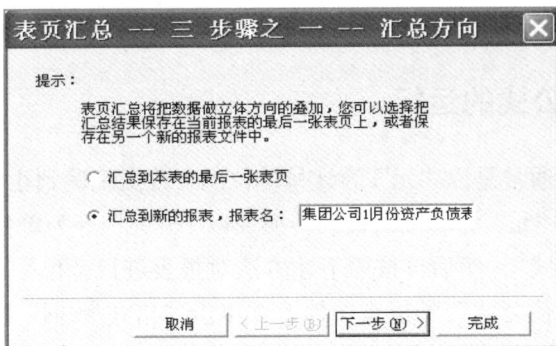

图 8-32　"表页汇总—三步骤之一——汇总方向"对话框

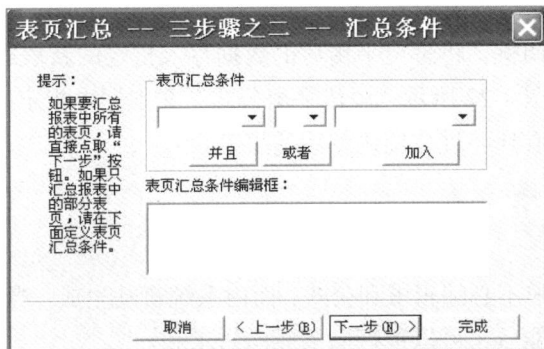

图 8-33　"表页汇总—三步骤之二—汇总条件"对话框

因为要汇总报表中的所有表页，可不输入任何条件，直接单击"下一步"按钮，系统弹出"表页汇总—三步骤之三—汇总位置"对话框，如图 8-34 所示。

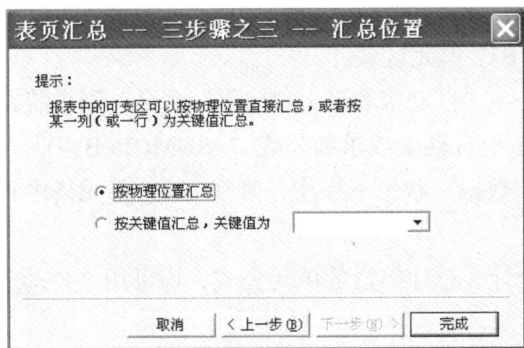

图 8-34　"表页汇总—三步骤之三—汇总位置"对话框

选择"按物理位置汇总"项，然后单击"完成"按钮，系统可将总公司和下属 30 个分公司 1 月份资产负债表进行汇总，并将汇总结果保存在"集团公司 1 月份资产负债表汇总表"文件中。

（5）打开"集团公司 1 月份资产负债表汇总表.rep"报表文件，将可查看到集团公司 1 月份资产负债表汇总表的结果。

UFO 报表系统将自动给汇总表页设置"表页不计算"标志。

该集团公司 2 月份以后的其他各月报表汇总步骤，与 1 月份的汇总步骤基本相同。

十一、舍位平衡公式的运行

各报表在编制时通常是以"元"为计量单位的，数据精确到小数点后 2 位。数据生成完成后，若要将以"元"为单位的报表转换成以"万元"等为单位时，应先在"格式"状态下定义"舍位公式"，然后再按照下述方法对报表进行舍位平衡的操作。

打开已定义"舍位公式"的报表文件，并单击"格式/数据"按钮，进入"数据"状态。

选择"数据"→"舍位平衡"命令，系统按照用户在本章第三节"编辑公式"→"舍位公式"中所定义的舍位平衡关系，对指定区域的数据进行舍位，并按照平衡公式对舍位后的数据进行平衡调整，将舍位平衡后的数据存入指定的新表或其他报表中。

打开如图 8-21、图 8-22 所示"舍位平衡公式"文本框中指定的"舍位表名"，就可以在指定的文件夹中看到经过舍位调整后的报表。

十二、自动求和

自动求和就是用户不必编辑求和公式，而由系统自动生成。当用户选择求和区域并运行"自动求和"功能后，可以进行向下或向右求和。

自动求和，可以在"格式"状态下也可以在"数据"状态下实现自动求和，区别是：在"数据"状态下自动求和仅计算出结果，是对当前表页或对当前表页中选定的单元区域进行求和，并将结果直接显示，仅仅是一种动作而已，对于报表的单元公式无任何影响。在"格式"状态下自动求和可以在指定的单元格中生成单元公式。

首先要求用户选取欲求和的区域，如在中山工厂资产负债表中，切换到"格式"状态下，框定并选取 B6:B17 单元区域。

然后选择"工具"→"自动求和"→"向下"命令，则系统在选定区域的最下面一行的 B17 单元格，由系统自动生成求和公式"=SUM(B6:B17)"。

上述过程若是在"数据"状态下操作，则在 B17 单元格中直接显示自动求和的结果为 1,963,769.16。

报表中的小计、合计、总计等栏的单元公式，均可用"自动求和"功能来生成单元公式或数据。

如果需要进行双向求和，则可在单击"向下"求和按钮后，再单击"向右"求和按钮（也可以先"向右"求和再"向下"求和），系统将生成"向下"求和和"向右"求和的双向求和公式。

第五节　报　表　输　出

报表经过格式定义或数据生成以后，可进行报表的查询和打印。

在查询和打印报表前，可以根据报表的实际情况，将报表进行分页和取消分页。为达到满意的打印效果，可以通过"页面设置"和"打印设置"功能对报表的打印参数进行设置。通过"打印预览"功能可预览打印的效果，运行"打印"功能可将指定的报表在打印机上打印出来。

一、强制分页

系统提供的自动分页功能，是按照表页的自然页进行分页的，但是有时自动分页会影响报表的美观或不能满足用户的需要，因此系统提供了"强制分页"功能。强制分页功能只作用于"打印"输出时，并不是从本质上改变报表的格式，所以系统在"格式"状态和"数据"状态下，均可进行此项操作。

分页时，可以将报表的某行作为分页分界，也可以将报表的某列作为分页分界。因此，在进行分页操作前，应先将光标置于作为分页分界的该行（列）所在行（列）的第一个行（列）单元中。然后选择"工具"→"强制分页"命令，系统将以该行单元的左边线框为分界，画出一条横向的分页虚线，或以该列单元的上边线框为分界，画出一条纵向的分页虚线，表示该表页报表将照此虚线按行或列划分为两页。

若需同时按行和按列进行分页，则将光标置于欲作为分页界线的非第一行（列）的单元格，然后选择"工具"→"强制分页"命令，系统将以该单元格的左上角为分页点，画出十字状的虚线，表示该页将按此虚线划分区域，分为4页。

要显示分页标志虚线，则选择"工具"→"显示分页"命令，可显示分页虚线。

若想恢复分页前的状态，选择"工具"→"取消全部分页"命令，则可取消全部分页操作，报表将以不分页方式进行显示和打印。

二、页面设置

利用"页面设置"功能，可以设置报表的页边距、缩放比例、页首和页尾。

一张完整的报表由表头、表体、表尾三部分组成。把表头设为页首，把表尾设为页尾，设定的页首和页尾在进行分页打印时，每一张纸上都将打印一遍。

可以把几行设为页首和页尾，打印时在纸的上端打印页首，在纸的底端打印页尾；也可以把几列设为页首和页尾，打印时在纸的左端打印页首，在纸的右端打印页尾。

打开报表文件，选择"文件"→"页面设置"命令，弹出"页面设置"对话框，如图8-35所示。

有三个选项输入框：页边距、缩放比例和页首页尾。

"页边距"以毫米为单位，上、下边距范围：4~106毫米，缺省为11毫米；左、右边距范围：4~88毫米，缺省为9毫米。

"缩放比例"：缩放倍数可以在0.3到3倍之间选择。

"页首页尾"选项组之"类型"：选择"行"则以行为页首和页尾，选择"列"则以列为页首和页尾。

"页首页尾"选项组中，如果选取类型为"行"，则在编辑框中输入起始行和终止行的数字；如果选取类型为"列"，则在编辑框中输入起始列和终止列的字母。

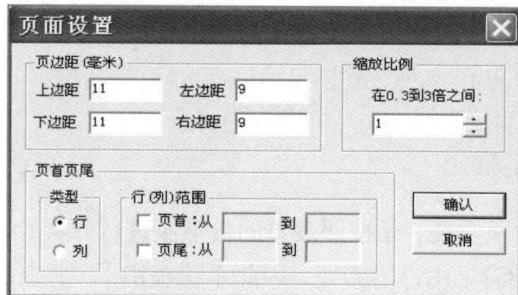

图 8-35 "页面设置"对话框

以上各项设置完成后，单击"确定"按钮，将页面设置内容进行保存操作，在"打印预览"中可以观看页面设置的效果。

三、打印设置

打印设置包括设置打印机、打印纸、打印质量等。不同的报表可分别设置不同的打印参数。

首先应选取要进行打印设置的报表页标，使它成为当前表页，然后，选择"文件"→"打印设置"对话框，如图 8-36 所示。

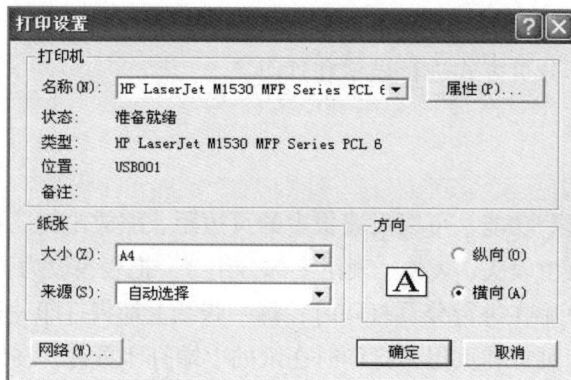

图 8-36 "打印设置"对话框

在图 8-36 "打印设置"对话框中的"名称"处，显示计算机可使用的打印机。

在"纸张"列表框中，可选择纸张的大小，如"A4 210×297 毫米"；纸张来源可选择"自动进纸器"或"手动进纸"。

在"方向"列表框中，可选择打印方向为"横向"或"纵向"。一般情况下，如资产负债表这样列数较多的报表应选择"横向"打印，如利润表这样列数较少的报表应选择"纵向"打印。

单击"属性"按钮，系统弹出"打印机属性"配置窗口，可在此设置打印纸的大小、打印方向、纸张来源、图像的分辨率、图像抖动、图像的浓度和打印品质等参数。各项打印参数设置完成后，单击"确定"按钮，系统将用户设置的打印参数予以保存。

四、打印预览

利用"打印预览"功能，可以随时观看经过"页面设置"和"打印设置"操作后，报表或图表的实际打印效果。

首先选取要进行预览的报表表页的页标，使它成为当前表页，然后选择"文件"→"打印预览"命令，进入"打印预览"对话框。

单击"打印"按钮，弹出"打印"对话框，从中可进行打印设置。单击"下一页"按钮，可显示下一张纸。单击"上一页"按钮，可显示上一张纸。单击"显示...页"按钮，可选取"显示一页"或"显示两页"。单击"放大"按钮，可放大显示比例。进入打印预览时，打印纸的显示比例为最小。当鼠标指针在模拟打印纸上移动时，鼠标指针将变为放大镜形状，单击可放大显示比例。放大两次后，显示比例达到最大，鼠标指针恢复为通常形状。此时进行单击，打印纸的显示比例将还原为最小。

五、打印

"打印"功能包括对打印机、打印纸、打印质量等项目的设置，并根据这些设置值将报表在打印机上打印出来。

首先选取要进行打印的报表表页的页标，使它成为当前表页，然后选择"文件"→"打印"命令，进入"打印"对话框，界面与图 8-36 基本相同，可设置如打印纸的大小、打印方向、纸张来源、图像的分辨率、图像抖动、图像的浓度和打印品质等属性参数以及打印份数、指定页数打印等。

设置完毕后，打开打印机的电源，将合适的纸张放入，然后单击"确认"按钮，打印机将开始打印用户所选定的报表。

六、数据套打

要实现数据套打，则应当选用用友配套用品公司提供的专用套打纸张。执行数据打印操作，可以只打印"数据"状态下的数据，对于定义的报表格式内容则不打印。

套打报表的操作方法与普通打印基本相同，只是在打印用纸上存在差别，在此不再复述。

七、显示比例

UFO 报表系统可通过改变显示比例，在30%至900%之间缩小或放大窗口进行显示。显示比例的缩小或放大仅作用于屏幕显示，对实际的打印输出无效。

首先选取要设置显示比例的报表表名的页标，作为当前表页，然后选择"工具"→"显示比例"命令，弹出"显示比例"对话框，如图 8-37 所示。

在图 8-37 所示对话框中的输入框内输入一个 30~900 之间的整数（100 为正常显示）。如果用户输入的显示比例数字不符合规范，将出现错误提示窗口，输入完毕后单击 "确认"按钮，系统将按照用户设置的比例进行显示。

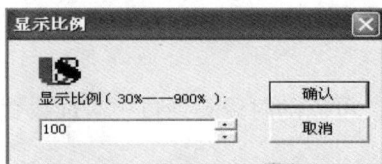

图 8-37 "显示比例"对话框

八、显示风格

系统提供"显示风格"功能，可以改变报表的显示外观、显示或隐藏行标和列标、按单元类型分颜色显示，或者改变网格的颜色等设置。

首先选取要进行显示风格设置的报表表页的页标，使它成为当前表页，然后选择"工具"→"显示风格"命令，进入"显示风格"对话框，如图 8-38 所示。

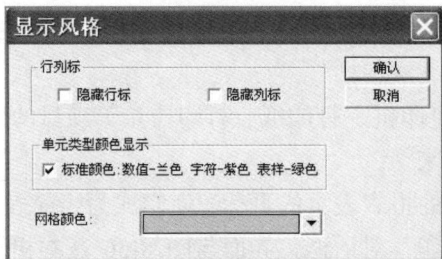

图 8-38 "显示风格"对话框

勾选"隐藏行标"项后，系统将不显示行标；勾选"隐藏列标"项后，系统将不显示列标。

UFO 报表系统的单元分为数值单元、字符单元、表样单元三种类型。在一般情况下，数值单元、字符单元和表样单元在显示时均显示为黑色而无法加以区分。在"单元类型颜色显示"框中，若选取了"标准颜色：数值-蓝色，字符-紫色，表样-绿色"选项，则报表数值单元的内容显示为蓝色，字符单元的内容显示为紫色，表样单元的内容显示为绿色。根据不同的显示颜色，就可以很容易把不同类型的单元区别开来。但单元内容、数据和打印出来的实际颜色并没有改变，只是改变了屏幕显示时的颜色。

在"网格颜色"中列出了 16 种颜色，缺省为浅灰色。在其中选取颜色，可以改变"格式"状态下网格的显示颜色。通常情况下，可将"网格颜色"设为白色，这样将不显示网格线。

即测即练

自学自测

扫描此码

参 考 文 献

[1]   何日胜，梅雨. 会计电算化系统应用操作[M]. 5 版. 北京：清华大学出版社，2016.

[2]   何日胜. 会计电算化系统应用操作[M]. 4 版. 北京：清华大学出版社，2011.

[3]   何日胜. 会计电算化系统应用操作[M]. 3 版. 北京：清华大学出版社，2008.

[4]   何日胜. 会计电算化系统应用操作[M]. 2 版. 北京：清华大学出版社，2005.

[5]   何日胜. 会计电算化系统应用操作[M]. 北京：清华大学出版社，2002.

[6]   何日胜. 计算机会计系统操作与实习[M]. 广州：中山大学出版社，1998.

[7]   何日胜. 云会计[M]. 北京：清华大学出版社，2017.

[8]   何日胜，胡鲜葵，梅雨. 手工会计[M]. 2 版. 北京：清华大学出版社，2017.

[9]   何日胜，胡鲜葵，梅雨. 手工会计[M]. 北京：清华大学出版社，2013.

[10]   何日胜. 手工会计实习操作[M]. 上海：立信会计出版社，2006.

[11]   潘定，潘琰. 会计大典第八卷电算化会计[M]. 北京：中国财政经济出版社，1999.

[12]   财政部. 企业会计准则 2006[M]. 北京：经济科学出版社，2006.

[13]   财政部. 企业会计准则–应用指南 2006[M]. 北京：中国财政经济出版社，2006.

[14]   财政部. 会计电算化管理办法，1994.

[15]   财政部. 商品化会计核算软件评审规则，1994.

[16]   财政部. 会计核算软件基本功能规范，1994.

[17]   财政部. 会计电算化工作规范，1996.

[18]   财政部. 关于全面推进我国会计信息化工作指导意见，2009.

教师服务

感谢您选用清华大学出版社的教材！为了更好地服务教学，我们为授课教师提供本书的教学辅助资源，以及本学科重点教材信息。请您扫码获取。

▶▶ 教辅获取

本书教辅资源，授课教师扫码获取

▶▶ 样书赠送

会计学类重点教材，教师扫码获取样书

清华大学出版社

E-mail: tupfuwu@163.com
电话：010-83470332 / 83470142
地址：北京市海淀区双清路学研大厦 B 座 509

网址：https://www.tup.com.cn/
传真：8610-83470107
邮编：100084